全国职业教育城市轨道交通专业规划教材

Chengshi Guidao Jiaotong Jiechuwang Weihu

城市轨道交通接触网维护

王艳荣　主　编
刘　刚　副主编
朱厚福　主　审

人民交通出版社

内 容 提 要

本书主要介绍了我国城市轨道交通供电系统所使用的三种主要接触网类型及其相关内容,即架空柔性接触网、架空刚性接触网、接触轨及其设备结构、材料与维护。此外还介绍了城市轨道交通供电系统接触网的事故抢修、运行、监测、设计的有关规程和知识。

本书由绪论、架空柔性接触网设备维护、架空刚性接触网设备维护、接触轨设备维护、接触网事故抢修、接触网运行与监测、接触网设计基础知识共七个单元组成。

本书为高职、中职院校教学用书,也可作为城市轨道交通行业有关供电岗位技能培训或自学用书,同时可供城市轨道交通行业工程技术人员学习参考。

图书在版编目(CIP)数据

城市轨道交通接触网维护 / 王艳荣主编. —北京:
人民交通出版社,2012. 7
ISBN 978-7-114-09800-0

Ⅰ. ①城… Ⅱ. ①王… Ⅲ. ①城市铁路-接触网-
维修 Ⅳ. ①U239. 5

中国版本图书馆 CIP 数据核字(2012)第 096294 号

全国职业教育城市轨道交通专业规划教材

书　　名: 城市轨道交通接触网维护
著 作 者: 王艳荣
责任编辑: 王绍科
出版发行: 人民交通出版社股份有限公司
地　　址: (100011) 北京市朝阳区安定门外外馆斜街 3 号
网　　址: http://www.ccpcl.com.cn
销售电话: (010) 59757973
总 经 销: 人民交通出版社股份有限公司发行部
经　　销: 各地新华书店
印　　刷: 北京市密东印刷有限公司
开　　本: 787×1092　1/16
印　　张: 14. 25
字　　数: 320 千
版　　次: 2012 年 7 月　第 1 版
印　　次: 2021 年 11 月　第 5 次印刷
书　　号: ISBN 978-7-114- 09800-0
定　　价: 32. 00 元
(有印刷、装订质量问题的图书由本公司负责调换)

全国职业教育城市轨道交通专业规划教材

编 写 委 员 会

出版说明

随着我国城市化进程的快速发展，城市交通拥堵问题日益严重，大力发展城市轨道交通已成为解决城市交通问题的重要手段。截至2010年11月，国务院已批准29座城市的轨道交通建设规划。另有多座城市的轨道交通建设规划正在审批中。我国城市轨道交通建设已进入快速发展时期。

由于全国大部分城市轨道交通建设起步较晚，项目建设规模大，速度快，导致专业人才供不应求，运营管理、驾驶、检修岗位的初中级人才短缺尤为突出。各地职业院校纷纷开设了城市轨道交通相关专业，轨道交通专业培训教材也陆续出版。但目前已出版教材仍存在体系不完善、教材内容侧重岗前培训、理论叙述过多等缺点，不适合职业院校教学使用。

为促进和规范轨道交通行业职业教育教材体系的建设，适应目前职业教育"校企合作、工学结合"的教学改革形势，人民交通出版社约请北京交通运输职业学院、南京铁道职业技术学院、上海交通职业技术学院、湖南铁道职业技术学院一线资深教师联合编写了"全国职业教育城市轨道交通专业规划教材"。2010年推出其中7种：

《城市轨道交通概论》

《城市轨道交通客运组织》

《城市轨道交通行车组织》

《城市轨道交通运营安全》

《城市轨道交通车辆及操作》

《城市轨道交通信号与通信系统》

《城市轨道交通供电技术》

为完善课程体系，我社进一步扩大作者范围，整合编写资源，邀请北京市地铁运营有限公司、北京京港地铁有限公司、哈尔滨铁道职业技术学院、武汉铁路职业技术学院、成都铁路运输学校、西安科技商贸职业学院、北京外事学校等企业、院校加入原编写团队，共同编写以下11种教材，于2011年陆续推出。

《城市轨道交通专业英语》

《城市轨道交通票务管理》

《城市轨道交通服务礼仪》

《城市轨道交通车辆电器》

《城市轨道交通电工电子技术及应用》
《城市轨道交通车站设备》
《城市轨道交通运营管理规章》
《城市轨道交通控制系统》
《城市轨道交通车辆检修》
《城市轨道交通车辆检修实训》
《城市轨道交通接触网维护》

本套教材突出了职业教育特色,围绕职业能力的形成组织课程内容;教材内容总结了北京、上海、广州等地的地铁运营管理经验;侧重实际工作岗位操作技能的培养;理论知识的叙述以应用为目的,以够用为尺度;教材编写充分考虑了职业院校学生的认知特点,文字简洁明了,通俗易懂,版式编排新颖,图文并茂;每单元后附有复习题,部分章节附有实例。

为方便教学,本套教材配套有教学课件,读者可于人民交通出版社网站免费下载。

希望该套教材的出版对职业院校轨道交通专业教材体系建设有所裨益。

人民交通出版社
2011 年 3 月

前　言

伴随着经济的迅速崛起，城市轨道交通在我国各个大中型城市得到迅猛发展，预计至2016年我国将新建轨道交通线路89条，总建设里程达2500km。到目前为止，全国已有32个城市的轨道交通建设规划获得国务院批复，其中已有11个城市开通了城市轨道交通，运营里程已突破800km。北京、上海、广州、重庆等大型城市的城市轨道交通已形成网络。

接触网是为城市轨道交通车辆运行提供电能的供电设备。其特点是电压高、电流大、露天架设、点多线长、没有备用、维护保养复杂、难度大、要求高，其状态好坏直接影响轨道交通的正常运行。为保证轨道交通的安全可靠运营，需要具备大量基础知识、设备维护技能，并且精通安全作业流程、具有灵活的故障应变能力和良好职业道德、敬业精神的高素质接触网维护人员。本书就是为培养具有以上知识和能力的接触网维护人员而编写的。另外，考虑到专业发展的需要，书中还介绍了一些接触网设计的基础知识。

在我国广泛使用的三种城市轨道交通接触网为：架空柔性接触网、架空刚性接触网和接触轨。本书主要介绍以上三类接触网的设备结构、材料与维护。此外还介绍了城市轨道交通供电系统接触网的事故抢修、运行、监测、设计的有关规程和知识。书中专业知识以必需、够用为度，突出职业技能的培养。内容紧密结合接触网维护实际工作要求，简洁明了，通俗易懂。

本书由绪论、架空柔性接触网设备维护、架空刚性接触网设备维护、接触轨设备维护、接触网事故抢修、接触网运行与监测、接触网设计基础知识共七个单元组成。其中绪论、单元1的部分内容、单元5、单元6由上海交通职业技术学院王艳荣编写，单元3由黑龙江第二技师学院刘柱军编写，单元1的部分内容、单元2和单元4由上海申通地铁公司刘刚、周炜、高威军编写。

本书由王艳荣担任主编负责全书的统稿工作，刘刚担任副主编，上海申通地铁公司接触网专家朱厚福担任主审。在编写过程中得到了上海申通地铁公司和广州地铁公司的大力支持，在此一并表示衷心感谢。

由于编者水平有限、时间仓促，书中难免有不足之处，敬请读者批评指正。

编　者

2012年3月

目　　录

绪　论

教学目标

1. 了解城市轨道交通牵引变电所向接触网供电方式；
2. 了解城市轨道交通车辆牵引供电回路构成；
3. 掌握城市轨道交通接触网类型；
4. 掌握接触网基本要求。

建议学时

2 学时

0.1 城市轨道交通供电系统

城市轨道交通供电系统是为城市轨道交通运营提供所需电能的系统，它不仅为电动列车提供牵引用电，还为城市轨道交通运营服务的其他设施提供电能。

城市轨道交通供电电源一般取自城市电网，通过城市电网一次电力系统和城市轨道交通供电系统实现输送或变换，最后以适当的电压等级一定的电流形式（直流或交流电）供给列车通风、空调、照明、通信、信号、自动售检票、屏蔽门、给排水、防灾报警、电梯、电动扶梯及监控系统等用电设备。

城市轨道交通供电系统，一般包括外部电源、主变电所（或电源开闭所）、牵引供电系统、动力照明供电系统、电力监控系统。其中牵引变电系统的功能，是将主变电站输送过来的交流电经降压整流为直流电源后通过接触网提供给电动列车的。

城市轨道交通电动列车供电多采用直流电，通常有直流750V、直流1500V等供电电压。牵引供电回路是由牵引变电站、馈电线、接触网、电动列车、钢轨回路、牵引变电站等组成的闭合回路，由接触网、馈电线、轨道和回流线组成的供电网络总称为牵引网，如图0-1所示。钢轨除了作为走行轨外，还兼作直流供电系统的负极。从牵引供电系统的组成看，接触网是向电动列车供电的重要组成部分，是直接影响电动列车安全运行的重要环节。因此，必须使接触网始终处于良好的工作状态，安全可靠地向电动列车供电。

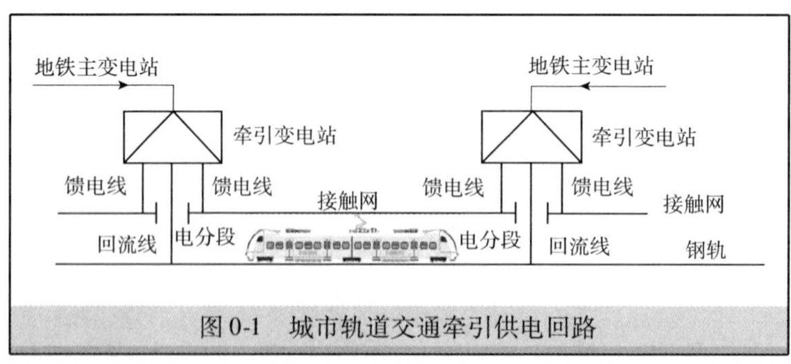

图0-1 城市轨道交通牵引供电回路

牵引变电所通过接触网向电动列车供电，接触网在每个牵引变电所附近断开，分成两个供电区段。每个牵引变电所仅对其两侧的区段供电。供电距离越长，牵引电流在接触网上的电压降越大，使末端电压过低及接触网上电能损耗过大；供电距离过短，牵引变电所数目增多，投资增加。供电距离以及接触线截面等与接触网供电方式有关。牵引变电所向接触网供电有单边供电和双边供电两种方式。

每个供电区段也称为一个供电臂,如电动列车只从所在供电臂上的一个牵引变电所获得电能,这种供电方式则称为单边供电。

单边供电时,若有故障,影响范围小,牵引变电所内的保护也较简单。但电动列车所需牵引电流全部由一边流过牵引网,因此,牵引网电压降和电能损耗大。

如一个供电臂同时从相邻两个牵引变电所获得电源,每个接触网区段均由相邻两个牵引变电所并联供电,则称为双边供电。双边供电时,牵引电流按比例由两边流过牵引网,牵引网电压降和电能损耗相对小,但有故障时,影响范围也较大,保护较复杂。

正常双边供电时,牵引变电所馈线开关内设置双边联跳保护装置。一旦接触网发生短路故障,靠近短路故障点的牵引变电所保护动作,馈线开关迅速跳闸,与此同时联动跳开另一侧牵引变电所的相应馈线开关,及时切除故障。

当某一牵引变电所有故障时,该故障所退出运行,此时该区段接触网就改为单边供电,或可通过闭合故障牵引变电所所处接触网的联络隔离闸刀,实施越区供电,此时称为大双边供电。两座牵引变电所的馈线开关仍有联跳功能。

在越区供电方式下运行,供电区域扩大,牵引变电所的负荷增大,线路损耗增大,因此视情况要适当减少同时处在该供电区段的电动列车数,一旦接触网发生短路故障,其保护装置灵敏度降低。因此,越区供电只是在牵引变电所故障情况下运行的一种特殊运行方式。

0.2 接触网的类型

接触网按其结构可分为架空式、接触轨式和跨座式三大类型。架空式接触网可分为柔性接触网和刚性接触网;接触轨式接触网又称为第三轨;跨座式接触网就是把架空式刚性接触网放到侧面。各种类型接触网在我国的使用情况,如表 0-1 所示。

各种类型接触网在我国的使用情况　　表 0-1

序　号	类　　型		使用城市
1	接触轨式	第三轨	北京、武汉
2	架空式	刚性	南京、上海 8 号线、上海 6 号线、广州 2 号线
		柔性	广州 1 号线、上海 1 号线、2 号线、3 号线、4 号线等
3	跨座式	刚性	重庆

架空式接触网沿铁路线上方架设，通过与电动列车受电弓可靠地直接滑行接触，将电能持续不断地传送给电动列车，再经过走行轨道回到牵引变电所。架空式接触网是一个庞大的空间机械系统，它用线、索及零部件实现有序地连接和接续，把接触线、支持装置、定位装置、绝缘元件、电气设备以及支柱等连接成一个能传递电能并且有支持功能，同时具备相应机械强度和良好电气性能的整体系统。架空式接触网，如图0-2所示。

图0-2　架空式接触网

接触轨式接触网是沿线路敷设的与轨道平行的附加轨，故也称为第三轨。接触轨与电动列车侧面或底部伸出的受电靴摩擦提供给电动列车电能。如图0-3所示。

图0-3　接触轨式接触网

一　柔性接触网

柔性接触网在地面上与地下隧道内的架设方法不同，分为地面架空式和隧道架空式。

1　地面架空式柔性接触网

地面架空式柔性接触网（见图0-4），主要由接触悬挂、支持装置、定位装置、支柱和基础等几部分组成。

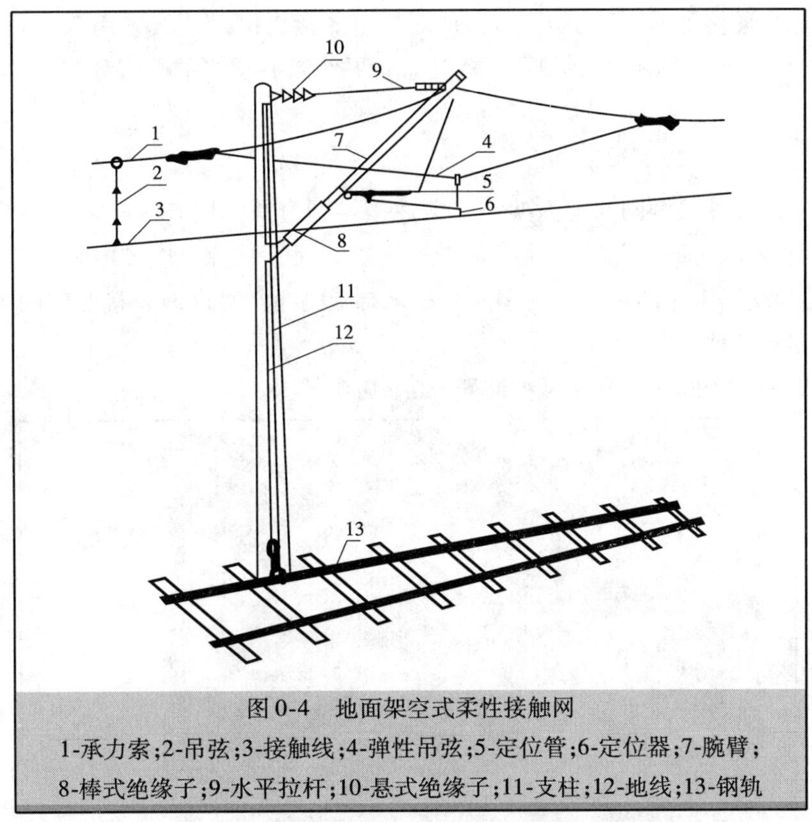

图0-4 地面架空式柔性接触网

1-承力索;2-吊弦;3-接触线;4-弹性吊弦;5-定位管;6-定位器;7-腕臂;8-棒式绝缘子;9-水平拉杆;10-悬式绝缘子;11-支柱;12-地线;13-钢轨

(1)接触悬挂:包括承力索、吊弦、接触线。其作用是直接供给电动列车电流,使其正常运行。与电动列车受电弓直接接触的是接触线。接触悬挂方式很多,地面段主要有简单链形悬挂、简单悬挂。

(2)支持装置:用以支持接触悬挂并将其负荷传给支持或其他建筑物的机构。支持装置包括水平拉杆(水平压管)、绝缘子、腕臂。腕臂安装在支柱上,用以支持接触悬挂,对地有绝缘并起传递负荷的作用。腕臂通过旋转底座固定。接触导线固定在定位器的定位线夹上,定位器装配在定位管上。

(3)定位装置:包括支持器、线夹和定位管。定位装置固定接触线的平面位置,保证接触线与受电弓的相对位置在受电弓滑板运行轨迹范围内,并将接触线水平负荷传给支持装置。定位装置包括定位管和定位器。

(4)支柱和基础:支柱是接触网中最基本、应用最广泛的支撑设备,承受接触悬挂、支持装置、定位装置的负荷,并将接触悬挂固定在规定高度。

基础是保持受力支柱稳固的基石,应有足够的深度和长宽尺寸。

上海市轨道交通所使用的地面架空式柔性接触网,如图0-5所示。

图0-5 上海市轨道交通地面架空式柔性接触网

城市轨道交通接触网因牵引电流大，地面架空式接触网的主线采用双接触线及双承力索，辅助馈线与接触线和承力索平行布置，使整个系统具有适当的电流分配。

2 隧道架空式柔性接触网

隧道架空式柔性接触网与地面架空式柔性接触网有所不同。因隧道内不能立支柱，支持装置直接设置在洞顶或洞壁；同时必须考虑隧道断面、净空高度、带电体对接地体的绝缘距离、导线的弛度等因素的限制。为了充分利用有限的净空高度改善接触网的工作性能，一般使用弹性支座悬挂装置。

上海市地铁采用的弹性支座悬挂装置，如图 0-6 所示。

图 0-6　上海市地铁采用的弹性支座悬挂装置

1-接触线；2-弹性支座悬挂装置

在隧道内，车辆限界、带电体与接地体的绝缘距离、弛度和安装误差等因素对接触悬挂高度有影响。在有限的净空高度内，欲使悬挂高度降低，可通过缩短跨距、减小弛度来调整。在有条件的隧道内，可采用简单链形悬挂，以增加弹性，用有张力补偿装置实现张力补偿，减小弛度，使之不受环境温度变化的影响。

二 刚性接触网

刚性接触网由支持装置、绝缘子、汇流排和与受电弓接触的接触面或接触线组成（见图 0-7），一般用于隧道段。刚性接触网是将传统的接触线夹装在汇流排中，汇流排取代了承力索，并靠它自身的刚性保持接触线的恒定位置，使接触线不因重力而产生弛度，不必担心因接触线过度磨损而导致的断线问题。

刚性悬挂接触导线一般采用铜银导线，与柔性接触悬挂所采用的接触导线相同。接触导线通过特殊的机械镶嵌于Π形汇流排上，或通过专用线夹固定于 T 形汇流排上，与汇流排一起组成接触悬挂。刚性悬挂的最大优点在于可以省去柔性悬挂中的承力索和辅助馈线。

取消张力补偿装置,使接触网的结构变得简单紧凑,极大地方便运营管理和维修。刚性悬挂在地面与隧道交汇段设刚柔悬挂以过渡。

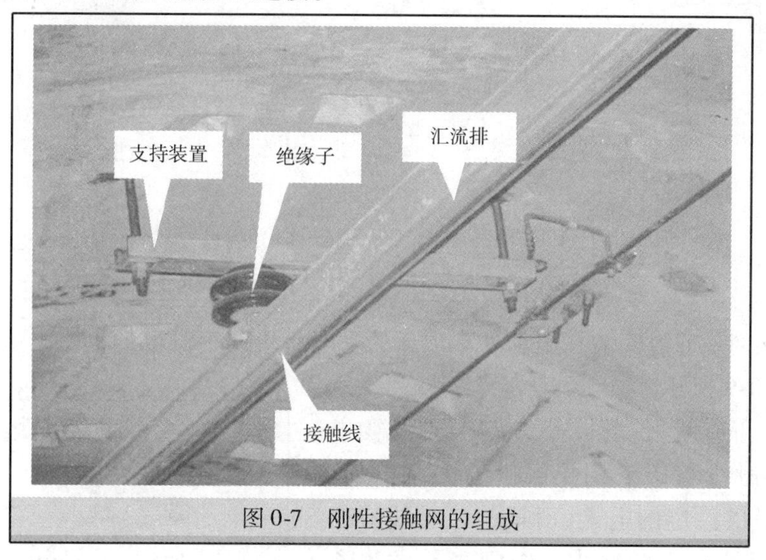

图 0-7　刚性接触网的组成

三 接触轨

接触轨式接触网按电动列车侧面或底部伸出的受电靴与接触轨摩擦方式,分为上接触式、下接触式和侧面接触式三种。

上接触式接触轨安装在专用绝缘子上,工字形轨底朝下;受电靴自上与之接触受电。上接触式的优点是固定方便,缺点是受电靴在其上面滑行,无法加防护罩。下接触式接触轨底朝上,由绝缘体紧固在弓形肩架上,肩架固定装在轨枕一侧;其优点是可以加装防护罩,对工作人员较为安全。侧面接触式就是接触轨轨头端面朝向走行轨,受电靴从侧面受流。三种接触轨的类型,如图 0-8 所示。

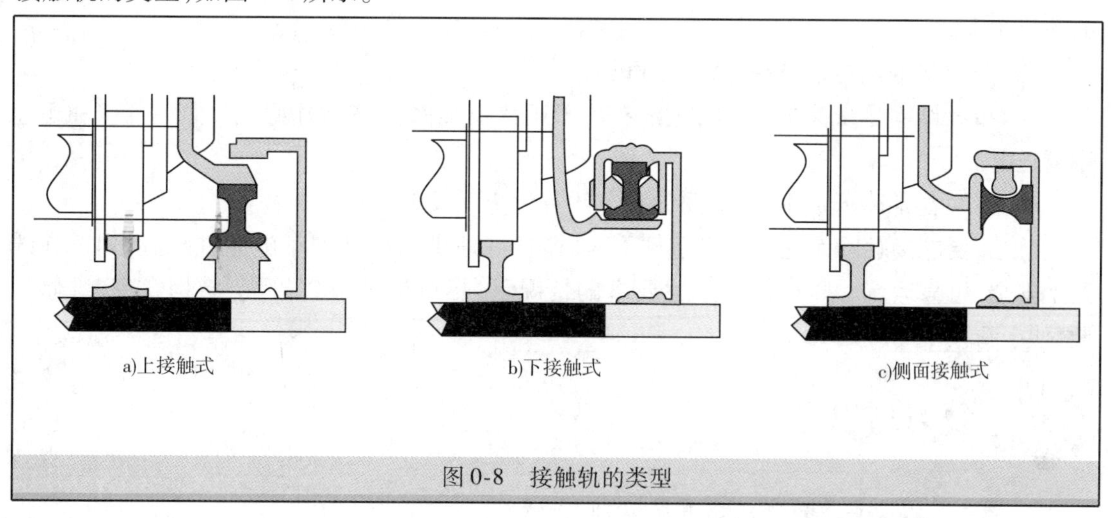

图 0-8　接触轨的类型

0.3 接触网的基本要求

柔性接触网是通过安装在电动列车顶部的受电弓给列车供电的。受电弓与接触线的工作状态,如图0-9所示。

受电弓顶部有滑板,滑板上安装有碳条,受电弓升弓时,接触线与碳条相接触供给列车电能。为了给列车提供稳定的电能,滑板与接触线应在动态情况下保持一定的压力。否则容易发生离线、脱弓,甚至断线等事故。

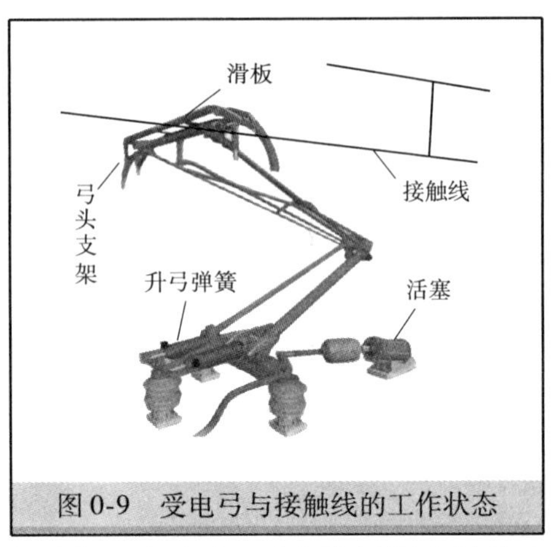

图0-9 受电弓与接触线的工作状态

由于接触网是一种既无备用又易损耗的露天供电装置,受环境和气候条件的影响较大,一旦发生故障中断牵引供电,将影响电动列车正常运行,因此,接触网应满足以下工作条件和基本要求:

(1)在高速运行和恶劣的气候条件下,能保证电动列车正常取流,要求接触网在结构上具有一定的机械强度和良好的电气性能。

(2)接触网设备及零件要有互换性,应具有足够的耐磨性和抗腐蚀能力,尽量延长设备的使用年限。

(3)要求接触网对地绝缘好,安全可靠。

(4)设备结构尽量简单,便于作业,有利于运营及维修;在事故情况下,便于抢修和迅速恢复送电。

(5)尽可能地降低成本,特别要注意节约有色金属及钢材。

总之,要求接触网无论在任何条件下,都能良好地供给电动列车电能,使电动列车在线路上安全、可靠运行。并在符合上述要求的情况下,尽可能地节省投资、结构合理、维修简便、便于新技术的应用。

复习与思考

1. 城市轨道交通供电系统由哪些部分组成?

2. 简述牵引供电回路的组成。
3. 什么是牵引网?
4. 接触网分为哪些类型?
5. 地面架空式柔性接触网由哪几部分组成?
6. 按电动列车受电靴与接触轨摩擦方式分类,接触轨分为哪三种?

单元1

架空柔性接触网设备维护

教学目标

1. 熟悉架空柔性接触网支柱的类型与型号；
2. 会架空柔性接触网支柱和基础的维护；
3. 学会安装架空柔性接触网锚柱拉线；
4. 熟悉架空柔性接触网支持装置、定位装置的作用与结构；
5. 学会架空柔性接触网支持装置、定位装置的维护；
6. 熟悉架空柔性接触网接触悬挂的类型与结构；
7. 学会架空柔性接触网接触悬挂设备的维护；
8. 熟悉架空柔性接触网隔离开关、分段绝缘器、避雷装置及地线等设备的作用和维护。

建议学时

35 学时

1.1 支柱和基础的维护与拉线安装

一 支柱的作用与分类

1 支柱的作用

支柱是接触网中最基本、应用最广泛的支撑设备，用于承受接触悬挂与支持设备和定位装置的负荷。

2 支柱的分类

(1)按材料分类

支柱按材料分类，可分为预应力钢筋混凝土支柱和钢柱两种。

①预应力钢筋混凝土支柱。

预应力钢筋混凝土支柱，简称为钢筋混凝土支柱，采用高强度的钢筋，在制造时预先使钢筋处于受拉状态，而混凝土处于受压状态。当支柱承受负载后，混凝土里将出现拉应力，它等于弯矩引起的拉应力与预压应力之差，这样，采用混凝土的负载能力就可使支柱的负载能力大大提高。在同等容量情况下钢筋混凝土支柱与普通钢筋混凝土支柱相比，具有节省钢材、强度大、支柱轻等优点。钢筋混凝土支柱本身是一个整体结构，图1-1、图1-2为两种钢筋混凝土支柱。

图1-1　H形预应力钢筋混凝土支柱

圆柱形预应力钢
筋混凝土支柱离
心式

图1-2　圆柱形预应力钢筋混凝土支柱

预应力钢筋混凝土支柱，其型号表示如下：

$$H\frac{38}{8.7+2.6}$$

式中：H——钢筋混凝土支柱；

38——垂直于线路方向的支柱容量，kN·m；

8.7——支柱露出地面以上的高度，m；

2.6——支柱埋进地下的深度，m。

用于下锚的钢筋混凝土支柱，其型号表示如下：

$$H\frac{48-25}{8.7+3}$$

式中：48——垂直于线路方向的支柱容量，kN·m；

25——顺线路方向的支柱容量，kN·m；

8.7——支柱露出地面以上的高度，m；

3——支柱埋进地下的深度，m。

②钢柱。

钢柱是由角钢焊接成的立体桁架结构式支柱，具有质量小、容量大、耐碰撞、运输及安装方便等优点。但存在用钢量大，造价高，耐腐性差，需定期除锈、涂漆防腐，维修不便等缺点。现在钢柱的涂漆防腐已改为热镀锌防腐，提高了防腐性能，延长了维修周期。

钢柱主要用于跨越股道比较多、需要支柱高度较高、容量较大的软横跨柱，其次用作桥梁墩台上安装的支柱。现在作为软横跨钢柱的高度有13m和15m两种。钢柱需要用基础固定在地面上，如图1-3所示。

图1-3 钢柱与基础

钢柱的型号表示如下：

$$G\frac{50}{9.5}$$

式中：G——钢柱；

50——支柱垂直于线路方向的支柱容量，kN·m；

9.5——钢柱本身的高度，m。

下锚柱表示如下：

$$G\frac{250-250}{15}$$

式中：第一个250——支柱垂直于线路方向的支柱容量，kN·m；

第二个250——支柱顺线路方向的支柱容量，kN·m；

15——钢柱本身的高度，m。

（2）按用途分类

支柱按用途分类，可以分为中间支柱、转换支柱、中心支柱、锚柱、定位支柱、道岔支柱、软横跨支柱、硬横跨支柱等。支柱的安装位置，如图1-4所示。

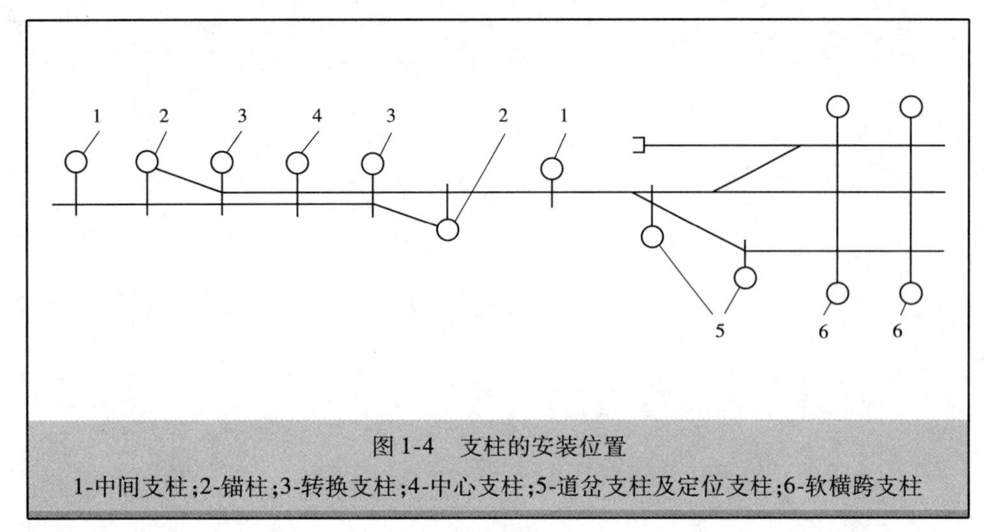

图1-4 支柱的安装位置

1-中间支柱;2-锚柱;3-转换支柱;4-中心支柱;5-道岔支柱及定位支柱;6-软横跨支柱

①中间支柱。

中间支柱用于区间和站场,布置在两相邻锚段关节之间,承受工作支接触悬挂的重力及作用于悬挂上的水平分力。其承受力矩比较小。

②锚柱。

在接触网锚段关节处或其他接触网下锚地方需设锚柱。锚柱能承受两个方向的负荷:在垂直线路方向,起中间支柱的作用;在顺线路方向,承受接触悬挂下锚的全部拉力。锚柱需要打拉线。

③转换支柱。

转换支柱位于锚段关节的两锚柱之间,承受接触悬挂下锚支和工作支线索的重力和水平力。

④中心支柱。

在四跨锚段关节处,位于两转换支柱中间的支柱称为中心支柱。它同时承受两工作支接触悬挂的重力和水平力,两工作支接触线在此处定位点呈水平。

⑤道岔支柱及定位支柱。

道岔和定位这两种支柱是当接触线由于某种原因对受电弓中心偏移过大时,为确保电力机车受电弓正常工作而设立的。一般多设于站场道岔或曲线处。

⑥软横跨支柱。

软横跨支柱用于软横跨上,多用于站场上,由于受力较大,多选用容量较大的支柱,跨越五股道及以下的可用钢筋混凝土支柱,跨越五股道以上的用钢柱。

3 门形架

地铁在高架段还大量使用门形架代替支柱来支持固定接触网其他设备,如图1-5所示。

门形架由横梁梁段、梁柱接头、左梁、预埋地脚螺栓、横梁连接套管和右柱组成,如图1-6所示。

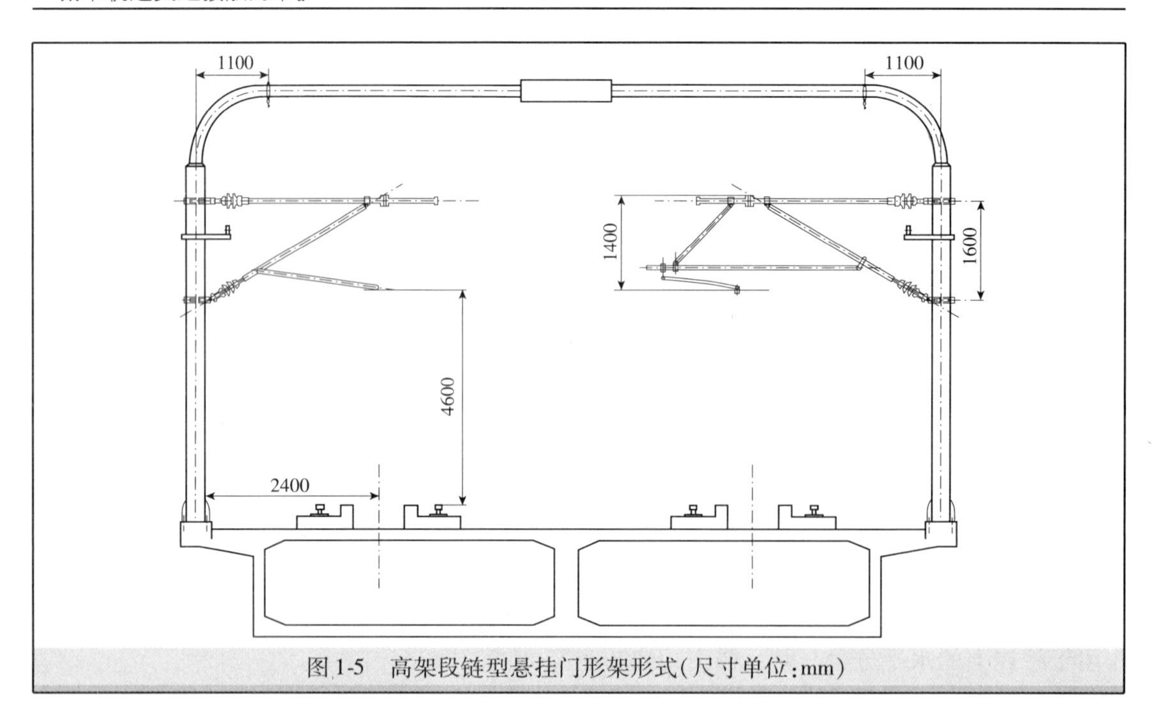

图1-5　高架段链型悬挂门形架形式(尺寸单位:mm)

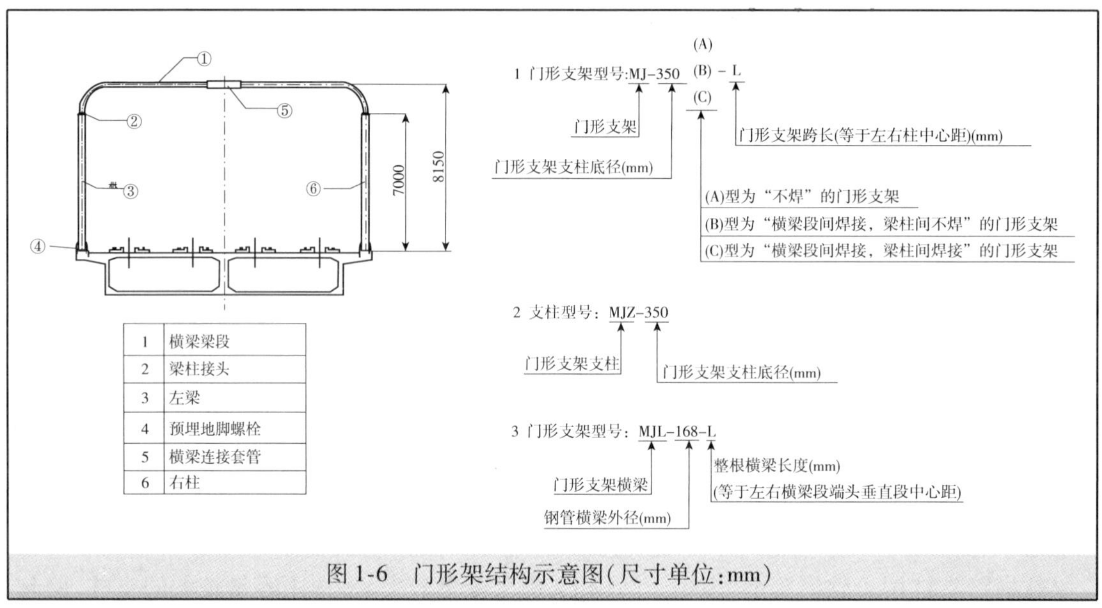

1	横梁梁段
2	梁柱接头
3	左梁
4	预埋地脚螺栓
5	横梁连接套管
6	右柱

图1-6　门形架结构示意图(尺寸单位:mm)

与传统悬挂形式相比,门形架具有以下特点:

①接触网线索在电气上相互独立,但上、下行接触网设备因挂在同一门架,所以发生设备事故时,会同时影响两股道使事故影响范围变大。

②门形架施工难度较大,门形架自身质量较大,两支柱中心连线应与线路中心线垂直,对桥梁预留的基础螺栓的精度要求高。

③门形架支柱受力均匀,整体景观效果好。

门形架也常用于站场和车辆段,固定多股线路上的接触悬挂设备,如图1-7、图1-8所示。

图1-7 站场带隔离开关的门形架布置方式

图1-8 车辆段门形架布置形式

二 支柱和基础的维护

1 支柱

(1)各种支柱均不得向线路侧受力方向倾斜,无明显受力方向的支柱,顺线路方向应保持铅垂状态,其斜率不超过支柱高度的0.5%;锚柱应向拉线方向倾斜,其斜率不超过1%。曲线外侧及直线上的支柱要向线路外侧倾斜,钢筋混凝土支柱的斜率为0.5%(即支柱外缘垂直于地面);金属支柱的斜率为0.5%~1%。

软横跨支柱的斜率:钢筋混凝土支柱为1%(即外缘保持垂直);金属支柱(15m以上)为1%~2%。

(2)钢筋混凝土支柱局部破损和露筋时,应及时修补。支柱翼缘横向、斜向裂纹长度超过翼缘宽度或裂纹宽度超过0.15mm时应更换。

钢柱表面应光洁,防腐层应完好,无锈蚀,无裂缝。定期进行除锈和涂漆保养工作。金属支柱角钢焊缝不得有裂纹,主角钢弯曲不超过5‰;支柱漆面剥落超过支柱总面积的10%时应补漆。

(3)支柱侧面限界为3m,最小不得小于2.3m,任何情况下不得侵入限界。

(4)支柱斜率测量:

用线坠、盒尺测量支柱顺线路、垂直线路斜率,如图1-9所示,步骤如下。

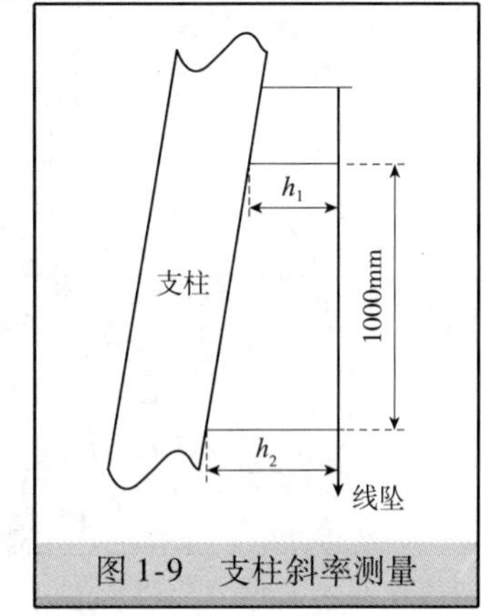

图1-9 支柱斜率测量

①在线坠线上标画出 1000mm 两处标记;

②将线坠稳固放在距离支柱被测面一定距离处;

③用盒尺测出 h_1、h_2 的距离,单位 mm;

④支柱斜率 $\Delta=(h_2-h_1)/1000$。

注意:在测量横腹式混凝土支柱和钢支柱时,要考虑支柱本身形状的斜率。

2 基础

检查基础附近是否积水,检查基础破损、基础坑塌陷情况,检查边坡是否符合标准。钢柱基础顶面要高出地面 100~200mm。基础外缘外露 400mm 以上时应进行培土,每边培土的宽度为 500mm,培土边坡与水平面成 45°。

钢柱基础周围 500mm 范围内地面应平整,不得有杂草、杂物;基础帽用低强度混凝土砌筑。

三 拉线的安装

1 拉线的作用与结构

拉线将接触网线索的下锚张力通过锚板传递给大地,以平衡支柱的受力,防止支柱在下锚张力的作用下发生偏斜。锚柱拉线应在线索下锚方向的延长线上,允许向田野侧偏差 150mm,向线路侧不准有偏差。一般情况下,拉线与地平面的夹角为 45°,困难条件下也不得大于 60°。

拉线由楔形线夹、下锚拉线、UT 型线夹、锚杆及锚板组成,其结构如图 1-10 所示。

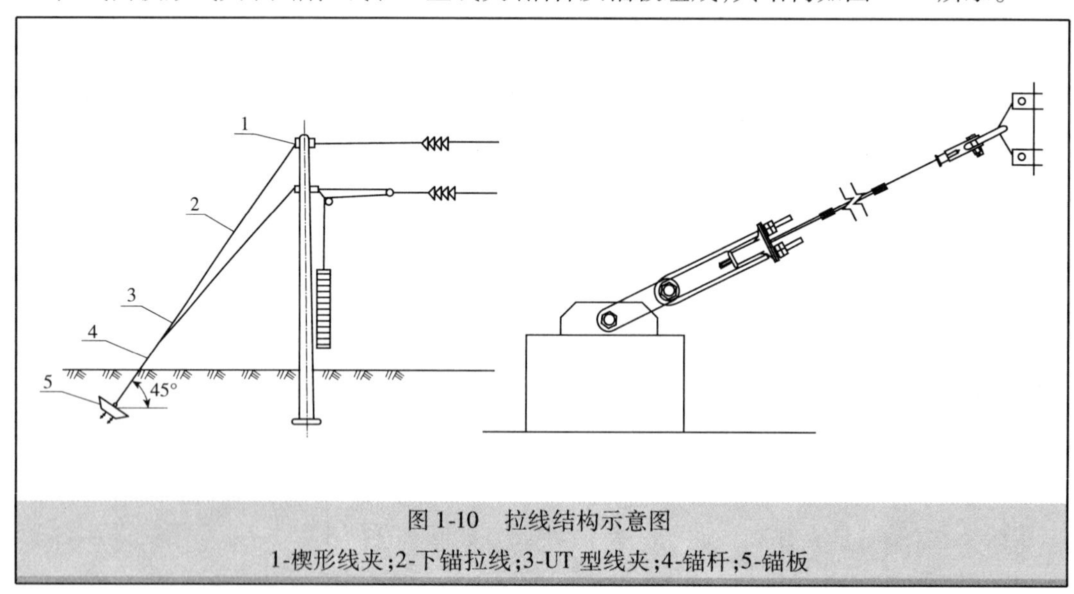

图 1-10 拉线结构示意图

1-楔形线夹;2-下锚拉线;3-UT 型线夹;4-锚杆;5-锚板

2 拉线的安装

(1)作业准备

①人员准备(表1-1)。

人员准备　　表1-1

序号	项目	人数	备注
1	技术员	1	测量计算、辅助施工
2	施工员	1	组织施工
3	技工	1	辅助施工

②工(器)具准备。

拉线的安装作业,应准备断线钳、50m钢卷尺、油漆、毛笔、手锤、扳手等工(器)具。

③材料准备。

拉线的安装作业应准备如下材料:承锚角钢、三角调节板、拉线双联板、耳环杆、LX－3型锲形线夹、LXGJ－120型拉线、NUT－3型耐张线夹、1000×250型耳环杆、T形角形垫块、ϕ1.5mm软态不锈钢丝。

(2)作业工艺流程

拉线的安装,其安装作业的工艺流程分为承锚角钢安装、测量、预制、安装几个阶段。

①承锚角钢安装。

a. 两人带钢卷尺攀到支柱顶部(其中1人带1根小绳),扎好安全带。

b. 地面人员配合,以轨面红线为准,测定出承锚角钢的安装高度,并在支柱上做好标记。

c. 地面人员用小绳将承锚角钢绑好,杆上人员将承锚角钢提上来,两人配合进行安装,承锚角钢螺栓的螺母应在拉线方向。

②测量。

a. 杆上人员抓住钢卷尺将端部放至地面。

b. 两人配合测量,杆上人员将钢卷尺起点按在承锚角钢的预留孔上,地面人员将钢卷尺拉到拉线基础的锚环上,钢卷尺拉直后记录读数。

c. 对于承锚、承锚角钢在不同高度的,用同样方法测量出接触线拉线长度数据。

d. 计算拉线下料长度=拉线实测长度－(三角联板长度+双联板长度+NUT线夹有效长度+LX－3型拉线线夹有效长度+0.8m)+1.5m。

③预制。

a. 在选择好的预制场地,用线盘架好钢绞线线盘。

b. 按照计算下料长度展放钢绞线。

c. 按照回头制作工艺要求,制作LX－3型拉线线夹回头。

d. 在计算下料长度的位置两端各10mm处用铁丝绑扎两道,然后用断线钳在该位置处断开,再拉线盘圈绑扎。

④安装。

a. 1人携带小绳攀至拉线安装位置,扎好安全带,放下小绳。

b. 地面人员将耳环杆、角形垫块与LX－3型拉线线夹连接好，然后将小绳在拉线上拴好。

c. 杆上人员把拉线提起来，耳环杆穿入承锚角钢预留孔内，装上角形垫块和螺母（耳环杆露头50mm），解开小绳，然后安装接触线拉线。

d. 地面人员将拉线拉至地锚锚环处，将各配件连接好。

e. 杆上人员紧固耳环杆，至露头100mm，允许偏差±50mm。

f. 地面人员同时紧固两根拉线的UT型线夹，使三角联板一直保持平行，一人目测锚柱向拉线方向的倾斜情况，紧固到锚柱受力微有倾斜、拉线绷紧受力为止。

（3）安装技术标准

①承锚角钢应与支柱密贴，横平竖直，安装牢固。

②拉线应绷紧，两根拉线均衡受力，紧拉线时，支柱顶部向拉线侧倾斜值变化不超过50mm。

③拉线回头在线夹以外长度为500mm，允许偏差±20mm；回头用ϕ1.5mm软态不锈钢丝绑扎100mm长，允许偏差±10mm；留头50mm。

④LX－3型拉线线夹凸面朝向田野侧，螺栓销应从上向下穿。

⑤NUT线夹非受力面的一边应装在下面。

⑥拉线受力后，可调式UT型线夹螺栓可调部分外露长度不得大于全部螺纹长度1/3；一般应外露20～50mm。

（4）安全注意事项

①使用断线钳时，用力要均匀，刀口应与线垂直，避免切口倾斜，出现散股。

②登高作业时必须戴安全帽，打好安全带后方可开始作业。

③安装时，尽量避免上下两层同时作业。必须同时作业时，要格外小心，上下两层工作人员应分别位于支柱的两侧。上下传递工具应使用工具袋，严禁抛掷。所有作业人员必须佩戴安全帽。

④切断钢绞线时应用脚踩住再断线，防止钢绞线弹出伤人。

1.2 支持装置的维护

一 支持装置作用与结构

支持装置用以支持接触悬挂并将其负荷传给支持或其他建筑物的机构。它包括水平拉杆或水平压管、绝缘子、腕臂和连接零件。腕臂安装在支柱上，用以支持接触悬挂；对地有绝缘，并起传递负荷的作用。

二 腕臂的维护

1 腕臂的作用与要求

腕臂一般安装在支柱上部，常使用圆形钢管或槽钢、角钢加工制成，用以支持接触悬挂，并起传递负荷的作用。

接触线悬挂点高度是指定位点处，接触线无弛度时，接触线距轨面垂直高度（也称为导高）。结构高度是指在定位点处接触线与承力索间的垂直高度。

对腕臂的要求是具有足够的机械强度、结构应尽量简单、轻巧，易于施工安装和维修更换。

腕臂的选用应保证其技术要求，并力求经济合理。腕臂的长度与其所跨越线路股道的数目、接触悬挂的结构高度、支柱侧面限界和支柱所在位置（即支柱设在直线上还是设在曲线区段；是在曲线内侧还是在曲线外侧）等因素有关。腕臂跨越股道数目越多，接触悬挂结构高度越高，支柱侧面限界越大，则腕臂的选用规格就应该大些。

腕臂应配合拉杆或压管使用，至于何种情况下采用拉杆或压管，则应根据支柱装配情况视腕臂受拉还是受压而确定。拉杆只能承受拉力，压管则应承受压力，但也可以承受较小的拉力，若难以判断是受拉还是受压时，可选用压管。

2 腕臂的分类

腕臂按其与支柱之间是否绝缘，可分为绝缘腕臂和非绝缘腕臂。

（1）绝缘腕臂

目前在中国接触网上普遍采用绝缘腕臂，安装结构如图1-11所示。

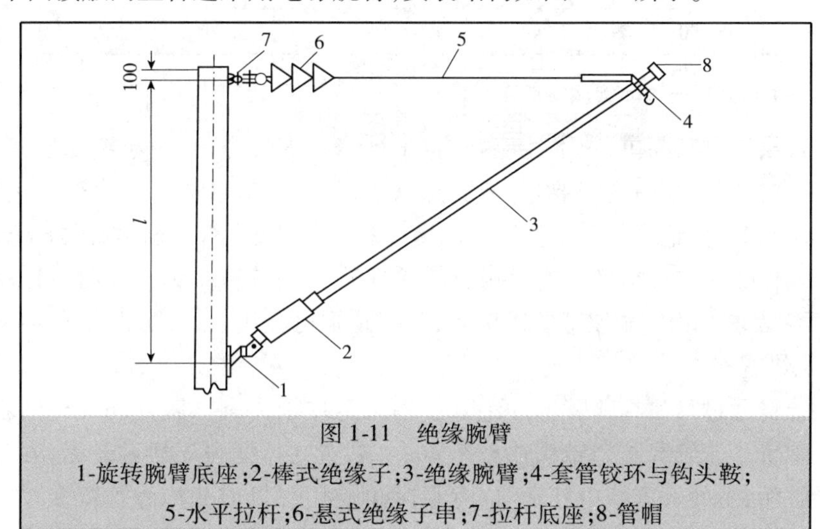

图1-11　绝缘腕臂

1-旋转腕臂底座；2-棒式绝缘子；3-绝缘腕臂；4-套管铰环与钩头鞍；5-水平拉杆；6-悬式绝缘子串；7-拉杆底座；8-管帽

绝缘腕臂用外径 38.1mm(1.5in)或 50.8mm(2in)圆形热镀锌钢管加工而成,其根部通过棒式绝缘子与安设在支柱上的腕臂底座相连,顶端经套管绞环、调节板、水平拉杆(或压管),并通过悬式绝缘子串(或棒式绝缘子)固定在支柱顶部水平拉杆底座处。当水平拉杆受压时可采用水平压管,悬式绝缘子则改为棒式绝缘子。

由于腕臂与水平拉杆均通过绝缘子对地绝缘,故称为绝缘腕臂。绝缘腕臂型号和规格见表 1-2。

绝缘腕臂的类型和规格 表 1-2

型　号	外径(mm)	长度(mm)	单件质量(kg)	参考应用范围
$1\frac{1}{2}-2.75$	48	2750	11.0	直线或曲线: 半径 $R \geqslant 600$m 区段, 腕臂只承受一支接触悬挂时
$1\frac{1}{2}-3.0$	48	3000	12.0	
$1\frac{1}{2}-3.15$	48	3150	12.6	
$1\frac{1}{2}-3.3$	48	3300	13.2	
$1\frac{1}{2}-3.55$	48	3550	14.2	
$1\frac{1}{2}-3.8$	48	3800	15.2	
$1\frac{1}{2}-4.0$	48	4000	16.0	
2-3.0	60	3000	15.2	直线或曲线: 半径 $R \geqslant 600$m 区段; 半径 $R \geqslant 1000$m 区段有反定位时; 在半径 $R < 600$m 的区段,腕臂承受一支悬挂时
2-3.15	60	3150	16.0	
2-3.55	60	3550	18.0	
2-3.8	60	3800	19.3	
2-4.0	60	4000	20.3	
TG-3.55	60	3550		C 型道岔柱或曲线半径 $R < 1000$m 处,中间支柱反定位时
TG-4.0	60	4000		

注:TG 表示在 2″管内套 $1\frac{1}{2}$″的钢管,称为套管腕臂。

绝缘腕臂结构灵巧简单,技术性能好,施工维修和安装方便,由于绝缘子安装在靠支柱侧,减少了对支柱容量和高度的要求,从而降低了成本;同时在内电混合牵引区段不易被污染,减少了清扫和维护绝缘子的工作量。因腕臂和拉杆(或压管)与接触悬挂处于同等电位,现场开展带电作业时和接地部分有足够的安全距离。当腕臂受力较大时,可采用套管型腕臂,用字母 TG 表示。为防雨水或雪水流入,腕臂顶端可配用管帽,防止管内生锈。

(2)非绝缘腕臂

非绝缘腕臂通过悬吊在腕臂上的绝缘子串来悬挂承力索。腕臂和支柱间不绝缘,因此称为非绝缘腕臂。非绝缘腕臂结构比较笨重,要求支柱高度和支柱容量大,安装维修困难,绝缘子容易脏污,不便开展带电作业,应尽量减少使用。目前非绝缘腕臂多存在于 2~3 股道受限不能为每条线路单独布置支柱时使用(也称为跨线腕臂)。结构如图 1-12 所示。

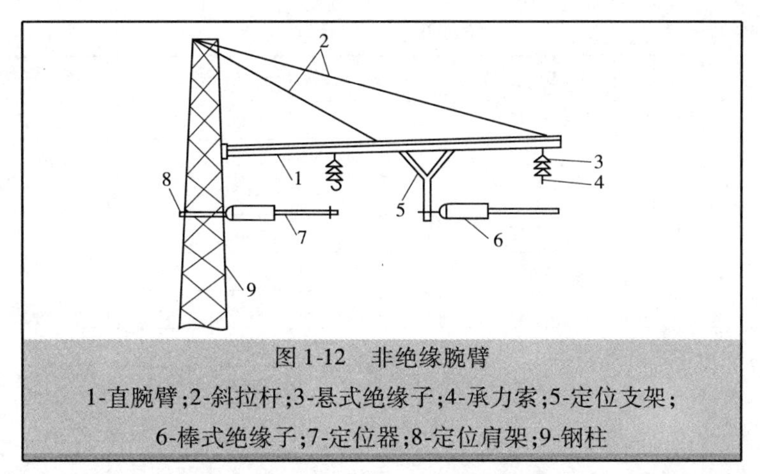

图 1-12　非绝缘腕臂

1-直腕臂;2-斜拉杆;3-悬式绝缘子;4-承力索;5-定位支架;
6-棒式绝缘子;7-定位器;8-定位肩架;9-钢柱

按照不同的分类标准,腕臂有多种形式。如按腕臂结构分类,则有带拉杆的水平腕臂(图 1-13)、带支撑的平腕臂(图 1-14)、带拉杆(或压管)的斜腕臂等;按腕臂在支柱上的固定方法分,则有固定腕臂、半固定(或旋转)腕臂、旋转腕臂等;按照腕臂跨越的股道数分有单线路腕臂、多线路腕臂等。

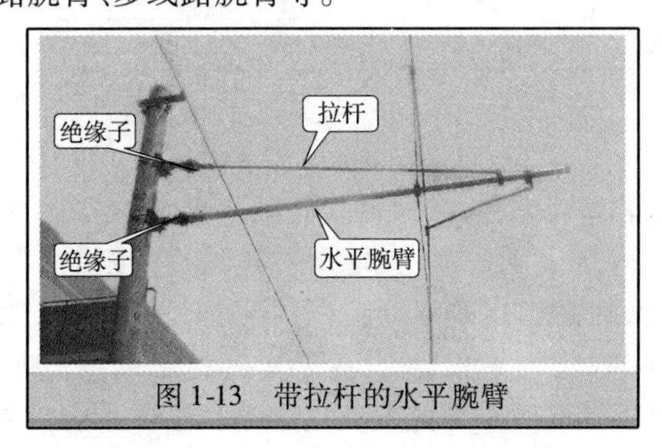

图 1-13　带拉杆的水平腕臂

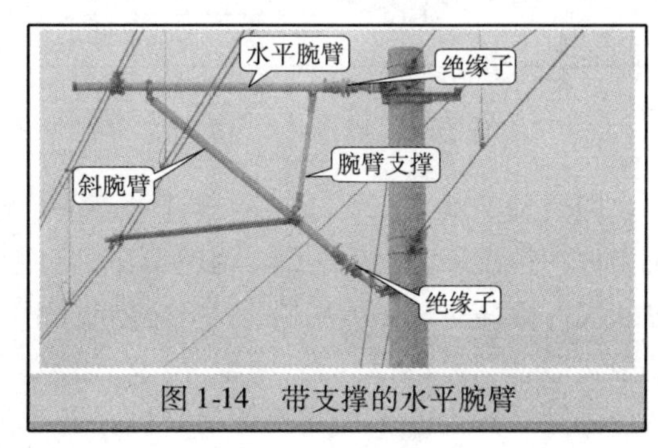

图 1-14　带支撑的水平腕臂

腕臂型号的选用与拉杆、压管型号的规格,见表 1-3 和表 1-4 所示。

腕 臂 型 号

表 1-3

<table>
<tr><td rowspan="2">支柱位置 半径(m)
支柱类型</td><td colspan="3">曲 线 外 侧</td><td colspan="2">曲 线 内 侧</td></tr>
<tr><td>300~500</td><td colspan="2">≥600</td><td>≤1000</td><td>1200~4000</td></tr>
<tr><td>中间柱</td><td>2 型</td><td colspan="2">$1\frac{1}{2}$型</td><td>TG 型</td><td>2 型</td></tr>
<tr><td>非绝缘转换柱</td><td>2 型</td><td colspan="2">2 型</td><td colspan="2"></td></tr>
<tr><td rowspan="2">绝缘转换柱(2 根)</td><td rowspan="2">2×2 型</td><td>$R=600\sim4000$</td><td>$R=\infty$</td><td colspan="2" rowspan="2"></td></tr>
<tr><td>$2\times1\frac{1}{2}$型</td><td>2 型(1 根)</td></tr>
<tr><td>中心柱(2 根)</td><td>2×2 型</td><td colspan="2">$2\times1\frac{1}{2}$型</td><td>2×TG 型</td><td>2×2 型</td></tr>
<tr><td rowspan="3">道岔柱</td><td>L 型</td><td colspan="4">2 型</td></tr>
<tr><td>Y 型</td><td colspan="4">TG 型</td></tr>
<tr><td>LY 型</td><td colspan="4">2 型</td></tr>
</table>

拉杆及压管型号规格　　　　表 1-4

类　型	型　号	长度 L(mm)	质量(kg)
水平拉杆	10	1000	1. 84
	12	1200	2. 16
	14	1400	2. 47
	16	1600	2. 79
	18	1800	3. 11
	21	2100	3. 58
	23	2300	3. 9
	26	2600	4. 38
	30	3000	5. 0
T 形水平拉杆	T18	1875	9. 5
	T24	2470	12. 5
	T29	2970	15. 0
压管	Y19	1985	8. 7
	Y23	2385	10. 3
	Y28	2885	12. 9

3 腕臂预配计算

腕臂预配就是根据接触网设计平面图确定的安装图号,在保证接触线高度、结构高度及拉出值的情况下,预留必要的调整范围,将腕臂安装上支柱前,在地面对其进行的组装。通过预配可以减少施工人员在高空作业的工作量,提高工作效率。腕臂预配的关键是根据支柱整正后,所测量得到的侧面限界、支柱内缘斜率(记为 δ)以及设计要求的接触网线高度、结构高度及拉出值来确定腕臂的长度及各个连接零件的安装位置。这个过程中要进行简单的计算,称为腕臂预配计算。腕臂预配计算的重点是确定平腕臂长度($L_{平}$)、单耳腕臂(斜腕臂)的长度($L_{斜}$)、套管双耳位置($L_{双耳}$)和定位环位置($L_{定位}$)。

图 1-15a)所示为直链形悬挂平腕臂中间柱预配计算图。图中 A、B 为上下腕臂底座位置,D、E 为套管双耳、承力索座的中心位置,过 D、E 的垂线和单耳腕臂底座端点 O 交于 H、G,单耳腕臂和水平线夹角为 α,I 为定位环位置。可通过例 1-1 说明腕臂预配计算的过程。

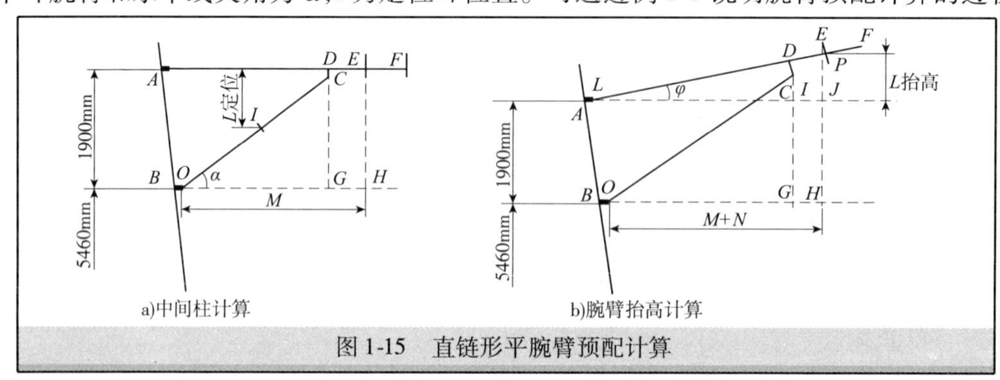

图 1-15　直链形平腕臂预配计算

【例1-1】已知条件:上下两腕臂底座间距 $l=1900\text{mm}$;侧面限界 $CX=2500\text{mm}$;结构高度 $h=1400\text{mm}$;支柱内缘斜率 δ;下腕臂底座到轨面距离为5460mm。为了预留调整余量,平腕臂上的套管双耳和承力索座间距、承力索座到管帽间距为200~300mm,记为 $L_{预留}$。

解:由图1-15可知

$$\tan\alpha = \frac{DG - DC}{OG} = \frac{1900 - L_{双}}{OH - L_{预留}}$$

$$OH = CX + (5460 + S)\delta - L_{下} - (a - 4H)$$

式中:CX——侧面限界,mm;

S——基础面对轨面高差,基础面高于轨面为正,否则为负,mm;

δ——支柱内缘倾斜率,mm/m;

$L_{下}$、$L_{双}$——下底座、套管双耳的有效长度,mm;

a——拉出值,mm;

H——外轨超高,mm。

令 $M=CX+(5460+S)\delta-L_{下}-(a-4H)$,则 a 确定后,就可以求出

$$L_{斜} = \frac{OG}{\cos\alpha} - L_{棒} = \frac{M - L_{预留}}{\cos\alpha} - L_{棒}$$

$$L_{平} = M + L_{下} + 1900\delta + L_{预留} - L_{上} - L_{棒}$$

$$L_{双耳} = L_{平} - DE = L_{平} - L_{预留}$$

定位环安装在距平腕臂距离为 $L_{定位}$ 处:

$$L_{定位} = 结构高度 — 承力索座高度 — 定位器抬升范围$$

现行转换柱、道岔柱处多采用双腕臂定位方式,即其中的工作支抬高(图中表示为 $L_{抬高}$)300~500mm,这样“平腕臂”就有了一定的倾斜角 φ。

$$\tan\varphi = \frac{L_{抬高}}{M_{平} + N + L_{下} + 1900\delta - L_{上}}$$

式中:$M_{平}$——对应的平腕臂的 M 值,mm,计算方法同前;

N——两接触线的水平间距,根据装配图确定,mm,其他参数同前。

由上式可以求的 φ 角。然后根据几何关系得:

$$L_{平} = \frac{M + N + L_{下} + 1900\delta - L_{上}}{\cos\varphi} + L_{预留} - L_{棒}$$

$$L_{斜} = OC - L_{棒} = \sqrt{OG^2 + GC^2} - L_{棒}$$

其中

$$OG = M_{平} + N + (L_{承} + L_{双})\sin\varphi - L_{预留}\cos\varphi$$

$$OG = 1900 + L_{抬高} - L_{预留}\sin\varphi - L_{双}\cos\varphi$$

腕臂长度与以下四个因素有关:

①腕臂所跨越的线路数目;

②接触悬挂的结构高度;

③支柱侧面限界;

④支柱所在位置(即支柱是在直线还是曲线区段,是曲线内侧还是曲线外侧)。

腕臂的选择应保证技术要求并力求经济合理。

4 腕臂的检修

(1)劳动组织及使用工具

一般由3~5人一组进行检调,使用工(器)具有:验电器,接地线2根,个人工具2套,卷尺等。

(2)操作步骤

要令登记;行车调度命令下达后,轨道车进入作业地点,施工人员进行验电、挂设接地线(1人监护、1人操作)。

(3)检查内容

①查看腕臂是否有锈蚀、永久性弯曲变形等情况。

②检查管帽是否齐全,露头过长对线路是否产生影响。

③观察腕臂是否有裂纹与被撞击现象。

④水平腕臂受压状况,是否与底座连接产生扭曲变形。

⑤周围非带电部分物体对腕臂的绝缘距离是否符合标准。

⑥腕臂与底座以及各个连接部分的螺栓紧固情况。

(4)质量标准

①腕臂不能有弯曲、永久性变形、严重锈蚀和裂纹。

②无温度变化时腕臂是否垂直于线路。

③各个零部件不能有裂纹、锈蚀和短缺。

④水平腕臂仰高不能超过50mm。

⑤腕臂绝缘子无破损和严重放电痕迹,绝缘子瓷釉剥落面积不能超过300mm^2。

⑥各个连接部分不能有松动。

⑦导高和“之”值应符合设计要求。

三 绝缘子的维护

1 绝缘子的作用

绝缘子是接触悬挂的主要部件之一,它的作用是悬吊和支持接触悬挂,并使接触网带电体与接地体间保持电气绝缘。绝缘子在使用中还要承受带电系统产生的机械负荷,可能承受拉力、压力和弯曲应力。

因此,要求绝缘子不但要有一定的电气绝缘性能,而且还要有一定的机械强度。

接触网中常使用的绝缘子有棒式绝缘子(见图1-16)和悬式绝缘子(见图1-17)。

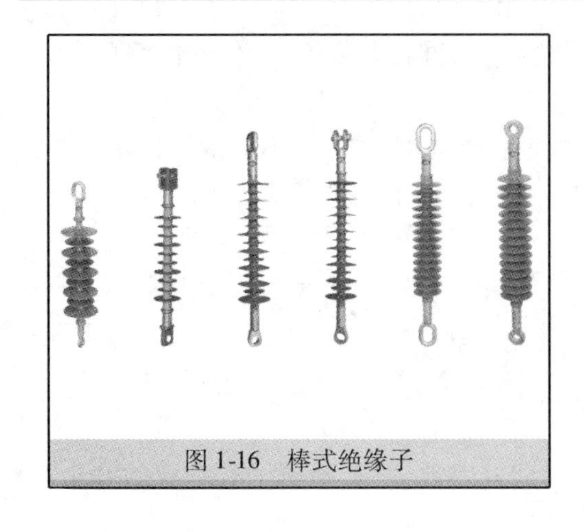

图1-16　棒式绝缘子

图1-17　悬式绝缘子

2 绝缘子的材料

陶瓷、玻璃、铸模树脂和玻璃纤维增强塑料，均可用作接触网绝缘子的绝缘材料。

陶瓷绝缘子主要由陶土、长石和铝组成。陶瓷用于长棒式绝缘子、柱形绝缘子和悬式绝缘子。采用碱性硅玻璃也可制成预应力玻璃悬式绝缘子。

塑胶绝缘子由环化脂环氧树脂、聚氨酯铸模树脂、聚四氟乙烯及其硅橡胶制成，塑胶能耐紫外线并在任何气候条件下保持稳定性，适用于室外。塑胶较之玻璃和陶瓷，其柔性更高，而且尺寸稳定性高和紧固件铸塑的水平高，但是其泄漏电阻较低，使之优点被抵消了。

复合绝缘子用铸模树脂玻璃纤维制成，由各种材料如聚四氟乙烯及其硅橡胶制作的绝缘子裙边能适应高电压和高机械荷载。

陶瓷和玻璃绝缘子均是易碎材料，不耐冲击，而复合绝缘子抗破坏性好，质量小并易于运输和安装。

绝缘子的最小抗拉强度不能小于使用它的导线的特定抗拉强度的95%。绝缘子上的最大工作张拉荷载不应超过绝缘子最小抗拉荷载的40%。最大工作弯曲荷载可用系统设计所规定的任何偏差标准补充限定。

3 绝缘子的性能

(1)电气性能

由于绝缘子多在户外使用，其表面破损、脏污、受潮、受到各种机械力的作用及承受的各种工作电压和过电压等，均会导致绝缘性能下降，产生沿绝缘子表面放电的现象，通常称为沿面放电。这种放电发展到绝缘子表层空气击穿时，称为闪络。闪络发生时，绝缘子本身没有击穿，绝缘子没有受损害，气体绝缘击穿后都能自己恢复绝缘性能。所以，闪络消失后，绝缘子的绝缘性能即可恢复，可以继续使用。但发生闪络后，其绝缘性能有所下降，易再次发生闪络。

绝缘子电气性能用干闪电压、湿闪电压、击穿电压绝缘泄露距离表示。

①干闪电压：绝缘子表面呈干燥状态时，施加电压使其表面达到闪络时的最低电压。

②湿闪电压：雨水在降落方向与绝缘子表面成45°角淋在其表面时，使其闪络的最低电压。

③击穿电压：瓷体被击穿损害而失去绝缘作用的最低电压，击穿后不能继续使用，应更换。击穿电压至少应比干闪电压高1.5倍。绝缘子发生击穿时，绝缘遭到急剧破坏，丧失了绝缘性能，不能再使用。

④绝缘泄露距离：指绝缘元件表面的曲线长度，即两电极间绝缘表面的爬电距离，俗称"爬距"。绝缘泄露距离是反映绝缘子绝缘水平的重要参数。

绝缘子电气性能随着时间增长，其绝缘强度会逐渐下降，这种现象称为老化。

(2)机械性能

绝缘子除起电气性能外，还承受一定的机械负荷。因此，要求绝缘子有一定的安全系数，一般绝缘子安全系数规定为2.5～3。

绝缘子的性能参数，如表1-5所示。

绝缘子的性能参数 表1-5

绝缘子结构设计	应　用	电气参数	机械参数
耳环和螺纹管帽式绝缘子	平腕臂	爬电距离130mm 额定电压1.5kV	破坏荷载40kN
耳环和管帽线夹式绝缘子	腕臂管	爬电距离130mm 额定电压1.5kV	破坏荷载70kN
绝缘子本体	柱形绝缘子	爬电距离240mm 额定电压3.0kV	破坏荷载50kN
GRP棒	腕臂	爬电距离570mm 额定电压1.5kV	管径 26mm、38mm、55mm
GRP管	腕臂	爬电距离570mm 额定电压1.5kV	管径 10mm、26mm、38mm、55mm

注：GRP，玻璃纤维增强塑料(玻璃钢)。

4 绝缘子使用注意事项

①连接部件不允许机械加工或进行热处理。

②绝缘子瓷体及连接部件连接间的水泥浇注有辐射状态裂纹时不能使用，立即更换。

③瓷体表面破损面积超过300mm^{2}时，不准使用，立即更换。

④绝缘子在使用中，应进行定期检查和清扫。绝缘子表面不得有明显放电痕迹(见图1-18)、裂纹和破损，环氧树脂绝缘子无积灰，陶瓷绝缘子的瓷釉光洁，各部位螺栓紧固、完好。

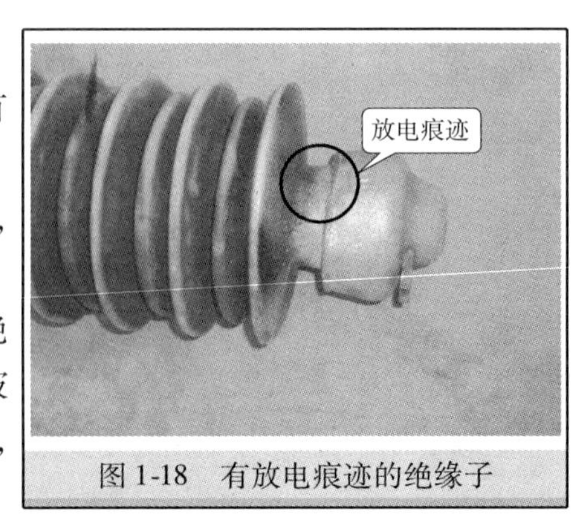

图1-18　有放电痕迹的绝缘子

5 绝缘子的更换

(1)更换腕臂棒式绝缘子

使用专用腕臂绝缘子更换器,将其一端固定在支柱上,另一端固定在腕臂上(图1-19),通过转动调节丝杆,使损坏的绝缘子处于不受力状态,将损坏的绝缘子取下后更换上同类型、同规格的合格绝缘子,紧固各部连接螺栓,撤下腕臂绝缘子更换器。直线和曲外的棒式绝缘子更换可采用作业车或手扳葫芦等进行更换。

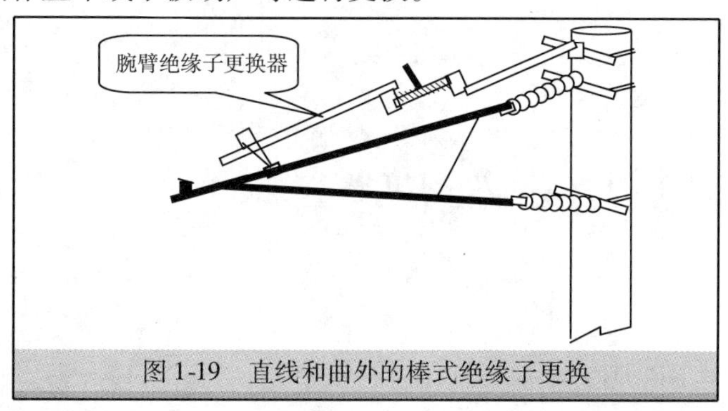

图1-19　直线和曲外的棒式绝缘子更换

(2)更换下锚绝缘子

使用两个紧线器分别打在杵环杆和承力索上(图1-20),通过钢丝套和手扳葫芦将绝缘子紧至不受力,将损坏的绝缘子更换后,补齐弹簧销,缓慢松开手扳葫芦,同时观察绝缘子受力状态,直至其完全受力。

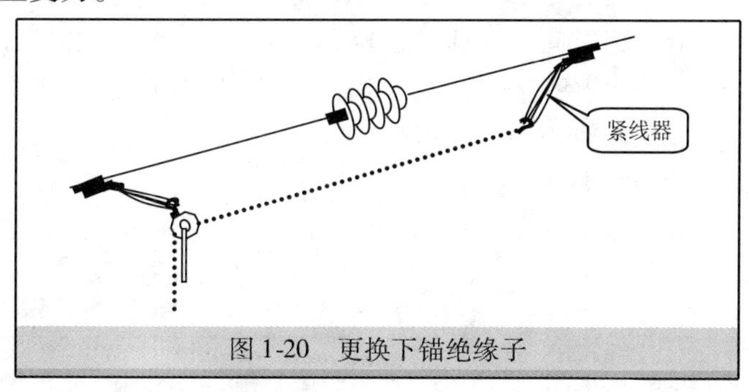

图1-20　更换下锚绝缘子

6 质量标准

(1)绝缘子表面应清洁、光滑无脏污;

(2)绝缘子表面应完整无破损、无破碎性裂纹,瓷釉剥落面积不大于300mm^2。

(3)绝缘子瓷质部分与铁件间密贴良好,无缝隙和开裂显现。

(4)绝缘子连接铁件与浇注部分间密贴良好、连接紧固。

(5)各悬式绝缘子间连接良好,弹簧销、开口销齐全。

(6)绝缘子本体线性良好,弯曲度不超过1%。

(7)绝缘子表面无明显放电痕迹、无环状或贯通性裂纹。

(8)棒式绝缘子滴水孔应朝向下方。

1.3 定位装置的维护

一 定位装置的作用、结构及定位形式

1 作用

定位装置的作用就是对接触线的位置进行确定。它是定位点处对接触线相对于线路中心位置进行横向定位的装置。在直线区段，相对于线路中心把接触线拉成之字形状；在曲线区段，相对于受电弓中心运行轨迹拉成切线或割线。

定位装置应满足以下要求：

(1)动作灵活，在温度发生变化，接触线沿顺线路发生移动时，定位装置应能以固定点为圆心，灵活地随接触线沿线路方向相应移动；

(2)重量应尽量轻，在受电弓通过定位点时，它上下动作自如，并且有一定的抬升量，不产生明显硬点，其静态弹性和跨距中部应尽量一致；

(3)具有一定的防风稳定性。

2 结构

定位装置是由定位管、定位器、定位线夹、定位钩、定位环及其连接部件组成，如图1-21所示。车辆运行时，为避免受电弓的抬升力作用使定位器反翘，要求定位器具有一定的倾斜度，其倾斜度规定为1:10。

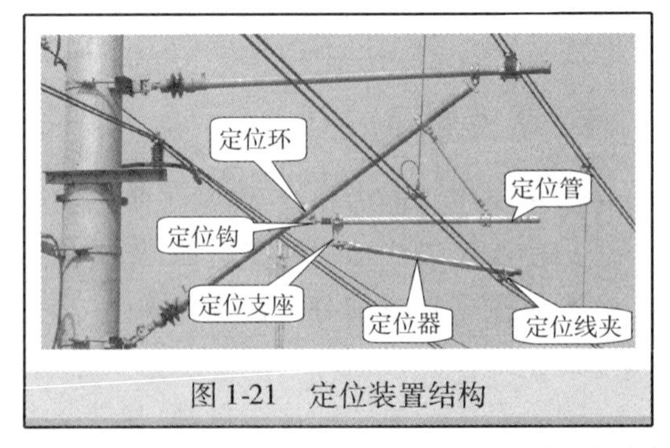

图1-21 定位装置结构

(1)定位器

定位器是定位装置中关键的部件，由镀锌钢管、套筒、定位销钉焊接而成。

其作用是通过定位线夹把接触线按设计标准拉出值的要求，固定在一定位置，保证接触线工作面平行于轨面，并承受接触线的水平力。

定位器从形状上可分为直管型、弯管型，如图1-22所示。功能上可分为限位与非限位

型等，限位定位器可以限制接触线抬高量，以免发生碰弓事故。

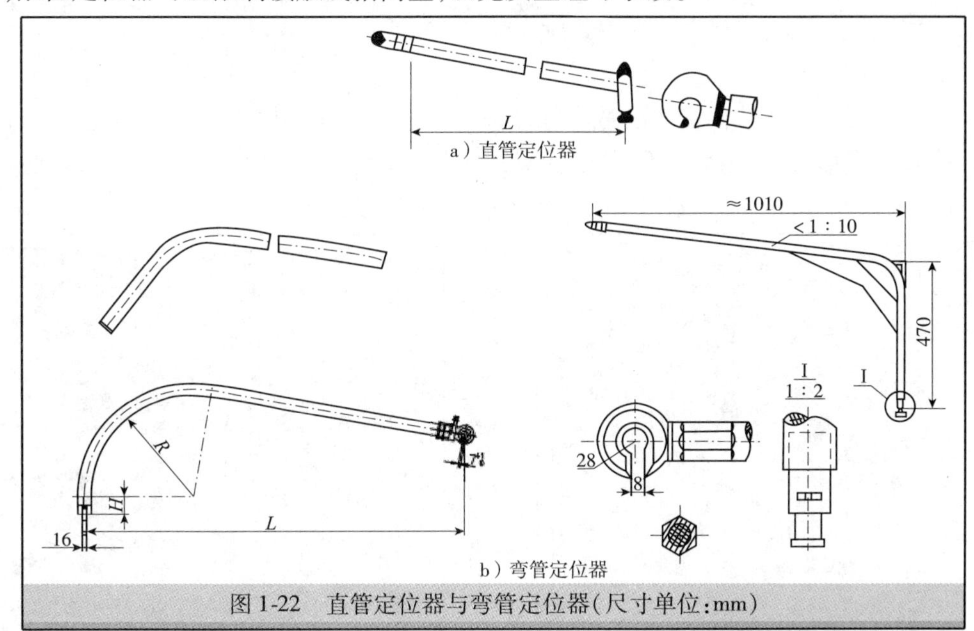

图 1-22　直管定位器与弯管定位器（尺寸单位：mm）

轨道交通运行速度较低，除在地面或高架的曲线半径较小情况下使用定位器外，一般定位装置很少单独采用定位器，均是由各个部件进行安装组合，便于零部件更换调整，灵活性较强。

（2）定位管

定位管的设置便于定位器在水平方向和坡度方向调节，增加结构的灵活性和定位点的弹性。定位管有两种类型，普通定位管和特型（T 形）定位管。

普通定位管用镀锌钢管制成，尾部焊有定位钩，以便和定位环配套使用，如图 1-23 所示。

特型（T 形）定位管的尾部加焊一段套管来代替定位钩，便于与棒式绝缘子配套并增加其尾部的机械强度。它适用于隧道定位、多线路腕臂支柱装配，如图 1-24 所示。

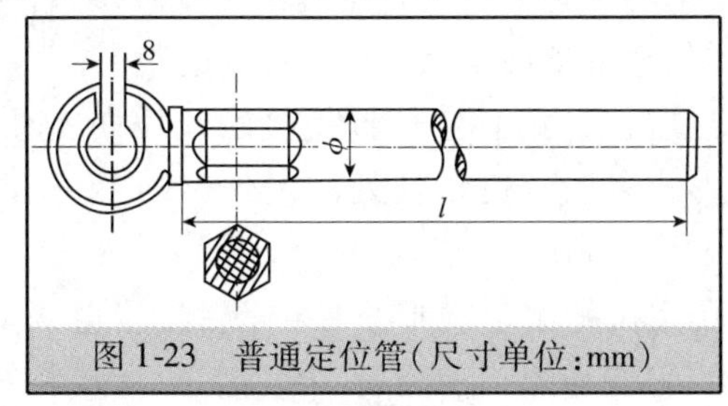

图 1-23　普通定位管（尺寸单位：mm）

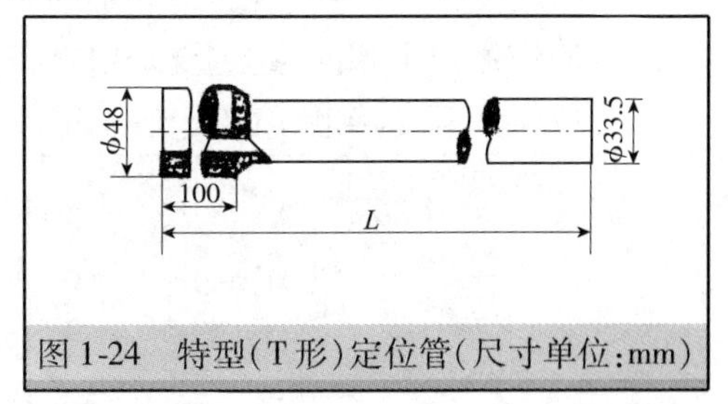

图 1-24　特型（T 形）定位管（尺寸单位：mm）

3 定位形式

定位装置对接触线实行横向定位，根据支柱所处位置、功用及地形条件不同，定位装置的形式也不同。

（1）正定位

在直线区段或曲线半径较大的区段采用这种定位方式。由定位管和支持器、定位线夹、定位环、定位钩组成。定位器的一端利用定位线夹固定接触线;另一端通过定位钩与定位管衔接,定位管又通过定位环固定在腕臂上,如图 1-25 所示。

(2)反定位

反定位一般用于曲线内侧支柱或直线区段之字值方向与支柱位置相反的地方。此定位方式使定位管受压力较大,为了使定位管保持水平,一般用斜拉线将定位管连接在腕臂上端,斜拉线、腕臂和定位管组成稳定的三角形,如图 1-26 所示。

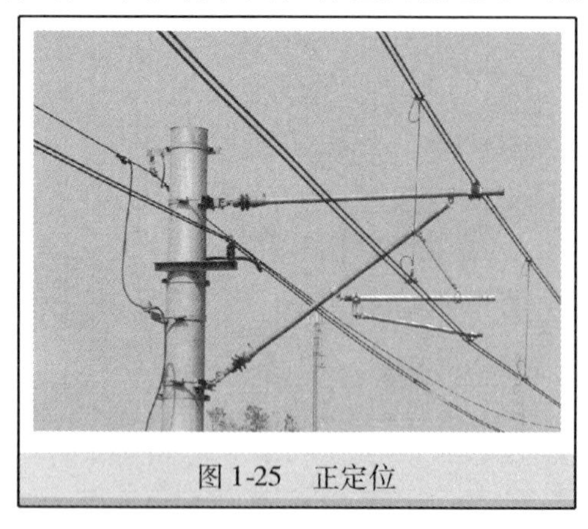

图 1-25　正定位

图 1-26　反定位

(3)软定位

软定位用于小半径曲线外侧支柱上,由弯管定位器通过两股镀锌铁线固定在绝缘腕臂的定位环里,如图 1-28 所示。这种定位装置只能承受拉力,而不能承受压力,因而它用于曲线 $R \leqslant 1000$m 的区段。为避免在某些特殊情况下拉力过小,经过计算,在曲线力抵消反方向的风力之后,拉力需保持 0. 2kN 以上方能使用这种方式。

(4)组合定位

组合定位装置(图 1-27)用于锚段关节的转换支柱、中心支柱及站场线岔处的定位,这些地方均有两组悬挂在同一支柱处,分别固定在所要求的位置上。组合定位的方式较多,各种组合定位的作用也不相同,这主要是根据各种各样的地形条件及悬挂条件决定的。

拉定位就是两支接触线的受力方向都指向支柱的反方向,定位器把接触线拉向支柱。这种形式多用于道岔柱处的定位,其特点是两支接触线等高。

图 1-27　组合定位

压定位是由于地形条件的限制,使得两支接触线的水平力指向支柱,相当于两支接触线都处于反定位状态,多用于道岔处的两组悬挂在同一处的定位。

拉压定位是一支接触线拉向支柱,另一支接触线拉向支柱的反方向(反定位),且两支接触线等高,都处于工作状态,这是道岔定位最常用的定位形式。

绝缘定位,它是两组定位器分别固定于两个腕臂上,两组定位器互不影响,并保持一定距离,它类似于绝缘转换支柱。

特殊双定位,它是两组定位器固定于同一组腕臂上,但其中一支为非工作支,它抬高后去下锚,多用于非绝缘转换支柱处或其他一些特殊定位。

(5)单拉定位

单拉定位的特点是没有腕臂(见图1-28),将软定位器直接通过绝缘子固定到支柱上,它一般用在导曲线处或因跨距较大,接触线的偏移达不到设计要求的某些特殊位置。

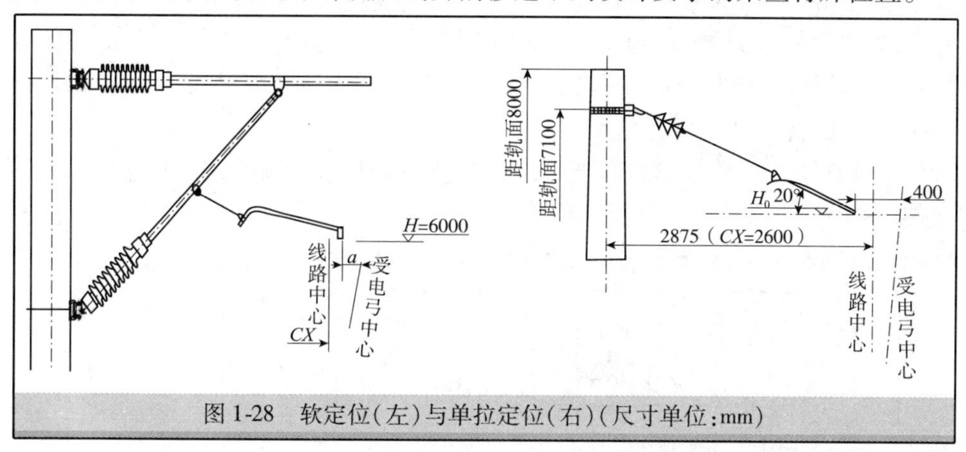

图1-28 软定位(左)与单拉定位(右)(尺寸单位:mm)

总之,无论采用哪一种定位装置,必须满足定位器处于受拉状态,不允许处于受压状态。

4 隧道段定位装置

隧道由于高度和宽度有限,其支持定位装置不同于地面结构,主要采用弹性支座悬挂作为隧道段定位装置,如图1-29所示。利用弹性元件使接触悬挂有柔韧性和弹性,以便悬挂点能跟随受电弓的运动作上下运动。减少悬挂点的离线率,并使受电弓的碳条磨损和损伤降至最小。

图1-29 隧道弹性支座悬挂装置

同地面架空接触网结构相比,隧道段架空接触网结构有如下特点。

(1)整个弹性支座悬挂可作垂直和水平双向运功,垂直运动由橡胶元件完成,水平运动由张力补偿装置来调整,所以同弹性简单悬挂相比,接触线的磨耗较少,悬挂点的磨耗与整线磨耗基本一致，寿命显著延长，并且不容易发生脱弓事故。

(2)弹性支座悬挂装置的间距为 800～12000 mm。

(3)弹性悬挂必须处于被“拉”状态。直线段的悬挂可以在线路两侧，曲线段的悬挂必须在曲线外侧。

(4)为了保证弹性元件的刚性范围和符合接触线导高限制，必须由 M6 调整螺栓限制为 3～5mm 间距。整个弹性(元件)支座的螺栓要以安装标准的力矩进行固定。

(5)定位管对接触线线夹外露尺寸分别为 20mm、60mm，不允许超出。

(6)在确定定位管的接触线高度时，必须将弹性元件的扭转部件限制在规定红点范围之内，以保护弹性元件防止过负荷。反之，如红点范围达到而接触线高度未能达到，则必须调整整个弹性支架的定位高度。

(7)整个弹性支座的装配，必须在预装车间进行；安装后的调整，必须在整个锚段安装完成后进行逐个调整。

(8)如果隧道高度太高，可考虑安装倒立柱加长下垂支架等悬挂形式，如图 1-30 所示。

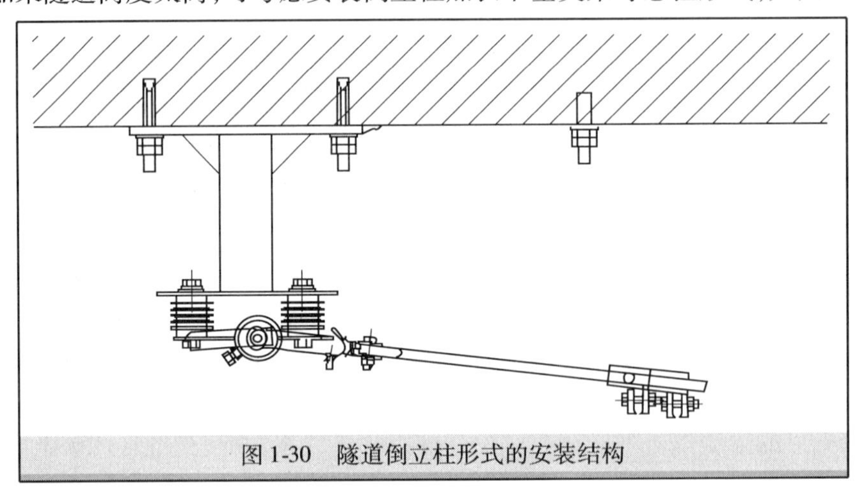

图 1-30　隧道倒立柱形式的安装结构

二　接触线直线拉出值和“之”字值调整

定位器将接触线固定在轨道上方规定的位置上称为接触线定位，定位器定位线夹与接触线连接处称为接触线定位点。定位点至受电弓中心运行轨迹的水平距离，在直线区段叫之字值，在曲线区段叫拉出值。“之”字值和拉出值的作用是使受电弓滑板磨耗均匀，提高受电弓寿命，并防止发生脱弓和刮弓事故。

接触线“之”字值沿线路中心左右对称。在曲线区段，为解决列车运行时产生的离心力，将外轨面抬高，称为外轨超高。曲线外轨超高值同列车运行速度和曲线半径大小有关，在现场，超高值一般标记在曲线内侧。

“之”字值和拉出值有正、负，规定靠近支柱侧为正，远离支柱侧为负。正线直线区段其标准为 ±200mm，曲线区段为 ±250mm。

1 拉出值的计算与调整

在曲线上，为防止列车在离心力作用下颠覆，将曲线外轨抬高，抬高量称为外轨超高。外轨超高量与曲线半径和列车时速有关，见表 1-6。

曲线外轨超高值 表 1-6

半径(m)	列车最大时速 v(km/h)与外轨超高值(mm)									
	30	40	50	60	70	80	90	100	110	120
300	25	40	65	90	125	—	—	—	—	—
400	15	30	50	70	95	120	—	—	—	—
500	15	25	40	50	75	95	120	—	—	—
600	10	20	30	45	60	80	100	125	—	—
700	10	15	25	40	55	70	90	110	—	—
900	—	15	20	30	40	55	70	85	100	120
1200	—	10	15	25	30	40	50	65	75	90
1600	—	—	10	15	25	30	40	50	60	70
1800	—	—	10	15	20	25	35	40	50	60
2000	—	—	10	15	20	25	30	35	45	55

外轨超高使机车向曲线内侧倾斜，造成受电弓中心与线路中心有一个偏移距离 c，称为偏斜值。偏斜值 c 可按下式求得：

$$c = \frac{Hh}{L}$$

式中：H——接触线导高；

h——接触线外轨超高；

L——轨距，轨距系指两钢轨顶面向下 16mm 处之间的距离，我国直线区段标准轨距为 1435mm，在曲线区段，为使列车圆滑地通过曲线，轨距有所加宽，见表 1-7。

曲线区段轨距表 表 1-7

曲线半径 R(m)	651 以上或直线	650～451	450～351	350 以下
轨距 L(mm)	1435	1440	1445	1450

当导高为 6000mm 时，现场可简化计算：$c \approx 4h$。

拉出值用 a 表示，接触线至线路中心的距离用 m 表示，则 m 值可按下式计算：

$$m = a - c$$

拉出值 a 根据曲线半径大小而定，见表 1-8。拉出值最大不许超过受电弓滑板允许工作范围的 1/2。

拉出值参考表（列车时速 $v \leq 120$km/h） 表 1-8

列车时速 $v \leq 120$km/h					
曲线半径（m）	$180 \leq R \leq 1200$		$1200 < R < 1800$	$R \geq 1800$	直线
拉出值 a（mm）	400		250	150	±300
列车时速 $v \geq 120$km/h					
曲线半径（m）	$3000 \leq R \leq 4000$	$1800 \leq R \leq 2000$	$1200 \leq R \leq 1500$	$900 \leq R \leq 1000$	直线
拉出值 a（mm）	100	250	150	300	±200

由于不方便直接测量拉出值，所以拉出值调整时，是通过 m 值进行的。当接触线投影位于线路中心与曲线外轨之间时 m 值为正；当接触线投影位于线路中心与曲线内轨之间时 m 值为负。如图 1-31 所示。

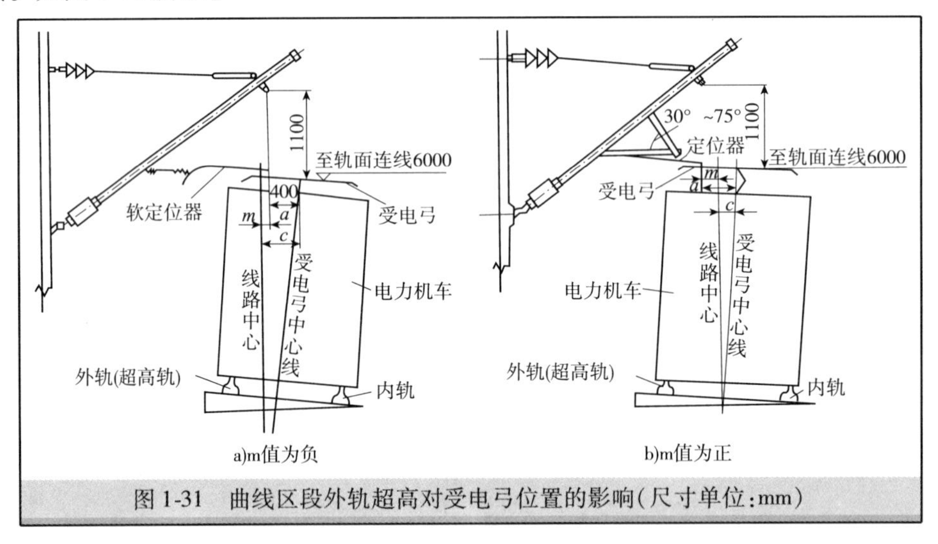

图 1-31 曲线区段外轨超高对受电弓位置的影响（尺寸单位：mm）

根据上式计算出 m 的标准值 $m_{标}$，与实际测量值 $m_{实}$ 相减，可得 Δm，即 $\Delta m = m_{标} - m_{实}$。Δm 为接触线实际定位点和标准位置的差值，表示拉出值调整的大小和方向。

拉出值调整按 Δm"正拉、负放、零不动"的口诀进行调整。将定位点向曲线外侧移动称为拉，将定位点向曲线内侧移动称为放。

【例 1-2】接触网某定位点接触线高为 6000mm，所处曲线半径为 600m，外轨超高为 60mm，求该定位点接触线的位置。

解：

$$c = \frac{Hh}{L} = \frac{60 \times 6000}{1440} = 250\text{mm}$$

当 $R = 600$m 时，a 为 400mm，

根据
$$m = a - c$$
得
$$m = 400 - 250 = 150\text{mm}$$

即，接触线投影位置应在线路中心线至外轨间，距线路中心 150mm 处。

2 “之”字值测量

(1)作业准备

①作业人员:2人。

②主要工具:激光测量仪。

③安全用具:安全帽。

(2)测量作业

①要令申请,向行车调度员申请允许作业命令。

②行车调度员下达准许作业命令后进入作业区域。

③进行测量,如图1-32所示。

图1-32 导高、之字值测量

a.在测量定位点下方轨道上放置好道尺,道尺与线路垂直。

b.打开激光测量仪电源,将激光测量仪放在道尺上;注意基点选择。

c.移动位置,使得激光红点对准外侧导线。

d.按下启动按钮,读出显示数据,此数据为导高,记录。

e.读激光射出处刻度与道尺对齐刻度,此数据为拉出值,记录。

④工作结束,工作负责人对人员、工(器)具及材料进行清点。

⑤消令登记。

⑥回基地把记录的数据填写到相应的报表(表1-9)。

导高、拉出值测量记录表

表1-9

车站/区间			锚段号	
测量人			测量日期	
序号	定位点	导高(mm)	拉出值(mm)	跨中拉出值(mm)
1	012A	3999	235	200
2				
3				
4				
5				

3 “之”字值调整

(1)作业准备

①作业人员:4人。

②主要工具:钩头扳手(隧道段)、液压钳(户外)、断线钳(户外)、专用扳手。

③安全用具：接地棒、验电器、安全帽。

④测量工具：激光测量仪、道尺。

⑤地面段：吊弦线、吊弦线夹及其零配件。

(2)调整作业

①要令申请，向行车调度员申请允许作业命令。

②行车调度员下达准许作业命令后进行验电、接地。

③进行调整：

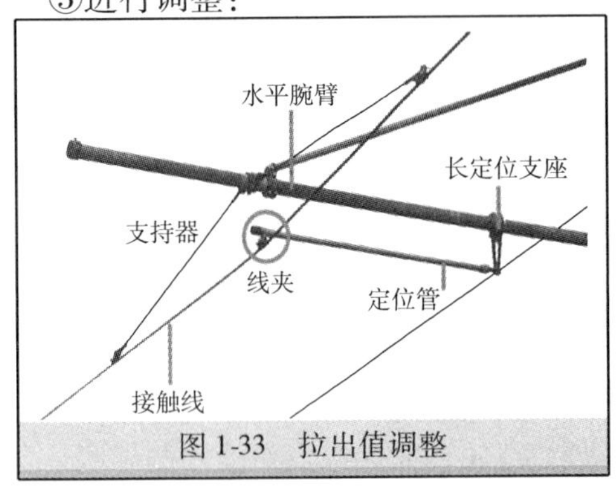

图 1-33　拉出值调整

a. 导高调整。测量调整定位点的导高，做好记录；更换两端新吊弦，装好承力索、导线线夹后，理直吊弦，调整吊弦长度，在定位点处重新测量导高，反复调整，直到高度符号要求。

b. 拉出值调整。测量调整定位点的拉出值，做好记录；松开支持器的紧固螺栓，定位管上按照新拉出值移动支持器，使得拉出值达到要求，如图 1-33 所示；拧紧螺栓；重新测量拉出值，记录。

④工作结束，工作负责人对人员、工(器)具及材料进行清点。

⑤拆除接地线，作业人员撤离现场。

⑥消令登记。

⑦回基地填写相应的报表。

(3)质量标准

①接触线的高度应符合区段设计要求，两相邻定位点导高之差规定如下：

地面段 ±30mm；

车辆段 ±50mm。

②拉出值按照检修规程技术要求：

正线、车辆场直线段为 ±200mm；正线、车辆场曲线段为 ±250mm；正线、试车线曲线段为 ±300mm。

③跨中偏移：

正线、试车线曲线段为 ±300mm；车辆厂曲线段为 ±350mm。

三 定位装置检修

1 定位器偏移

定位装置的定位器在热胀冷缩情况下会随着接触线发生偏移，当偏移值超过规定值时，会使接触线产生过大的张力差，不仅破坏接触线的弹性均匀程度，严重影响受电弓的取流，还容易造成脱弓事故。所以在不同的温度情况下安装，定位器偏移值是不同的。

定位器偏移计算公式如下：

$$E = L\alpha_j(t_x - t_p)$$

式中：E——定位器偏移值；

L——定位器定位点到中心锚结的距离；

α_j——接触线的线胀系数；

t_x——安装或调整时的温度；

t_p——设计时平均温度，$t_p = \frac{t_{max} + t_{min}}{2}$（$t_{max}$——设计时采用最高温度，$t_{min}$——设计时采用最低温度）。

2 定位装置检修标准

（1）定位装置的结构及安装状态应保持定位点处接触线的弹性符合规定。当温度变化时，接触线能自由伸缩，使受电弓有良好的受流状态。

（2）定位器必须保证接触线“之”字值、拉出值的正确性，保证接触线工作面平行于轨面。

（3）定位器应处于受拉状态，支持器安装方向要正确。其长度不得大于1200mm，附有防水管帽；无烧伤、腐蚀，无松动，紧固件完好。

（4）定位器的偏移程度，定位管是否水平，各零部件受力状态是否良好，有无破损及裂纹。无定位器的定位装置工作支定位管保持1∶50的坡度，不允许定位管有反翘现象。

（5）定位器的坡度是否符合要求。

如气温突然升高或降低，受电弓与接触线间的压力使导线升高。在半补偿链型悬挂中，当气温突然下降时承力索的弛度变小，通过吊弦使接触线升高，定位点处定位线夹随之升高，造成定位器坡度过小，受电弓通过时极易打在定位器根部，打坏受电弓、打掉定位器。此时应将定位管与腕臂连接的定位环上调，使定位器根部满足要求。

当气温急剧升高时，承力索弛度增大，使接触线高度降低，造成定位器坡度超出规定要求。此时可将定位管与腕臂连接的定位环向下调整。因为定位器坡度过大会使接触线工作面偏斜而发生偏磨。

（6）螺栓是否涂油。检查定位线夹安装牢固，并涂有导电介质。有无松动和脱落的可能。

3 定位装置检修记录表

定位装置检修记录表，如表1-10所示。

定位装置检修记录表　　表 1-10

序号	设备名称	车站区间	锚段/定位点	检 查 情 况	检查负责人	检查日期
1	支持器					
2	定位环					
3	定位终端					
4	定位管					
5	定位坡度					
6	定位器					
7	其他					

4 弹性元件检调

(1)作业准备

①人员:共 4 人,其中 1 人为工作负责人。

②工(器)具:常用工具、验电器 1 根、接地棒 2 根、钩头扳手 1 把、扭力扳手、铜榔头、一字批、轨距尺、激光测量仪、卷尺、车梯、电筒、抹布、安全用具、防护用具等。

③材料:弹性元件 2 个、螺栓紧固件若干等。

(2)作业程序

①检查:

a. 检查定位点处的接触线高度、“之”字值及橡胶元件的指针是否在正确范围内。

b. 检查间隙调整螺栓是否在规定范围内。

c. 支持器方向是否一致。

d. 双接触线线面是否平整。

e. 定位管横向偏移是否达到技术要求。

f. 叉形接头与定位管连接螺栓是否过紧;是否影响定位管的横向位移。

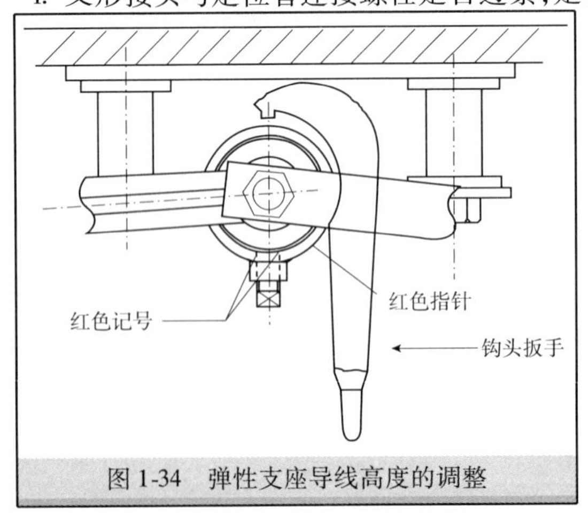

图 1-34　弹性支座导线高度的调整

②调整:

a. 将弹性元件定位橡胶元件的支头螺钉拧紧松开,使弹性元件完全失去弹性。

b. 一人用钩头扳手伸进弹性元件调整孔,将接触线高度调整到隧道内规定范围内;另一人用扭力扳手(45N · m)将弹性元件定位橡胶元件的支头螺钉拧紧(定位橡胶红色指针应该在两红色标记内)。如图 1-34 所示。

c. 检查所有紧固件是否拧紧,并用抹布将绝缘子清扫干净。

d. 工作结束,工作负责人对人员、工(器)具及材料进行清点,拆除接地线后撤离现场。

e. 消令登记。

f. 工作完毕后填写相应的报表。

(3)质量标准

①定位管坡度:洞内——直线段与轨面成角,最大30°,最小10°。

②定位管偏移:洞外——直线段1/10,曲线段与轨面成20°。

③定位器的长度不得大于1200mm,附有防水管帽;无烧伤、腐蚀,无松动,紧固件完好。

④定位管的安装应符合安装曲线图,定位管最大偏移值不超过18°,调整螺钉间距不得大于5mm,外露不得大于60mm。

⑤双接触线间距为40mm。

⑥双接触线导高应在同一水平面。

(4)常见故障

①由于弹性元件功能失效,导致该处定位点的接触线弹性失效,接触线高度发生了突变,使相邻定位点处导高形成少量的高度差。当受电弓经过定位点时,由于高度差的原因,使力产生突变,导致受电弓和接触线产生短暂的离线状态或使受电弓与接触线发生撞击产生新的硬点。

②由于隧道漏水导致弹性支座悬挂装置瓷瓶绝缘击穿后对定位底板进行放电,如图1-35所示。

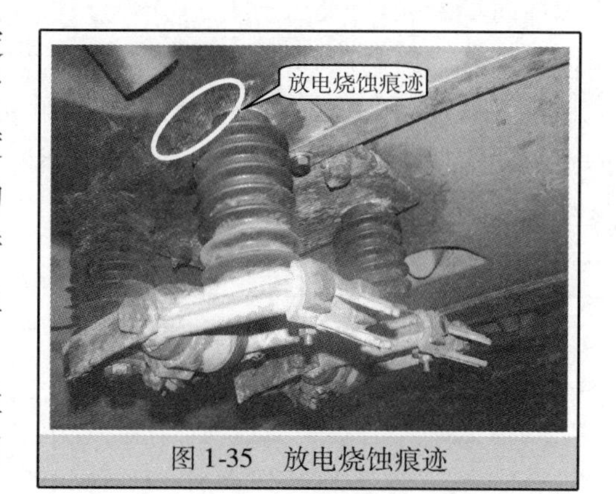

图1-35　放电烧蚀痕迹

1.4 接触悬挂的维护

一 接触悬挂的类型

接触悬挂是向电动列车供电的主要设备,为了保证受流质量,接触悬挂的弹性应尽量均匀。即悬挂各点在相同受电弓压力作用下,接触线升高应尽量相等。接触线对轨面的高度应尽量相等，若高度变化时，应避免出现接触线坡度过大或者剧变，应平缓过渡。接触线上不应出现硬点，应保证受电弓平滑运行。接触悬挂对受电弓应具有足够的稳定性，即电力机车通过时，悬挂升高应小且均匀，不产生剧烈的摇晃，为达此目的，接触线的张力应足够大。

1 接触悬挂的类型

按承力索的设置情况，柔性架空接触网可分为简单悬挂和链形悬挂两种类型。

（1）简单悬挂

简单悬挂是一种直接将接触线固定在支持装置上的悬挂方式，只有接触线，没有承力索和吊弦。支柱安装负荷较轻，但是弛度大，弹性不均匀，接触网取流效果差，车辆速度受到限制，一般用于城市轨道交通线路的车辆段等对行车速度要求不高的地段。

改进后的简单悬挂在悬挂点加上 8～16m 长的弹性吊索，通过弹性吊索悬挂接触线，也称为弹性简单悬挂。

简单悬挂根据其接触线是否进行补偿，又可分为未补偿简单接触悬挂（图 1-36）和带补偿简单接触悬挂（图 1-37）。未补偿简单接触悬挂的接触线两端下锚方式，可通过一组绝缘子固定在支柱或隧道壁上。当环境温度变化时，由于接触线热胀冷缩的物理特性，其张力和弛度变化很大。其优点是结构简单，好维护。缺点是有硬点，通过速度低，一般使用在库线、停车场线、专用线等。

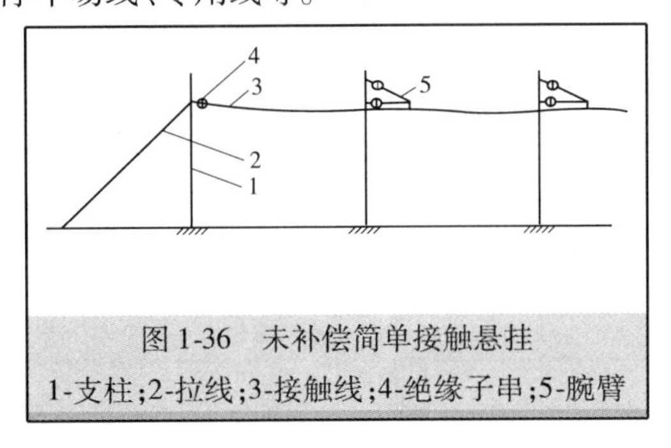

图 1-36　未补偿简单接触悬挂
1-支柱；2-拉线；3-接触线；4-绝缘子串；5-腕臂

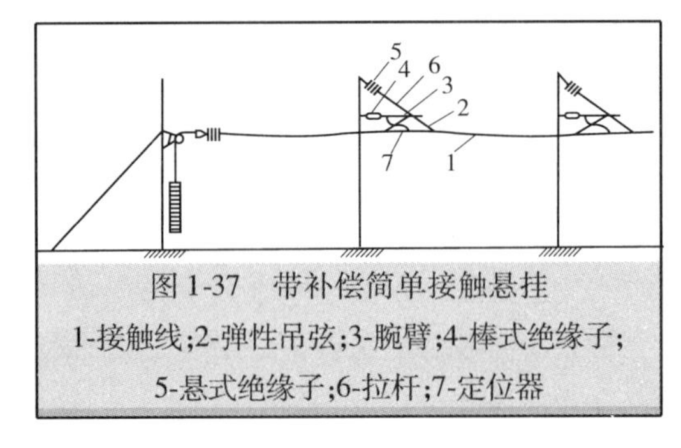

图 1-37　带补偿简单接触悬挂
1-接触线；2-弹性吊弦；3-腕臂；4-棒式绝缘子；5-悬式绝缘子；6-拉杆；7-定位器

带补偿简单接触悬挂每个锚段接触线一端或两端装有补偿装置，当环境温度变化时，接触线弛度和张力变化不大。优点是施工方便，净空要求低，投资少，弹性有所改善。缺点是弛度较大，不适于高速行车，用于行车速度低于 80km/h 的线路和受净空限制的旧线隧道改造线路等。

简单悬挂结构简单、用料省、维修简单，但弛度大、弹性不均，行车速度受限制。

（2）链形悬挂

链形悬挂是接触线通过吊弦悬挂到承力索，承力索固定在支持装置上的悬挂方式。

链形悬挂设有承力索和吊弦，使接触线增加了悬挂点，从而减小了弛度，提高了弹性和稳定性，使行车速度得到较大的提高。吊弦是接触网链形悬挂中承力索和接触线间的连接部件。接触线的高度由吊弦来调整，调节吊弦的长度能保证接触线距轨面高度尽量保持一致，以改善受流质量。

链形悬挂有简单链形悬挂和弹性链形悬挂等多种形式。

链形悬挂比简单悬挂性能要好，但结构复杂，投资也较大，施工维修较为困难。

2 链形悬挂的类型

(1)按链形级数划分

按链形级数划分,有单链形悬挂和双链形悬挂两种。

①单链形悬挂。单链形悬挂只有一根承力索,如图1-38所示。

②双链形悬挂。双链形悬挂有两级吊弦,接触导线通过短吊弦挂在辅助吊索上,辅助吊索又通过吊弦挂在承力索上。结构如图1-39所示。

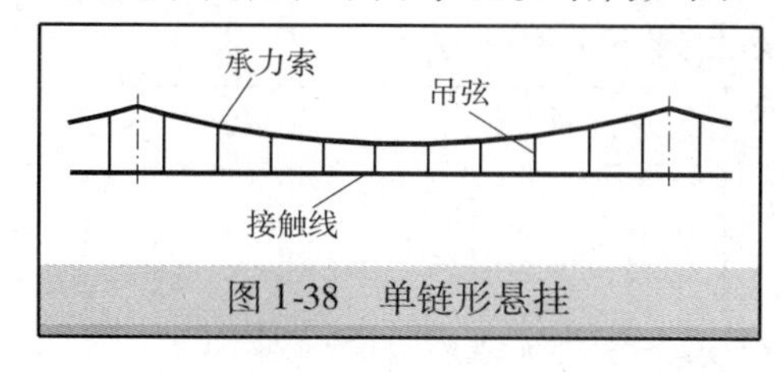

图1-38 单链形悬挂

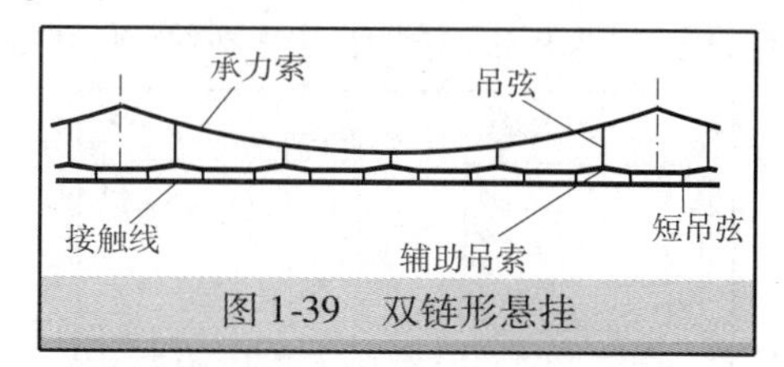

图1-39 双链形悬挂

此外还有多链形悬挂,由于其设计、计算、维护复杂、成本高,所以几乎不使用。

(2)按补偿方式划分

按补偿方式划分,有未补偿链形悬挂,半补偿链形悬挂和全补偿链形悬挂三种。

①未补偿链形悬挂。承力索和接触线都没有补偿装置,如图1-40所示。其优点是结构简单;缺点是接触线在温度变化时,接触线张力和弛度变化很大,电动列车取流差。这种方式基本不用,或用于渡线。

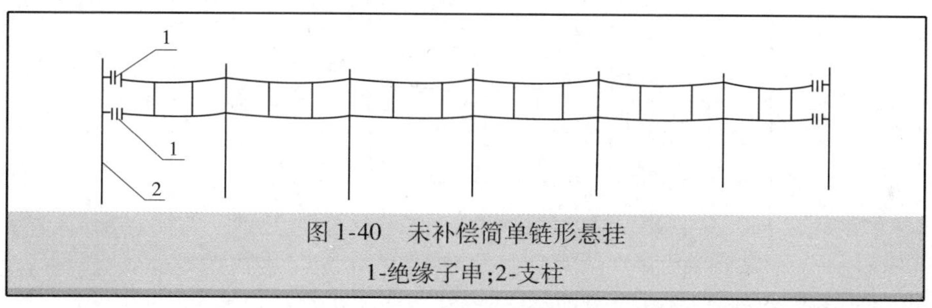

图1-40 未补偿简单链形悬挂

1-绝缘子串;2-支柱

②半补偿链形悬挂。承力索没有补偿,仅接触线有补偿装置,如图1-41所示。其优点是弹性较简单悬挂改善,事故后修复容易;缺点是受承力索弛度影响,接触线弛度变化仍较大,结构高度大,对隧道净空要求高。半补偿链形悬挂使用比较广泛,一般可用于正线、站线、专用线、停车场线、隧道内等。

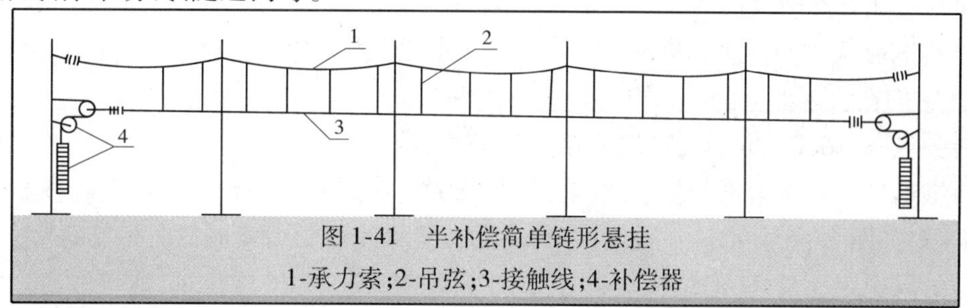

图1-41 半补偿简单链形悬挂

1-承力索;2-吊弦;3-接触线;4-补偿器

③全补偿链形悬挂。承力索和接触线均装设补偿装置,如图1-42所示。其优点是弛度变化小,结构高度小,对支柱高度及容量可降低;缺点是中心锚结及下锚处结构复杂。一般用于高速行车的正线、站线及隧道内。

(3)按悬挂点处吊弦划分

按悬挂点处吊弦划分,有简单链形悬挂和弹性链形悬挂两种。

①简单链形悬挂。悬挂点处采用简单吊弦,如图1-43所示。其优点是弹性较简单悬挂改善,事故后修复容易。其缺点是受承力索弛度影响,接触线弛度变化仍较大,结构高度大,对隧道净空要求高。一般用于站线、专用线、停车场线、隧道内等。

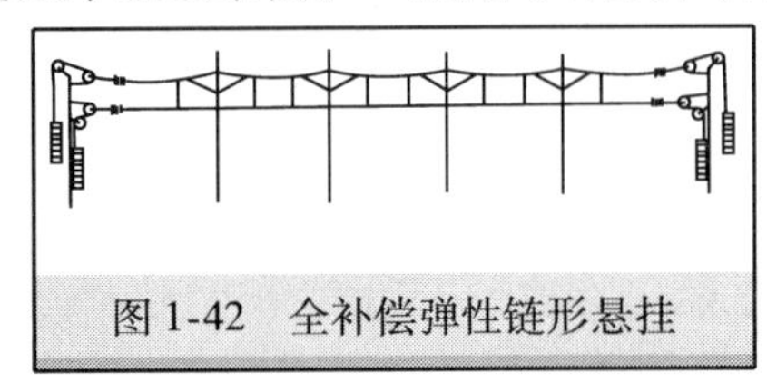

图1-42　全补偿弹性链形悬挂

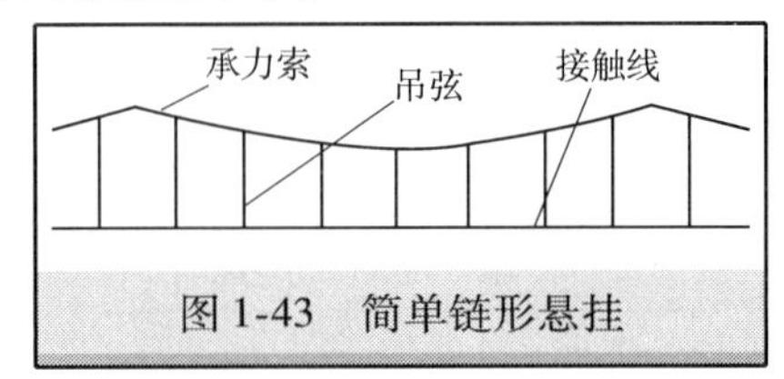

图1-43　简单链形悬挂

②弹性链形悬挂。悬挂点处采用弹性吊弦,即吊弦固定在辅助绳上,如图1-44所示。辅助绳有一定张力和长度,固定在支柱两侧的承力索上,因此支柱处接触线的弹性和跨中各点的弹性比较均匀,支柱处弹性改善,整个跨距弹性比较均匀,可用于行车速度在100km/h及以上的正线。

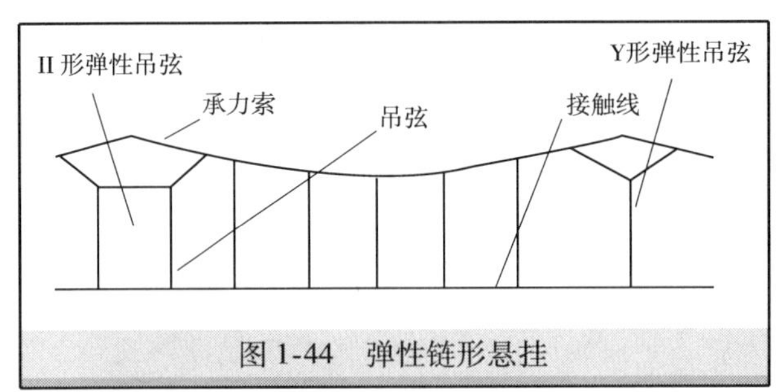

图1-44　弹性链形悬挂

(4)按承力索与接触线相对位置划分

按承力索与接触线相对位置划分,有直链形悬挂、半斜链形悬挂、斜链形悬挂三种。

①直链形悬挂。承力索在接触线的正上方,它们在水平面上的投影是一条斜线。直链形悬挂的风稳定性差,在大风作用下易产生横向摆动,造成受电弓与接触线脱离而发生脱弓事故。一般使用在曲线区段。

②半斜链形悬挂。直线上接触线呈"之"形布置,承力索位于线路中心的正上方,如图1-45所示。它们在水平面上的投影有一个较小的偏斜。半斜链形悬挂的风稳定性好,施工方便,我国在时速≤160km/h直线区段采用这种悬挂方式。

③斜链形悬挂。承力索与接触线相互呈相反方向布置。它们在水平面上的投影有一个较大的偏移,如图1-46所示。在直线区段支柱处,接触线与承力索成方向相反的"之"字值。这种悬挂的风稳定性最好,但结构复杂,设计计算烦琐,施工和检修困难,造价较高。用于时速≥160km/h的高速铁路直线区段。

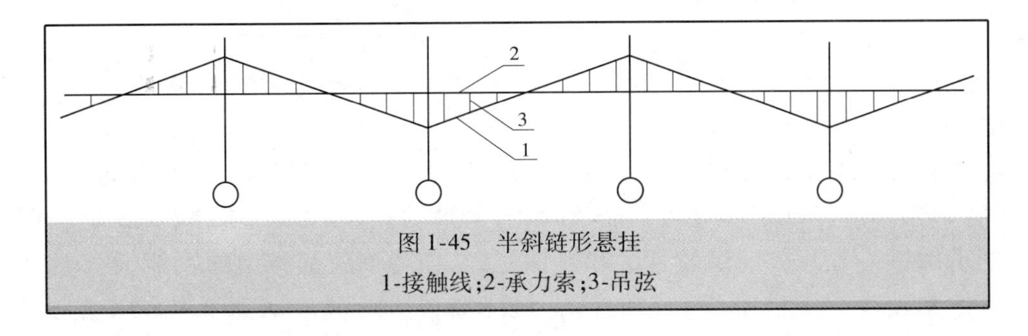

图1-45　半斜链形悬挂
1-接触线;2-承力索;3-吊弦

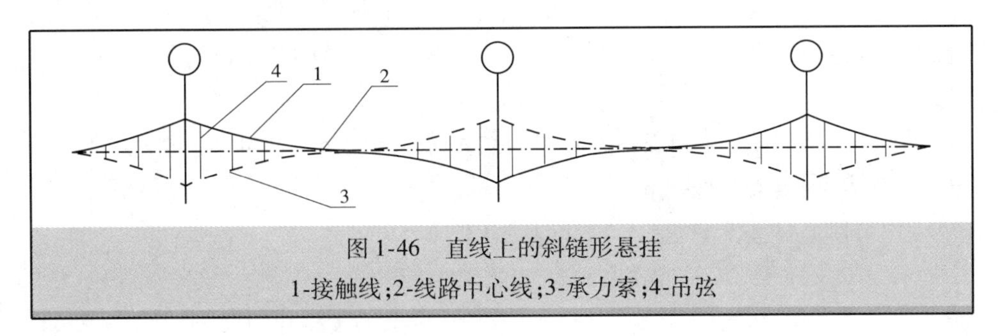

图1-46　直线上的斜链形悬挂
1-接触线;2-线路中心线;3-承力索;4-吊弦

二 接触线和承力索的维护

1 接触线

(1)接触线作用与要求

接触线是直接和受电弓滑板相接触并摩擦的,电动列车从接触线上取得电能。

接触线外形为带沟槽的圆柱状,如图1-47所示。沟槽便于安装线夹,固定接触线又不影响受电弓取流。接触线底面与受电弓接触的部分呈圆弧状。其沟槽为便于安装线夹,并按技术要求悬吊固定接触线位置,同时又不影响受电弓滑板的滑行取流。接触线下面与受电弓滑板接触的部分呈圆弧状,称为接触线的工作面。

图1-47　接触线的外形

不同的接触线类型和截面适用于不同的使用场合。接触线截面积的选择主要取决于所需的电流、电压的稳定性和施加的张力。

此外,受电弓是与接触线摩擦取流的。由于磨损使接触线截面积减小,从而使载流量下降,接触线易被拉断。在这种情况下,允许磨损率被限制为原截面积的20%~30%。

确定是否达到磨损限度的标准,是在磨损最严重的点上测量其截面积,如定位点、电连接线、导线接头、中心锚结、电分段、锚段关节、跨距中间等处。若接触线磨损均匀则使用寿命较长,因此要求接触导线具有良好的导电性能、耐磨性能、抗腐蚀性能及足够的机械强度。

直流牵引系统如果要求牵引力大，就必须安装称为双接触线的平行接触线。

(2)接触线的材料与分类

由于铜和铜合金有较高的导电性、张力、硬度及其承受温度变化和抗腐蚀的能力，所以常用接触线有铜接触线。添加一定比例的银(0.1%)或镁(0.5%)的合金添加剂可以进一步改善铜线的机械和热性能，从而得到较高张力的铜线，称为银铜合金接触线和铜镁合金接触线。它们具有强度高、导电性好、耐磨和抗蠕变能力强等优点。

接触线型号由字符和数字组成，地铁常用接触线的型号有 CT－120、CTHA－120、CTHM－120 等，其含义如下：

C 表示接触线，T 表示铜，H 表示合金材料，A 表示银铜合金，M 表示铜镁合金(镁含量为 0.5%)，120 表示标称截面积(mm^2)。

接触线技术性能见表 1-11、表 1-12 和表 1-13。

铜接触线(CT)技术性能参数表 表 1-11

型号	标称截面(mm^2)	电气性能		机械性能						含氧量≤(%)
		20℃时电阻率≤($\Omega \cdot mm^2/m$)	载流量≥(A)	拉断力≥(kN)	伸长率≥(%)	扭转(至破坏)圈数	反复弯曲(至破坏)		杨氏模量(MPa)	
							弯曲半径(mm)	次数≥		
CT	120	0.01786	560	41.75	3.0	3	25	8	124000	0.0400

注：载流条件——环境温度为 35℃；最高允许工作温度 95℃。

银铜合金接触线(CTHA)技术性能参数表 表 1-12

型号	标称截面(mm^2)	电气性能		机械性能							银含量≤(%)
		20℃时电阻率≤($\Omega \cdot mm^2/m$)	载流量≥(A)	拉断力≥(kN)		伸长率≥(%)	扭转(至破坏)圈数	反复弯曲(至破坏)		杨氏模量(MPa)	
				未软化	软化后			弯曲半径(mm)	次数≥		
CTHA	120	0.01786	750	42.35	38.12	2.8	5	25	8	124000	0.08~0.12

注：载流量条件——环境温度为 40℃；最高允许工作温度 150℃；风速 0.6m/s。

铜镁合金接触线(CTHM)技术性能参数表 表 1-13

型号	标称截面(mm^2)	20℃时电阻率≤(Ω/km)	伸长率≥(%)	抗拉强度≥(N/mm^2)	拉断力≥(kN)	扭转(至破坏)圈数≥	反复弯曲(至破坏)		参考单位质量(kg/km)
							弯曲半径(mm)	次数≥	
CTHM	120	0.239	5	490	57.0	5	30	6	1035~1099

2 承力索

(1)承力索的作用与要求

承力索的作用是通过吊弦将接触线悬挂起来。要求承力索能够承受较大的张力和具有抗腐蚀能力,并且在温度变化时驰度变化较小。

(2)承力索的材料与分类

铜承力索导电性能好,可做牵引电流的通道之一,和接触网并联供电,降低压损和能耗,且抗腐蚀性能提高。但铜承力索消耗铜多,造价高且机械强度低,不能承受较大的张力,温度变化时驰度变化也大。在铜中加入一些镁,形成铜镁合金承力索,可增强其机械强度。

TJR 表示软铜绞线,TJ 表示硬铜绞线,数字表示面积。

软铜绞线和硬铜绞线的结构尺寸及性能参数,见表1-14、表1-15、表1-16和表1-17。

软铜绞线的结构尺寸参数表 表1-14

型号	标称截面(mm^2)	计算截面(mm^2)	根数	单线直径(mm)	绞线外径±5%(mm)	绞合方式	参考单位质量±8%(kg/km)
TJR	50	51.2	133	0.70	10.5	正规绞合	482
	70	72.7	189	0.70	13.0		685
	95	99.7	259	0.70	14.7		935
	120	118.5	336	0.67	16.4		1120
	150	150.1	392	0.70	18.3		1420
	185	185.1	525	0.67	20.4		1745
	210	209.8	595	0.67	21.5		1980
	240	245.2	637	0.7	23.1		2320
	300	296.6	637	0.7	25.4		2800

软铜绞线的技术性能参数表 表1-15

型号	标称截面(mm^2)	抗拉强度≥(N/mm^2)	伸长率≥(%)	20℃时电阻率≤($\Omega \cdot mm^2/m$)	载流量≥(A)	
					风速0.6m/s	风速1.0m/s
TJR	50	300	25	0.017241	280	310
	70				340	370
	95				420	460
	120				485	535
	150				570	625
	185				660	720
	210				720	780
	240				785	850
	300				895	920
	210				720	780

硬铜绞线的结构尺寸参数表　　表 1-16

型号	标称截面（mm^2）	计算截面（mm^2）	绞线结构 根数/直径（mm）	绞线外径 ±5%（mm）	参考单位质量 ±8%（kg/km）	绞合方式
TJ	50	49.48	7/3.00	9.0	446	正规绞合
		48.35	19/1.80	9.0	437	
	70	65.81	19/2.10	10.5	596	
	95	93.27	19/2.50	12.5	845	
	120	116.99	19/2.80	14.0	1060	
	150	147.11	37/2.25	15.8	1337	
	185	181.62	37/2.50	17.5	1649	
	240	242.54	61/2.25	20.3	2209	
	300	299.43	61/2.5	22.5	2725	

注：参考单位质量按密度 8.89g/cm^3 计算。

硬铜绞线的技术性能参数表　　表 1-17

型号	标称截面（mm^2）	综合拉断力≥kN	单丝抗拉强度≥（N/mm^2）	20℃时电阻率≤（Ω·mm^2/m）	载流量≥（A）
TJ	50	19.84	422	0.01786	250
		19.38			250
	70	26.38			310
	95	37.39			380
	120	46.90			440
	150	58.98			510
	185	72.81			585
	240	97.23			700
	300	120.04			800

注：载流量条件——风速 0.6m/s；环境温度 35℃；导体工作温度 70℃。

THJ 表示铜镁合金硬绞线，铜镁合金软绞线的符号为 THJR，数字表示面积。

铜镁合金软绞线和铜镁合金硬绞线的性能参数见表 1-18。

铜镁合金硬绞线的结构尺寸及技术性能参数表　　表 1-18

型号	标称截面积（mm^2）	计算截面积（mm^2）	绞线结构 根数/直径（mm）	绞线外径 ±5%（mm）	参考单位质量 ±8%（kg/km）	综合拉断力≥（kN）	载流量≥（A）
THJ	50	49.48	7/3.00	9.0	446	28.58	200
		48.35	19/1.80	9.0	437	28.39	200
	70	65.81	19/2.10	10.5	596	38.64	245
	95	93.27	19/2.50	12.5	845	54.76	305

续上表

型号	标称截面积（mm^2）	计算截面积（mm^2）	绞线结构 根数/直径（mm）	绞线外径 ±5%（mm）	参考单位质量 ±8%（kg/km）	综合拉断力 ≥（kN）	载流量≥（A）
THJ	120	116.99	19/2.80	14.0	1060	67.57	350
	150	147.11	37/2.25	15.8	1337	86.37	410
	185	181.62	37/2.50	17.5	1649	106.63	465
	240	242.54	61/2.25	20.3	2209	142.40	560
	300	299.43	61/2.5	22.5	2725	175.80	635

注：①参考单位质量按密度 8.9g/cm^3 计算；

②载流量条件——风速 0.6m/s；环境温度 35℃；导体工作温度 70℃。

3 接触线与承力索的检修标准

（1）接触线和承力索的张力和弛度符合安装曲线的规定。半补偿链形悬挂和简单悬挂弛度允许误差为 15%；全补偿链形悬挂弛度允许误差为 10%。

（2）承力索位置半斜链型悬挂，直线区段位于线路中心的正上方；直链型悬挂，位于接触线正上方。曲线区段承力索与接触线之间的连线垂直于轨面连线。直线区段允许误差 150mm；曲线区段允许向曲线内侧偏移 100mm。

（3）工作支接触线坡度 120km/h 及以下区段≤3‰。

（4）接触线偏角（水平面内改变方向）160km/h 及以下区段≤6°。

（5）承力索、接触线磨耗和损伤后不能满足该线通过的最大电流时，若系局部磨耗和损伤，可以加电气补强线，若系普遍磨耗和损伤则应更换。

（6）承力索、接触线磨耗和损伤后不能满足规定的机械强度安全系数时，见表 1-19；若系局部磨耗和损伤，可以加补强线或切除损坏部分重新接续；若系普遍磨耗和损伤则应更换。

柔性架空接触网设计的强度安全系数　　表 1-19

线索和零件		安全系统
新接触线		≥3.0
接触线 25% 磨损		≥2.2
承力索		≥3.0
架空地线		≥2.5
软横跨横承力索中的钢绞线		≥4.0
其他线材		≥3.0
零件	抗拉	≥3.0
	抗弯	≥3.0
	抗滑	≥1.5

续上表

线索和零件		安全系统
绝缘子	抗拉	≥2.0
	抗弯	≥2.5
分段绝缘器	整体抗拉	≥2.5

(7)接触线接头、补强处过渡平滑。该处接触线高度不应低于相邻吊弦点,允许高于相邻吊弦点0~10mm,必要时加装吊弦。

(8)一个锚段内接触线和承力索接头、补强和断股的总数量,应符合表1-20的规定(不包括分段、分相及下锚接头)。

接触线接头 表1-20a)

项目 运行速度(km/h)	标准值	安全值		限界值	
		锚段长度在800m及以下	锚段长度在800m以上	锚段长度在800m及以下	锚段长度在800m以上
v≤120	0	3	4	3	4
120<v≤160	0	2	4	2	4
v>160	0	2	4	2	4

承力索接头 表1-20b)

项目 运行速度(km/h)	标准值	安全值		限界值	
		锚段长度在800m及以下	锚段长度在800m以上	锚段长度在800m及以下	锚段长度在800m以上
v≤120	0	4	5	4	5
120<v≤160	0	3	4	3	4
v>160	0	2	4	2	4

注:接头距悬挂点应不小于2m,同一跨距内不允许有两个接头。

4 接触线接头制作

局部接触线磨耗、损伤面积≥20%,将磨耗处导线切除,重新接续。其制作步骤如下:

(1)在接触线磨耗超标两端各1m处安装接触线紧线器,挂上手扳葫芦紧线使接触线卸载,如图1-48所示。

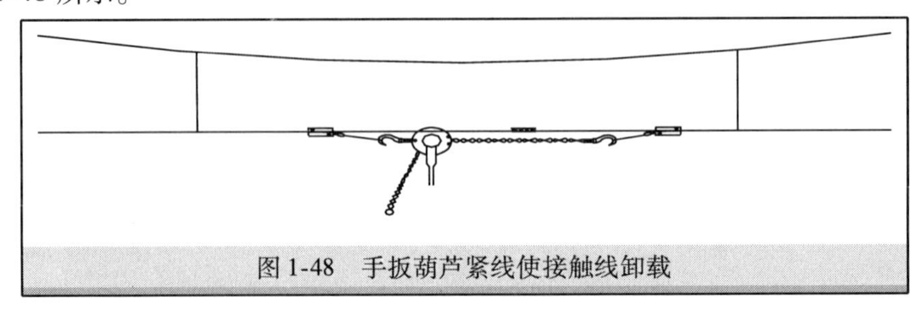

图1-48 手扳葫芦紧线使接触线卸载

(2)用钢锯截下磨耗超限的接触线,对两个端头打磨后紧线至两接触线头对接做接头。

(3)接头线夹螺栓力矩为50N·m。螺栓紧固顺序按先内后外,按左内→右内→左外→右外顺序紧固,是先紧固螺栓,再紧固螺母,如图1-49所示。

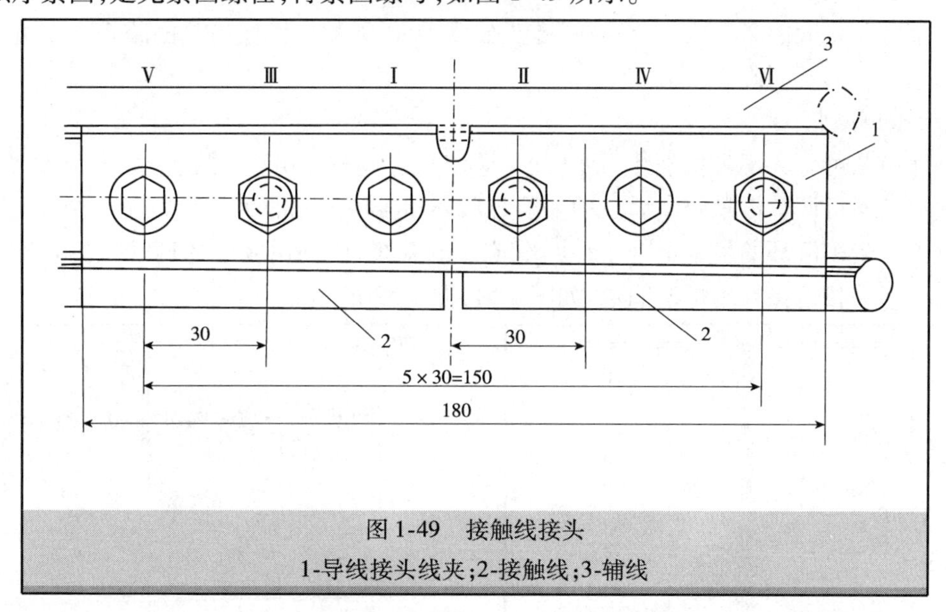

图1-49　接触线接头

1-导线接头线夹;2-接触线;3-辅线

(4)检查接触线接头安装牢固可靠后,缓慢松开手扳葫芦,确认接触线接头牢靠后,拆除手扳葫芦。

(5)接头完成后,检查两侧吊弦偏移,不符合要求时要按标准进行适当调整。

5 接触线扭面、偏斜、偏磨的调整

用扭面器扭面,步骤如下:

(1)用一个扭面器首先卡在接触线偏磨起始位置。

(2)用另一个扭面器卡在偏磨接触线偏磨面上距第一个扭面器200~300mm处。

(3)将第一个扭面器固定不动,根据接触线偏磨方向和偏磨程度旋转另一个扭面器180°左右。

(4)松开两个扭面器使接触线处于无外力状态,观察接触线线面情况[如果一次调整不到位,重复步骤(1)~(3)直至接触线面符合要求为止]。

(5)对接触线偏磨的另一端采取同样方法进行校正。

三 吊弦的维护

在链形悬挂中,接触线通过吊弦悬挂在承力索上,利用调节吊弦长短来保证接触悬挂的结构高度和接触线高度,从而改善接触悬挂的弹性,提高受电弓的受流质量。

1 吊弦的类型

吊弦一般有环节吊弦、整体吊弦和弹性吊弦，城市轨道交通接触网使用最多的是整体吊弦。

(1)环节吊弦

环节吊弦一般由2节或3节连在一起，如图1-50所示。根据吊弦的跨距中所处位置及悬挂结构高度的不同确定。

(2)整体吊弦

整体吊弦可分为不可调整体吊弦(线夹固定)、可调整体吊弦、带载流环可调式整体吊弦和带载流环不可调整体吊弦。后三种采用心形环和各种形式的吊弦线夹固定在承力索或弹性吊索上。带载流环的吊弦适合于短路电流大的系统，因而吊弦线的两端也用耳形导线接头与吊弦线夹相连接并用螺栓固定，如图1-51、图1-52所示。

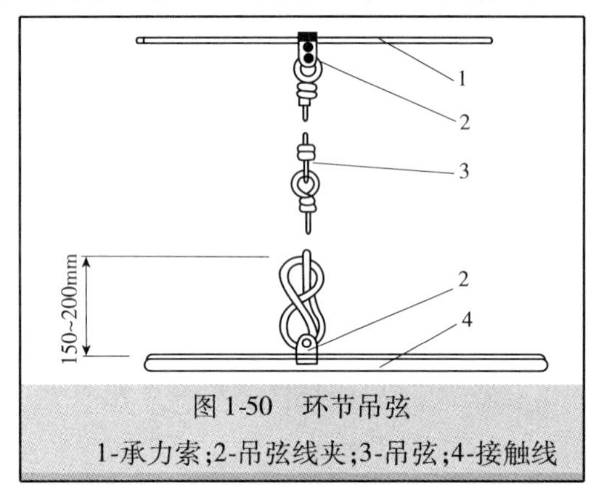

图1-50 环节吊弦

1-承力索;2-吊弦线夹;3-吊弦;4-接触线

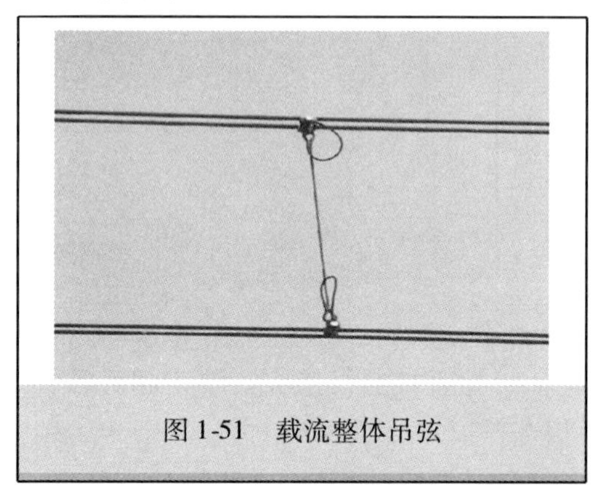

图1-51 载流整体吊弦

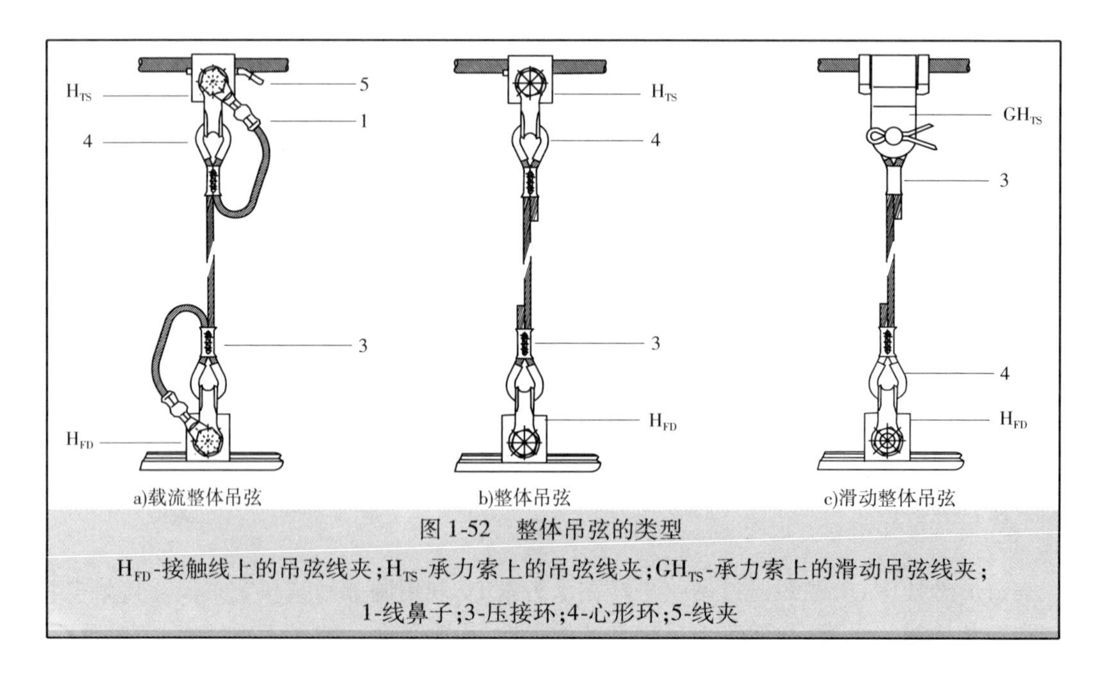

图1-52 整体吊弦的类型

H_{FD}-接触线上的吊弦线夹;H_{TS}-承力索上的吊弦线夹;GH_{TS}-承力索上的滑动吊弦线夹;

1-线鼻子;3-压接环;4-心形环;5-线夹

（3）弹性吊弦与吊索

弹性吊弦与吊索安装在支柱处，由弹性吊索和短吊弦组成，如图1-53所示。地铁常使用简单的吊索形式，如图1-54所示。弹性吊弦与吊索可以改善接触线定位点处的弹性。

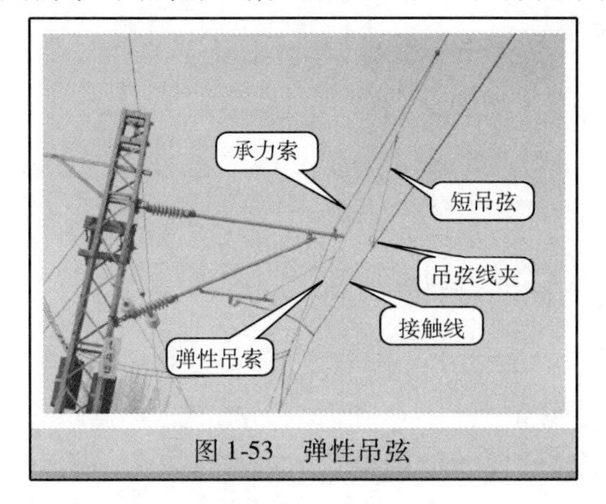

图1-53　弹性吊弦

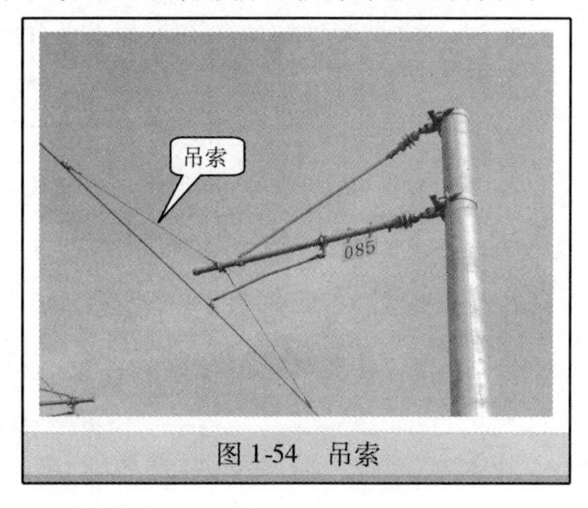

图1-54　吊索

2 吊弦的计算

（1）吊弦的布置计算

由支柱到第一根吊弦距悬挂点的距离是根据线路情况设计，一般地铁接触网采用4m居多，跨中吊弦以间距8～12m均匀布置。吊弦间距 x_0 由下式计算：

$$x_0 = \frac{l - 2 \times 4}{k - 1}$$

式中：x_0 ——吊弦间距，m；

l ——跨距，m；

k ——布置的跨距内吊弦根数。

（2）吊弦长度计算

吊弦数量和间距确定后，跨距中各吊弦的长度应根据所在跨距的悬挂方式、承力索的张力、结构高度及吊弦在跨距中的位置来确定。吊弦长度可按下式进行计算：

$$C = h - \frac{gx(l - x)}{2T_c}$$

$$或\ C = h - \frac{4x(l - x)}{l^2}F_0$$

式中：C ——吊弦长度，m；

l ——跨距长度，m；

h ——悬挂点结构高度，m；

x ——所求吊弦距支柱定位点的距离，m；

g ——接触悬挂的单位重量，N·m；

F_0 ——接触线无弛度时承力索驰度，m；

T_c ——承力索的张力，N。

(3)吊弦偏移的计算

全补偿链形悬挂吊弦偏移值的计算公式：

$$E = L(\alpha_j - \alpha_c)(t_x - t_p)$$

式中：E——所要计算的吊弦在接触线上的位移，mm；

L——安装点至中心锚结的距离，mm；

α_j——接触线的线膨胀系数，1/℃；

α_c——承力索的线膨胀系数，1/℃；

t_x——安装(或调整)时的温度，℃；

t_p——设计时所采用的平均温度，℃，$t_p = \frac{(t_{max} + t_{min})}{2}$。

半补偿链形悬挂吊弦偏移值的计算公式：

$$E = L\alpha_j(t_x - t_p)$$

在极限温度时，半补偿链形悬挂中，吊弦下部顺线路方向的偏移不得超过30°。当吊弦在顺线路方向对垂直线的偏移角大于30°时，应改为活动吊弦；全补偿链形悬挂中，温度变化时承力索和接触线同时发生位移，两种材质的线膨胀系数差别不大，所以吊弦不会产生大的偏移(顺线路方向)，一般应垂直安装，但在垂直线路方向的偏移不得超过20°。在无偏移温度时，吊弦偏移值为零。

安装或调整温度高于平均值即 E 值为正值时，吊弦应向下锚方向偏移。安装或调整温度低于平均温度即 E 值为负值时，吊弦应向中心锚结偏移。

3 吊弦和吊索的检调、更换

(1)吊弦和吊索的检调

①吊弦的检调。

a. 检查吊弦。吊弦处于受力状态，无偏磨，无散股和锈蚀现象。吊弦垂直于线路方向偏移角度和方向符合技术要求。吊弦线鼻无松动、拉脱现象，心形环完好，并方向一致，无侵界现象。

b. 检查吊弦线夹。无裂纹和烧伤痕迹，紧固螺栓无松动。

②吊索的检调。

a. 吊索检查。处于张力状态，滑轮完好，转动灵活。双耳吊索两边张力均匀。吊索无烧伤、断股现象，心形环完好。

b. 检查吊索线夹。吊索线夹无打弓，接触线无偏磨。

(2)吊弦和吊索的更换

①吊弦的更换。

a. 测量吊弦处导高，做好记录。

b. 拆除旧吊弦，拧松吊弦的承力索与导线线夹螺栓，取下旧吊弦。

c. 安装新吊弦。取出承力索吊弦线夹，松开线夹螺栓，把线夹卡到承力索上，拿起预置好的吊弦，穿上线夹螺栓，拧紧螺母。理顺吊弦线，上好吊弦线夹，将线夹卡在导线上，拧紧螺栓。

d. 调整。按照受力、偏移和螺栓紧固力矩进行调整。

②吊索的更换。

a. 测量吊弦处导高,做好记录。

b. 拆除旧吊索。拧松吊索线夹螺栓,取下旧吊索。

c. 安装新吊索。

腕臂上的吊索:将铜绞线一端与吊索线夹压接好,另外一头则穿过腕臂上吊索绞环孔,穿好压接管和心形环进行压接。适度抬升导线,将吊索线夹安装在导线上。另外一侧同样制作,两段的长度要相同。

软横跨和停车场的吊索:按照原有长度进行预制好吊索,吊索的中心对准当前温度下的中心位置,一端先安装紧固。另外一端穿过滑轮,用0.75t的葫芦一端连接承力索,另一端用紧线器连接吊索,收紧葫芦,张力适度后进行安装。安装完成后收葫芦。

d. 调整:安装完后调整吊索受力、紧固螺栓。

(3)质量标准

①吊弦间距为不大于12m。

②吊弦应受力,无烧损、无断股松动。

③吊弦线夹无烧伤,无偏磨、松动,严禁有打、碰弓现象。

④吊弦在垂直于线路方向的倾斜率不得大于1/10。

⑤吊索受力均匀,两边长度相等,其误差±100mm。

⑥吊索无烧伤、无断股。

四 补偿装置的维护

承力索和接触线经过多个跨距之后必须在两个终端加以固定,称为下锚。下锚的支柱称为锚柱。接触悬挂的下锚方式有两种:硬锚和张力补偿。简单接触悬挂和链形接触悬挂均可以采用硬锚和张力补偿方式。

1 作用与要求

接触网补偿装置,又称张力自动补偿器,它设在锚段两端,能自动补偿接触线或承力索的张力,它是自动调整接触线或承力索张力的补偿器及其制动装置的总称,通常由滑轮和坠砣组成。其作用是温度变化时,线索受温度影响而伸长或缩短,由于补偿器坠砣的重量作用,可使线索沿线路方向移动而自动调整线索张力,使张力恒定不变,并借以保持线索弛度满足技术要求。补偿装置中的坠砣串为什么能随温度的变化而升高或降低呢?这是因为坠砣串同时受到自身重力和接触线(或承力索)的张力的作用,当温度不变时处于平衡的状态,坠砣不升不降;当温度升高时,接触线(或承力索)长度增加,在坠砣自身重力的作用下,坠砣会随着温度升高而降低;反之,当温度下降时,接触线（或承力索）就会缩短，坠砣上升，从而能使线索内保持恒定的张力。为减少温度变化对线索长度及驰度的影响，一般在一个锚段两端，在接触线及承力索内串接张力自动补偿装置后，再进行下锚。

对张力自动补偿装置的要求有二：其一，补偿装置应灵活，在线索内的张力发生缓慢变化时，应能及时补偿，传送效率不应小于97%；其二，具有快速制动作用，一旦发生断线事故或其他异常情况，线索内的张力迅速发生变化时，补偿装置还应有一种制动功能。一般对于全补偿的承力索内的补偿装置，如不具备这种功能时，还需专门增加断线制动装置，以防止一旦发生断线时，坠砣串落地而造成事故扩大、恢复困难。

2 结构与分类

接触网补偿装置主要有滑轮式、棘轮式、弹簧式等，下面分别加以介绍。

（1）滑轮式补偿装置

滑轮式补偿装置由补偿滑轮（滑轮组）、补偿绳、坠砣、坠砣杆、杵环杆、连接零件组成。

①组成。

a. 补偿滑轮及补偿绳。

补偿滑轮分为定滑轮和动滑轮（构造相同），定滑轮改变受力方向，动滑轮除改变受力方向外还可省力和移动位置。滑轮一般都装有轴承，其结构如图1-55所示。

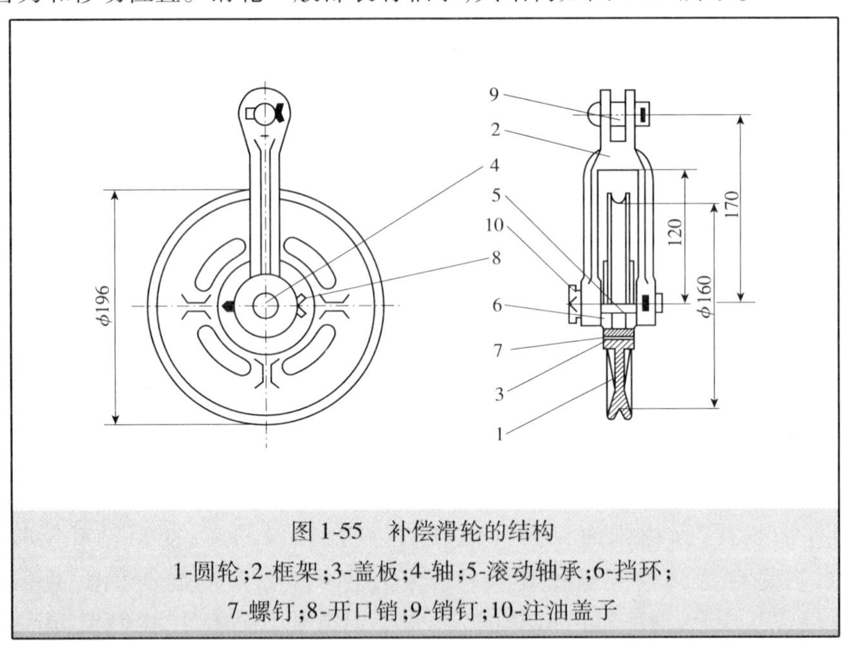

图1-55 补偿滑轮的结构

1-圆轮；2-框架；3-盖板；4-轴；5-滚动轴承；6-挡环；7-螺钉；8-开口销；9-销钉；10-注油盖子

补偿滑轮早期为130mm小直径可锻铸铁，补偿绳为50mm^2（19股）镀锌钢绞线GJ－50。由于补偿滑轮半径较小，造成补偿绳易因为弯曲疲劳而断股。目前，铝合金滑轮补偿装置是可锻铸铁滑轮组的替代产品。铝合金滑轮补偿装置是由滑轮组、不锈钢丝绳、连接框架及双耳楔形线夹组成，备有1∶2、1∶3和1∶4三种规格，可满足不同标准张力要求。其结构形式见图1-56。

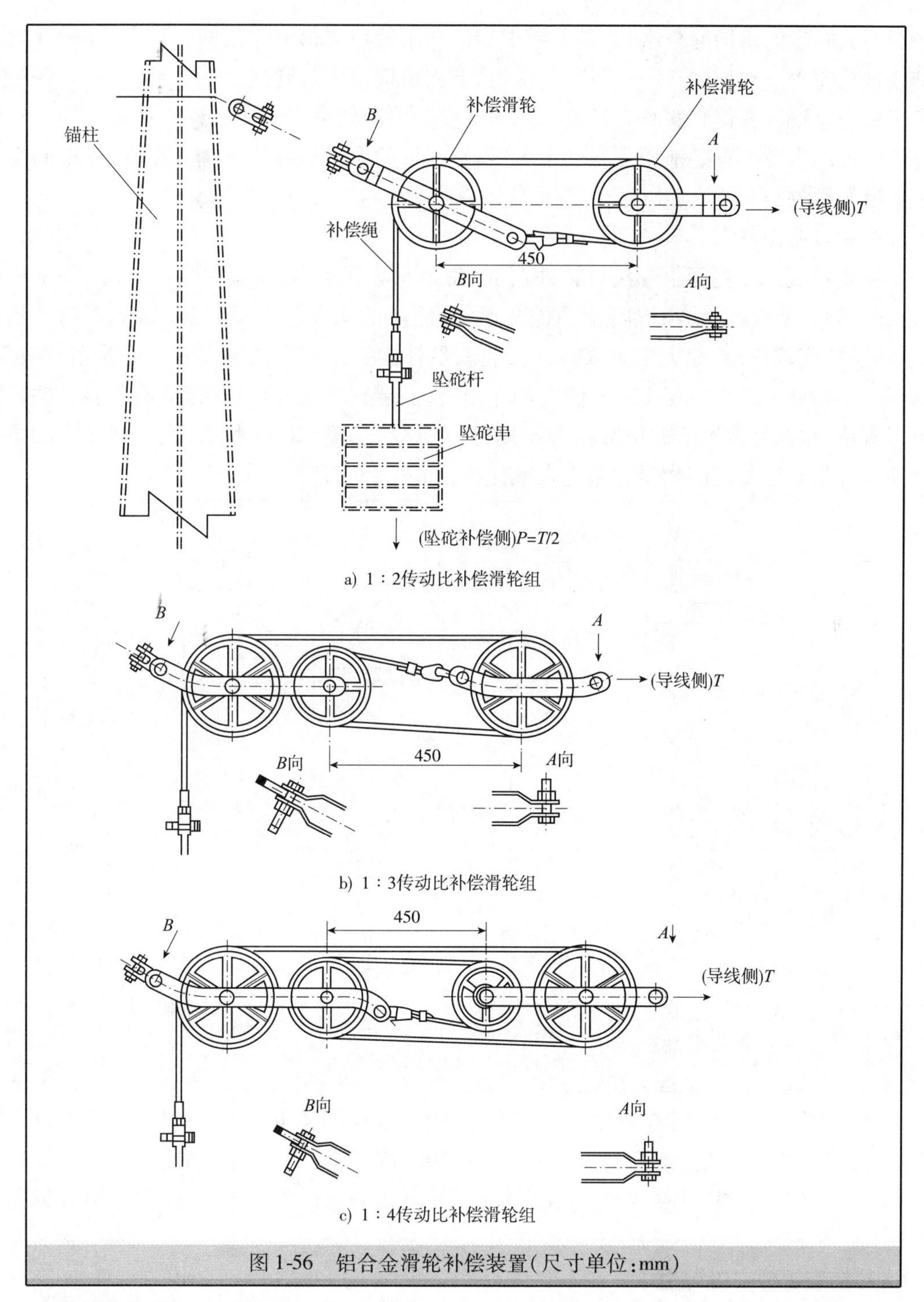

图1-56 铝合金滑轮补偿装置(尺寸单位:mm)

补偿滑轮按不同组合要求,备有270mm、205mm、165mm三种直径,材质为ZL114A铝合金,制造工艺为国际先进的金属模低压铸造,轮体与轴连接采用2个滚动轴承,补偿绳为不锈钢丝绳。其最大工作荷重:1∶2型为12kN、1∶3型为18kN、1∶4型为22kN。

与可锻铸铁滑轮相比,铝合金滑轮重量轻、强度高、耐腐蚀性能好、轮径大;柔韧的不锈钢丝绳与大轮径的轮槽贴合密切，是镀锌钢绞线和小轮径滑轮无法比的；两个滚动轴承比一个滚动轴承受力更加均匀，转动平稳、灵活；加上在结构、设计、制造方面都精良的连接框架，保证了铝合金滑轮补偿装置具有较高的机械强度和传动效率，且重量轻、寿命长。铝合金滑轮补偿装置的主要缺点是随着变化的增大，整套装置的体积和重量也明显增加，在空间受限制的隧道等处安装困难。

b. 坠砣及坠砣杆。

坠砣块一般采用混凝土或灰口铸铁制成，每块约重25kg，重量误差不大于3%，呈中间开口的圆饼状。铸铁坠砣和混凝土坠砣相比，坠砣串的长度较短，可以获得更大的补偿范围，在锚段长度较长（比如大于1600m）时，能满足补偿坠砣移动范围要求。但是造价较高，易丢失。坠砣杆一般为直径16mm圆钢加工制成，上端有单孔焊环，底部焊有托板。坠砣杆的型号规格，根据其放置坠砣块数量的不同分为三种：17型、20型和30型。型号中的数字表示坠砣杆所悬挂坠砣的数量。坠砣及坠砣杆，如图1-57所示。

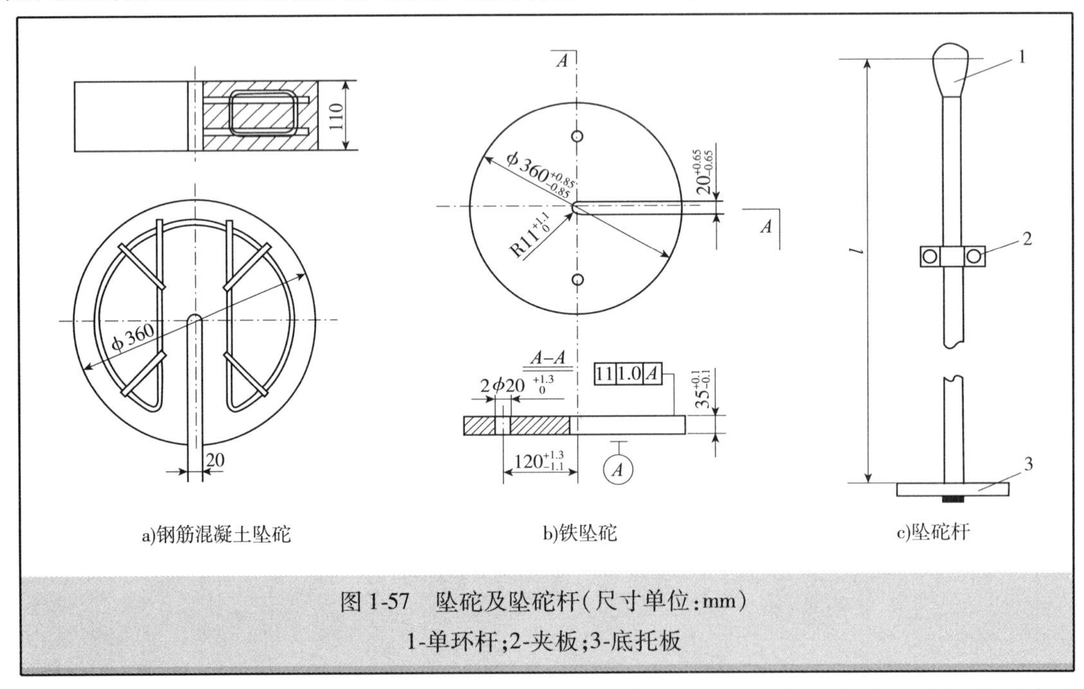

a)钢筋混凝土坠砣　b)铁坠砣　c)坠砣杆

图1-57　坠砣及坠砣杆（尺寸单位：mm）

1-单环杆；2-夹板；3-底托板

补偿装置重量允许偏差为额定重量的±2%，坠砣串重量应包括坠砣杆、坠砣抱箍及连接的楔形线夹重量。运行速度在160～200km/h时，对补偿坠砣重量提出了更严格的要求，补偿坠砣串的质量允许偏差为±1%。同一锚段两坠砣串质量的相对偏差不大于1%。

②补偿装置的安设与要求。

补偿装置串接在锚段内线索两端与锚柱固定处，根据接触悬挂类型的不同，要求补偿装置有不同的结构。

半补偿时，接触线带补偿器（即补偿装置），多采用两滑轮组结构，滑轮组的传动比为1:2，即坠砣块的重力为接触线标称张力的一半，如图1-58所示。

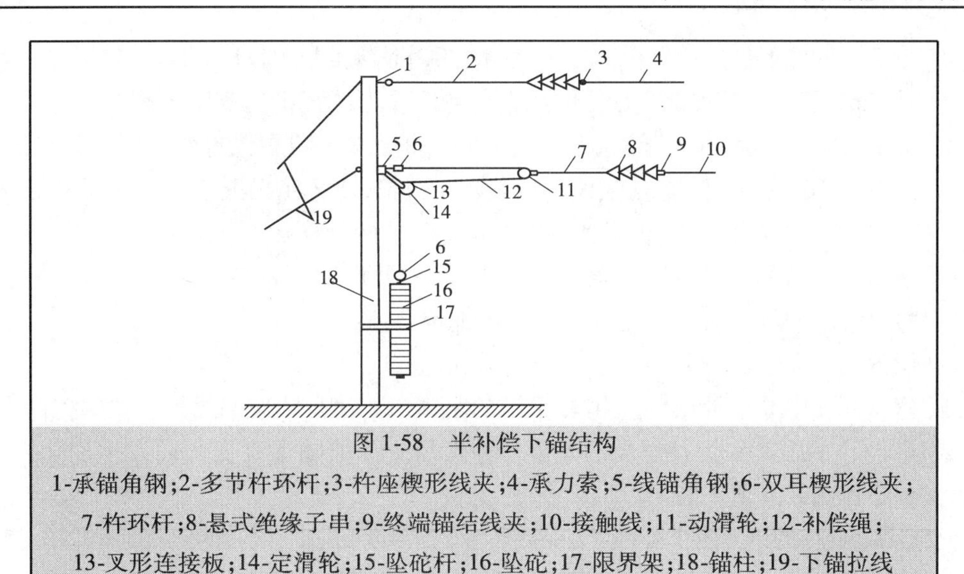

图 1-58 半补偿下锚结构

1-承锚角钢;2-多节杵环杆;3-杵座楔形线夹;4-承力索;5-线锚角钢;6-双耳楔形线夹;7-杵环杆;8-悬式绝缘子串;9-终端锚结线夹;10-接触线;11-动滑轮;12-补偿绳;13-叉形连接板;14-定滑轮;15-坠砣杆;16-坠砣;17-限界架;18-锚柱;19-下锚拉线

全补偿时,接触线与承力索两端均带补偿器,接触线补偿器的安设与半补偿相同。承力索补偿器则采用三滑轮组式,传动比为 1∶3,如图 1-59 所示。采用传动比比较大的滑轮组时坠砣串的块数减少了,这是有利的一面,但坠砣串上升和下降的距离也会按倍数增大,减小了补偿器的补偿范围,不利于施工和维修。

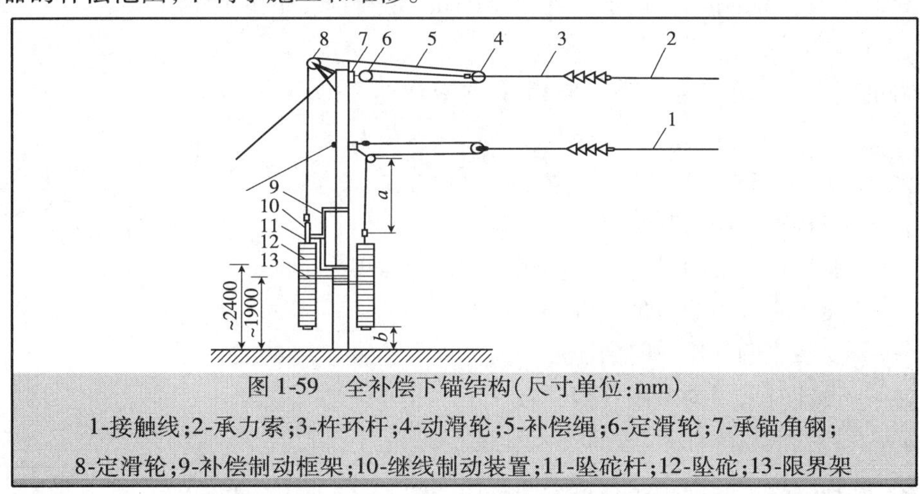

图 1-59 全补偿下锚结构(尺寸单位:mm)

1-接触线;2-承力索;3-杵环杆;4-动滑轮;5-补偿绳;6-定滑轮;7-承锚角钢;8-定滑轮;9-补偿制动框架;10-继线制动装置;11-坠砣杆;12-坠砣;13-限界架

在运营线路上,当接触线因磨耗其截面逐渐减小时,坠砣串块数也相应减少,使接触线维持一定的张力防止出现断线事故,线索的张力是根据线索的抗拉断力除以安全系数决定的。铜或铜合金接触线在最大允许磨耗面积 20% 的情况下,其强度安全系数不应小于 2.0。承力索的强度安全系数,铜或铜合金绞线不应小于 2.0;钢绞线不应小于 3.0;钢芯铝绞线、铝包钢和铜包钢系列绞线不应小于 2.5。

不同材质、不同截面积线索,选用张力不同时,坠砣的重量(片数)和传动比会有所不同。

早期电气化铁道接触网全补偿安装,采用了接触线、承力索在支柱异侧下锚的安装方式。运行表明,这种安装方式下,支柱顶端的定滑轮顺线路方向上的偏角不可调整,造成补偿绳和滑轮轮槽发生偏磨,严重时补偿绳可能从轮槽中脱出。目前,补偿装置的安装趋于使用同侧下锚,即接触线、承力索在支柱同侧下锚。同侧下锚时，补偿滑轮在补偿绳的拉力作用下，和补偿绳在一条直线上，可以减少偏磨，但要注意防止承力索补偿绳和接触线补偿滑轮上的双环杆相磨。

为了防止在外力作用下（比如：风力），坠砣串摆动侵入行车限界，补偿装置装设有限界架。提速以后，对限界架进行了改进，在坠砣上加装坠砣抱箍，使坠砣只能沿着坠砣限制导管的方向上下移动，增强了坠砣稳定性，但是要注意防止坠砣抱箍卡滞限制导管的情况发生。

为了平衡锚柱承受的线索顺线路方向张力，锚柱要设置下锚拉线。拉线的固定有两种方法：一种是埋设锚板固定；一种是混凝土现浇地锚。

③补偿器的 a、b 值。

坠砣杆耳环孔中心至补偿（定）滑轮下沿的距离为 a 值。坠砣串最下一块坠砣的底面至地面（或基础面）的距离称为补偿器的 b 值。补偿器 a、b 值随温度变化而发生变化，接触线和承力索补偿器的 a、b 值不相等。

补偿器靠坠砣串的重力使线索的张力保持平衡。当温度变化时，线索的伸缩使坠砣串上升和下降，当坠砣串升降超出允许范围时（如下降过多使坠砣串底面接触地面或上升过多使坠砣杆耳环杆卡在定滑轮槽中），都会使补偿器失去作用。因此用补偿器的 a、b 值来限定坠砣串的升降范围。

为了使补偿器不失去补偿作用，对补偿器 a、b 值提出以下要求。

在最低温度时，a 值应大于零；在最高温度时，b 值应大于零。铁道部颁发的“接触网运行检修规程”规定，补偿器 a、b 值的最小值不小于 200mm，在进行接触网设计时，a、b 值不小于 300mm。

④a、b 值的计算。

在不同温度时，补偿器 a、b 值不同，其计算方法如下：

$$a = a_{min} + nL\alpha(t_x - t_{min})$$

$$b = b_{min} + nL\alpha(t_{max} - t_x)$$

式中：a_{min}——设计时规定的最小 a 值，mm；

b_{min}——设计时规定的最小 b 值，mm；

t_{min}——设计时采用的最低气温，℃；

t_x——安装或调整作业时的温度，℃；

t_{max}——设计时采用的最高气温，℃；

n——补偿滑轮传动系数（即传动比的倒数）；

L——锚段内中心锚结至补偿器间距离，mm；

α——线索的线胀系数。

新线架设时，接触网线索存在初伸长问题，即线索承受张力后，会蠕变延伸。线索的初伸长会影响到接触网施工时补偿器 b 值。新线考虑线索延伸时，其 a、b 值的计算公式为：

$$a = a_{min} + n\theta L + nL\alpha(t_x - t_{min})$$

$$b = b_{min} + n\theta L + nL\alpha(t_{max} - t_x)$$

式中：θ——新线延伸率，承力索为 3.0×10^{-4}，接触线取 6.0×10^{-4}。

通过 a、b 值的计算可以得到补偿器安装曲线，可供检修人员施工和维修，准确控制坠砣串的高度。图 1-60 为 CHTA－120 银铜合金接触线补偿器安装曲线。

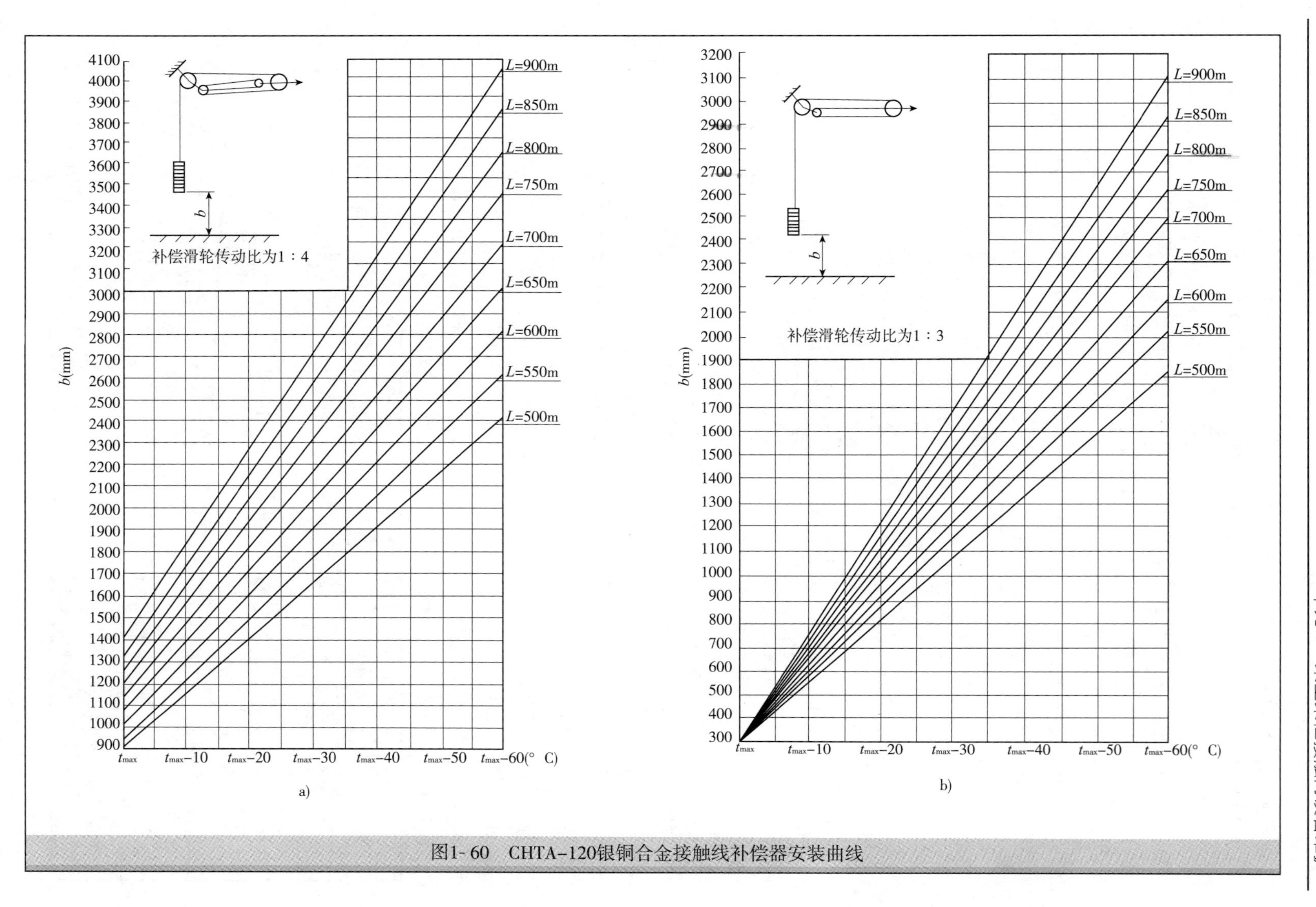

图1-60　CHTA-120银铜合金接触线补偿器安装曲线

(2)棘轮式补偿装置

接触网的正线段大多采用棘轮式补偿装置,外形如图1-61所示。棘轮装置的棘轮与其他工作轮共为一体,没有连接复杂的滑轮组,安装空间比铝合金滑轮补偿装置小很多,可以解决空间受限时的补偿问题。棘轮本体大轮直径为566mm,小轮直径为170mm,传动比为1:3。补偿绳为柔性钢丝绳,比普通钢丝绳性能更好,工作荷重有30kN、36kN两种,主要优点是具有断线制动功能。正常工作状态下,棘齿与制动卡块之间有一定间隙,棘轮可以自由转动;当线索断裂后,棘轮和坠砣在重力作用下下落,棘齿卡在制动卡块上,从而可以有效地缩小事故范围、防止坠砣下落侵入限界。

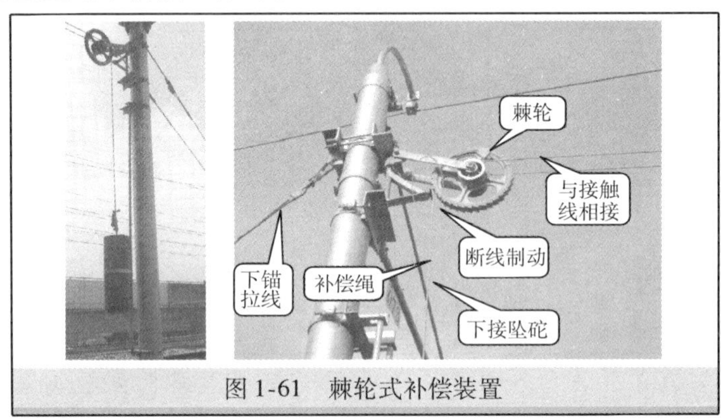

图1-61 棘轮式补偿装置

棘轮装置的结构,如图1-62所示。它具有转动灵活、传动效率高(与铝合金滑轮补偿装置相当)、防腐性能好、使用寿命长等优点,但价格较高。由于棘轮本体形状复杂、轮径大、薄壁部位多,因而制造上对设备的要求很高,同时对铸造技术水平的要求也很高。

(3)弹簧式补偿装置

弹簧式补偿装置适用于短锚段下锚和多股道的软横跨上。多年来,中国电气化铁道一直未对软横跨进行过补偿。在气温升高时,软横跨会因此松弛,造成接触网下坠;或是钢柱承受额外的大张力,严重威胁接触网安全。因此,现在上海地铁各个站场中多股道的软横跨,都使用弹簧式补偿装置,如图1-63所示。

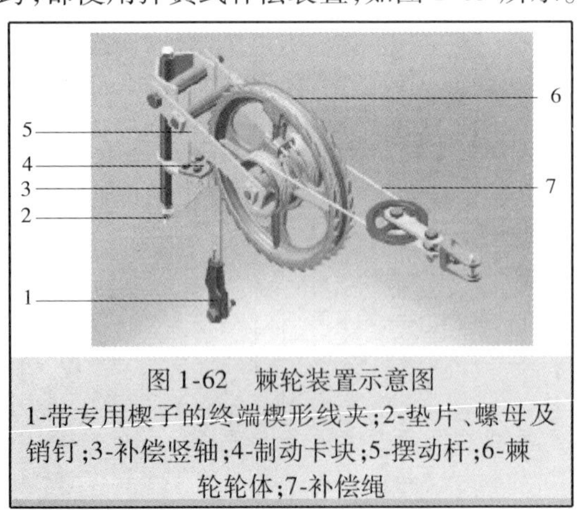

图1-62 棘轮装置示意图
1-带专用楔子的终端楔形线夹;2-垫片、螺母及销钉;3-补偿竖轴;4-制动卡块;5-摆动杆;6-棘轮轮体;7-补偿绳

图1-63 弹簧式补偿装置安装

弹簧式补偿装置内部固定有一个弹簧，如图1-64所示。弹簧具有一定的初始压缩力。当软横跨定位绳伸长时，弹簧被释放，工作杆收回拉紧软横跨定位绳；当软横跨定位绳收缩时，弹簧被压缩，工作杆伸出，使软横跨定位绳的张力保持在一定范围内。目前弹性补偿器有0～3kN、3～6kN两种型号。弹簧式补偿装置具有结构简单、安装方便、价格低廉等优点。

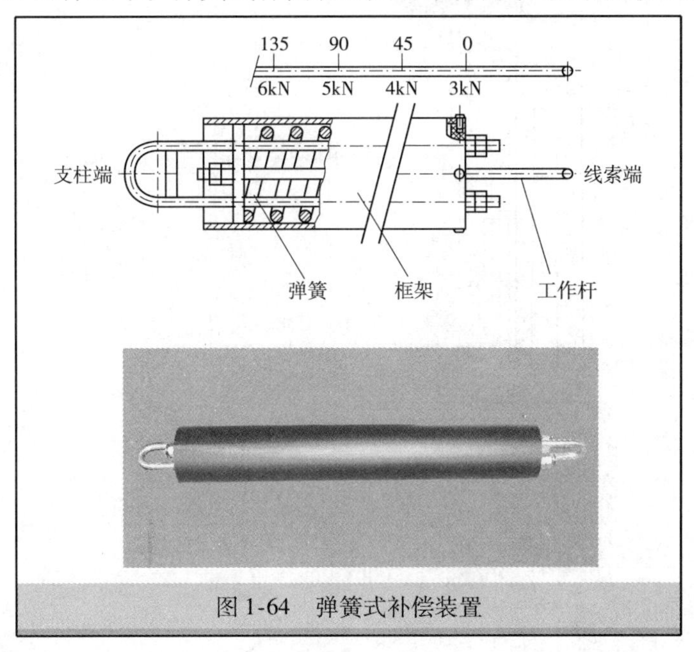

图1-64　弹簧式补偿装置

3 棘轮式补偿装置的检调、更换

(1)棘轮式补偿装置的检调(图1-65)

①作业准备。

a. 作业人员:4人。

b. 主要工具:常用扳手、梯子、牛油枪。

c. 安全用具:接地棒、验电器、安全带、安全帽。

d. 测量工具:卷尺。

②作业程序。

a. 要令申请，向行车调度员申请允许作业命令。

b. 行车调度员下达准许作业命令后进行验电接地。

c. 进行下锚补偿装置检调:测量补偿装置的a、b值并做好记录;记录制动板至棘轮的距离;用牛油枪对准棘轮注油孔加入牛油;观察补偿绳是否有断股、散股、重叠等现象;检查大、小轮补偿绳是否有摩擦棘轮现象;检查平衡轮是否处于水平平衡状态;检查坠砣是否上下活动灵活。

d. 工作结束，工作负责人对人员、工(器)具及材料进行清点。

e. 拆除接地线，作业人员撤离现场。

f. 消令登记。

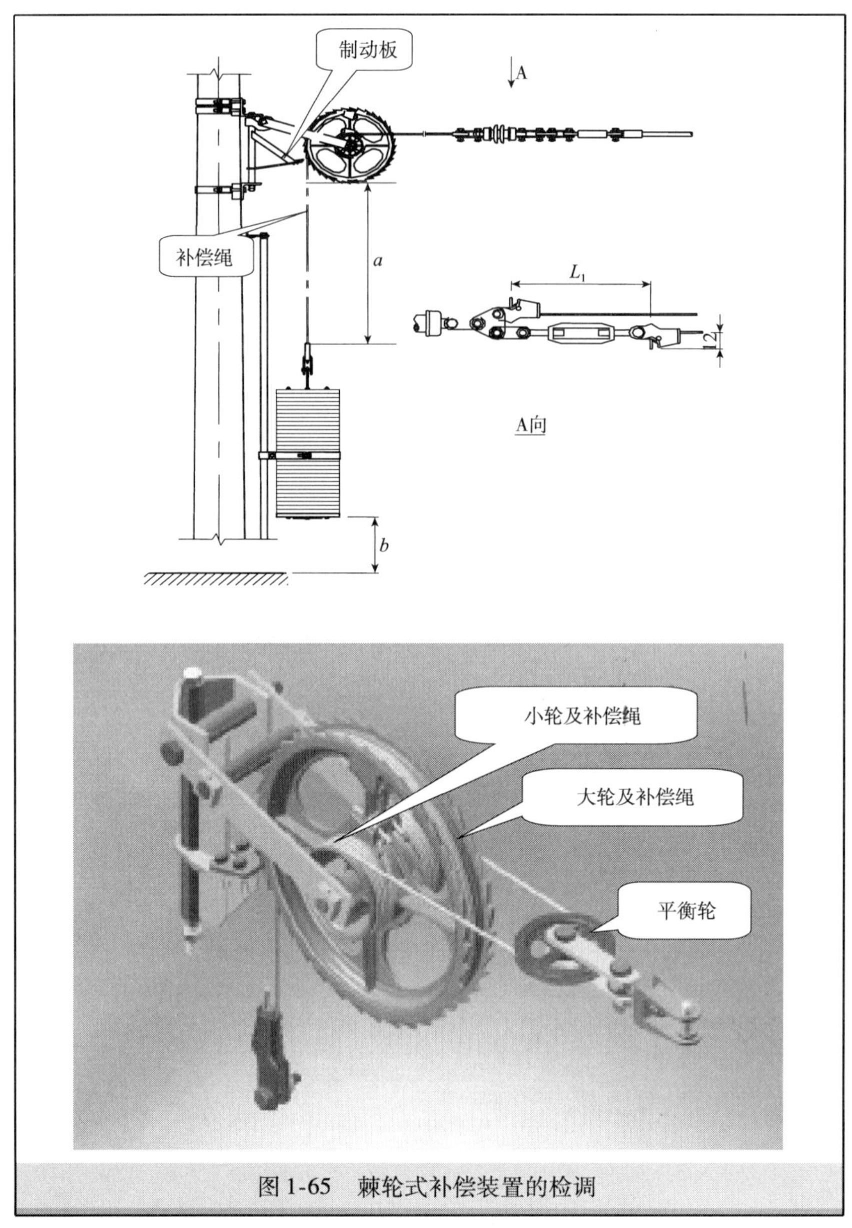

图 1-65　棘轮式补偿装置的检调

g. 回基地填写相应的报表。

(2)棘轮式补偿装置的更换

①作业准备。

a. 作业人员:6 人。

b. 主要工具:手扳葫芦、钢丝套、紧线器、绳子、断线钳、常用扳手、梯子。

c. 安全用具:接地棒、验电器、安全带、安全帽。

d. 测量工具:卷尺。

e. 主要材料:钢丝绳。

②作业程序。

a. 要令申请，向行车调度员申请允许作业命令。

b. 行车调度员下达准许作业命令后进行验电接地。

c. 进行下锚补偿装置更换：将线索张力转到支柱上；用手扳葫芦把坠砣提起，使得棘轮装置不受力；取出旧钢丝绳；根据当时温度的下锚安装曲线图要求进行补偿绳圈数缠绕；补偿绳缠绕时不得有重叠；转动球头挂环，使得两根导线水平和保持平衡轮水平；拆除手扳葫芦；调整 a、b 值和制动距离。

d. 工作结束，工作负责人对人员、工器具及材料进行清点。

e. 拆除接地线，作业人员撤离现场。

f. 消令登记。

g. 回基地填写相应的报表。

(3)质量标准

①补偿装置的 a、b 值应符合安装曲线。

②大小轮补偿绳圈数应符合设计要求；不得重叠，棘轮转动应灵活。

③制动装置应可靠，其制动板与棘轮齿间的距离为15～20mm。

④坠砣应完整，坠串排列应整齐、升降自如，其缺口应互相错开180°。

⑤补偿绳不得有接头、松股、断股、锈蚀等缺陷。

⑥所有连接螺栓必须按要求紧固。

4 下锚装置检修记录表

下锚装置检修完成后要填写下锚装置检修记录表(表1-21)。

下锚装置检修记录表　　表1-21

序号	车站区间	锚段/定位点	检查情况								检查负责人	检查日期	备注
			下锚形式	a值(mm)	b值(mm)	补偿绳	棘轮/涂油	坠砣/杆	拉线	弹簧补偿器			
1													
2													
3													
4													
5													

五 中心锚结维护

接触悬挂的每一个锚段的导线都是独立的，在正常情况下，无论是硬锚还是补偿下锚，一个锚段内的导线都是作为整体而工作的。导线在温度变化时要伸长(或缩短)，对于两端硬锚的导线，纵向不会产生位移，导线所产生的伸长都耗散在每一个跨距内。

补偿下锚的导线,因导线上各种拉力和阻力不同,两端会出现不平衡的拉力,从而使导线向一端移动。为了防止这种现象的产生以及当锚段内出现断线后能缩小事故范围,可以在锚段的约一半长度的一个跨距内(锚段中间部位)设置中心锚结,将该点的导线拉紧固定,在任何情况下,该点都不会出现偏移。这种在锚段中间的适当位置将接触悬挂固定的装置,称为中心锚结。

1 中心锚结布置原则与作用

在两端装有补偿器的锚段里,必须加设中心锚结。其布置原则是:使中心锚结两端张力大致相等,则需要尽量靠近锚段中部位置。直线区段中心锚结设在锚段中部,曲线曲段、曲线半径相同的整个锚段也设在锚段中部,当锚段处于直线和曲线共有区段且曲线半径不等时,应设在靠曲线多、半径小的一侧。

中心锚结作用:其一为防串作用,一个锚段在两端补偿时,中心锚结设在锚段的中部地方进行固定,当温度变化或张力不均衡时可防止线索向一侧移动;其二为缩小事故范围作用,当中心锚结的一侧线索发生断线时,不致影响另一侧的接触网,缩短修复事故(故障)时间和减少恢复所需要的工作量。

2 中心锚结的结构

中心锚结的结构根据接触网的悬挂类型及安装地点而有所不同。

(1)全补偿链形悬挂中心锚结

全补偿链形悬挂是地铁接触网的地面段或高架段以及部分车辆段的主要形式。一般正线上均采用双承力索和双导线形式较多;在部分存车线、折返线或渡线使用单承力索和单导线形式;单承力索双导线使用不多,主要在两线路共同运行的接口地段采用。

双承力索和双接触线的链形悬挂方式多数情况下两端都是补偿下锚,均可能因两端张力不平衡而产生移动,所以承力索和接触线都设置了中心锚结进行固定。接触线的中心锚结一般采用防串形式较多,图 1-66 为 V 字形接触线中心锚结,即在锚段中部跨距两支柱中心位置处用中心锚结线夹把中心锚结绳中心与接触线固定,中心锚结绳两端对称地与承力索用线夹进行固定,如图 1-66 所示。

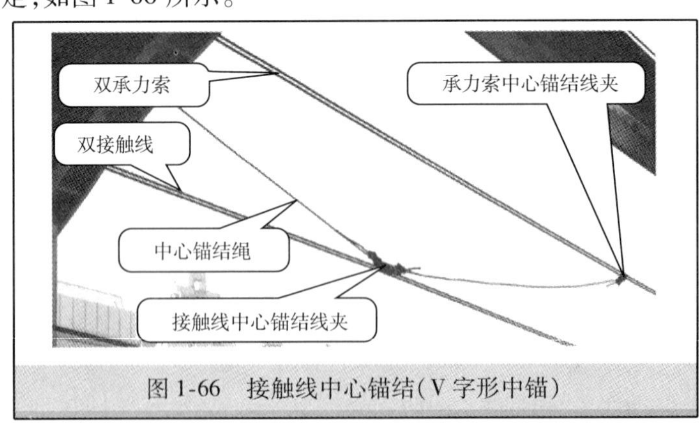

图 1-66 接触线中心锚结(V 字形中锚)

双承力索的中心锚结有两跨和三跨两种。图1-67为两跨八字形导线中心锚结，在中间支柱上将中心锚结绳用4个线夹固定在承力索上，在两端支柱上进行下锚。其中间支柱的固定与八字形单边固定，如图1-68、图1-69所示。

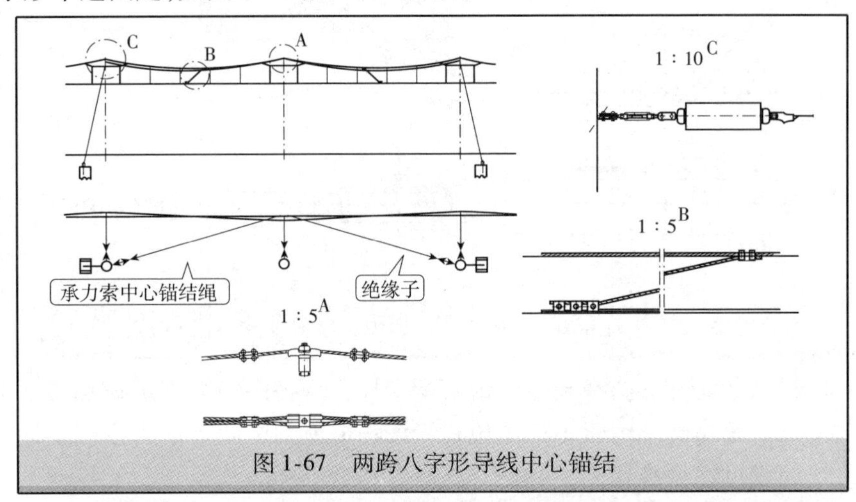

图1-67　两跨八字形导线中心锚结

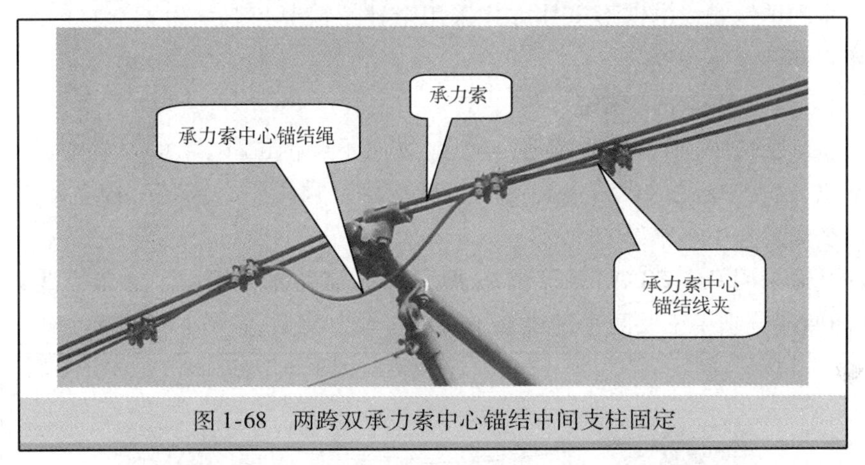

图1-68　两跨双承力索中心锚结中间支柱固定

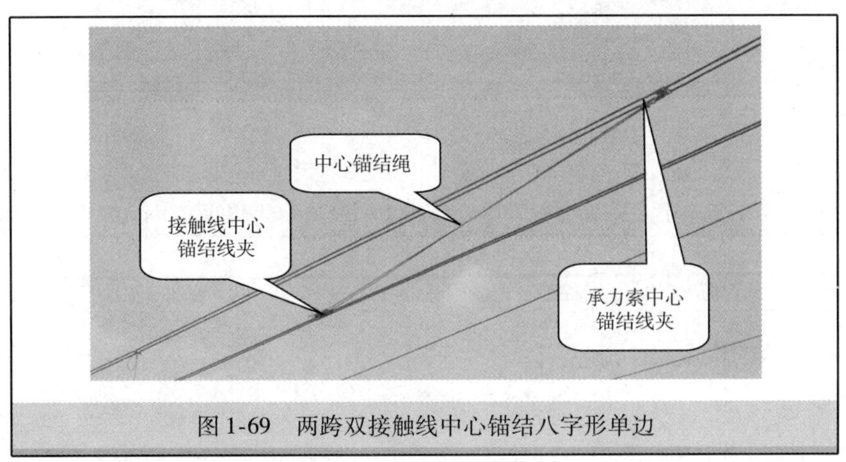

图1-69　两跨双接触线中心锚结八字形单边

两跨双接触线中心锚结线夹,如图 1-70 所示。

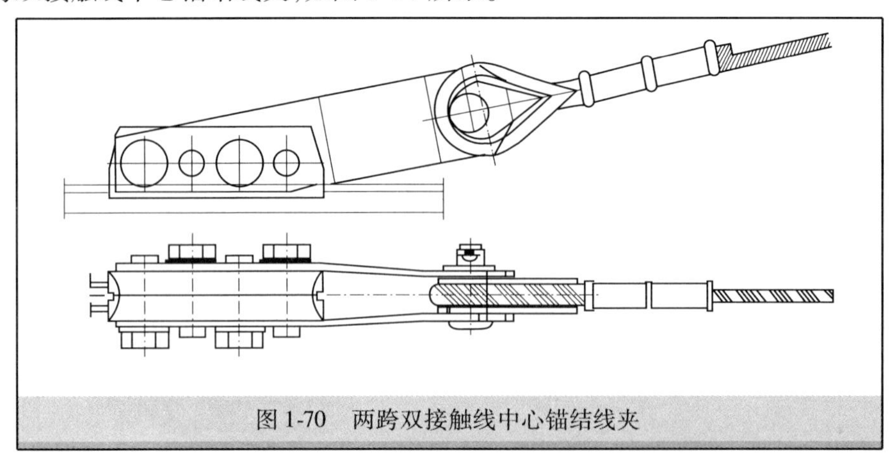

图 1-70　两跨双接触线中心锚结线夹

倒八字的导线中锚为三跨,在导线中锚两端支柱上均将中锚绳固定在承力索上,再延长一个跨进行锚固,使该跨的承力索不产生位移。该辅助绳的中间与承力索固定,两端锚固定在支柱上,安装时辅助绳抬高锚固,一般不低于承力索的高度。

单承力索和单接触线的链形悬挂方式采用全补偿情况与双承力索双接触线基本相同,只是在连接零部件上不一样。

(2)半补偿链形悬挂中心锚结

半补偿链形悬挂中,承力索两端都是硬锚,纵向不产生位移,无承力索中锚。接触线两端为补偿下锚,设置中心锚结,其中心锚结与全补偿接触线中心锚结一样。图 1-71 为单接触线半补偿链形悬挂中心锚结。

中心锚结绳采用 GJ－50 锌钢绞线(19 股)制成;辅助绳中间用中心锚结线夹与接触线固定;辅助绳两端分别用正反两个钢线卡子紧固在承力索上,如图 1-71 所示。

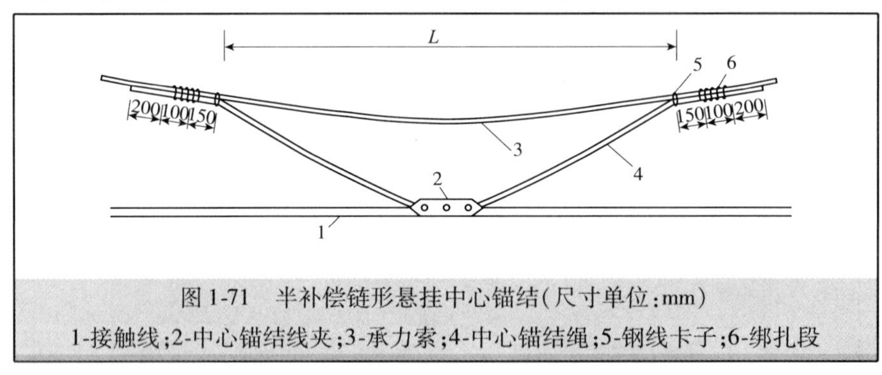

图 1-71　半补偿链形悬挂中心锚结(尺寸单位:mm)

1-接触线;2-中心锚结线夹;3-承力索;4-中心锚结绳;5-钢线卡子;6-绑扎段

3 中心锚结的检调、更换

(1)中心锚结的检调

①作业准备。

a. 作业人员:4 人。

b. 主要工具:常用扳手、勾头扳手(隧道)、水平尺。

c. 安全用具:接地棒、验电器、安全带、安全帽。

d. 测量工具:激光测量仪、卷尺。

②作业程序。

a. 要令申请,向行车调度员申请允许作业命令。

b. 行车调度员下达准许作业命令后进行验电接地。

c. 中心锚结检调:测中心锚结线夹处导高和两边定位点的导高,比较两处导高之差是否符合要求(20~100mm);检查中心锚结绳两边受力是否均匀,有无断股情况;检查绝缘子(环)有无破损、烧伤情况;检查中心锚结线夹是否有偏磨、位移现象;检查螺栓紧固情况。

d. 工作结束,工作负责人对人员、工器具及材料进行清点。

e. 拆除接地线,作业人员撤离现场。

f. 消令登记。

g. 回基地填写相应的报表。

(2)中心锚结的更换

①作业准备。

a. 作业人员:5人。

b. 主要工具:常用扳手、勾头扳手(隧道)、断线钳、压接钳(户外)、葫芦(户外)、钢丝套、紧线器。

c. 安全用具:接地棒、验电器、安全带、安全帽。

d. 测量工具:卷尺。

e. 主要材料:中心锚结绳、线夹及辅助件。

②作业程序。

a. 要令申请,向行车调度员申请允许作业命令。

b. 行车调度员下达准许作业命令后进行验电接地。

c. 中心锚结更换。

③隧道段更换中心锚结。

a. 测量相邻两定位点高度。

b. 拆除旧中心锚结。拧松螺母,使中锚绳松弛,拆中心锚结绳,再拆中心锚结线夹。

c. 安装新中心锚结。根据长度预先裁减适当长度的中心锚结绳子,在跨中心位置先安装中心锚结线夹,线夹卡槽和导线要密合。再安装中心锚结绳和螺栓。

d. 调整。调整平行槽线夹,使得两导线平行;调整两边中心锚结绳,使线夹处导线比相邻定位点导高抬高10mm,在两侧下锚底座处拧紧耳环杆上螺母,使两绳受力均匀一致。

④地面段更换中心锚结。

a. 导线中锚安装:先拆导线端线夹,再拆承力索端线夹,取下中锚绳;先安装承力索端线夹,再安装导线端线夹,抬起导线适当后拧紧螺栓,使得中锚绳受力良好。

b. 承力索中锚安装:先打好葫芦,将承力索中锚卸力;拆中心锚结绳;安装新锚结绳,先在定位点承力索处固定好中心锚结绳,在下锚支柱侧收紧葫芦,弛度到后进行零部件连接,做好回头;工作结束,工作负责人对人员、工(器)具及材料进行清点;拆除接地线,作业人员撤离现场;消令登记;回基地填写相应的报表。

⑤质量标准。

a. 辅助绳两侧受力均匀一致,无断股和散股情况。

b. 隧道段高度略高于两悬挂点:隧道段10mm、地面段20mm。

c. 绝缘子(环)完好,无破损现象。

d. 隧道段的绝缘限界必须大于115mm。

e. 中心锚结线夹处导线不偏磨、不打弓。

六 线岔的维护

列车在运行中,当运行到两条铁路交叉处,由一股道过渡到另一股道上运行时,要经过道岔设施达到转换。在电气化线路区段的站场内两个股道交叉处,为了使列车受电由一股道顺利过渡到另一股道,在两条线路交叉的上空相应有两支汇交的接触线,在两支汇交接触线的相交处用限制管连接并固定的装置称为线岔,如图1-72所示。

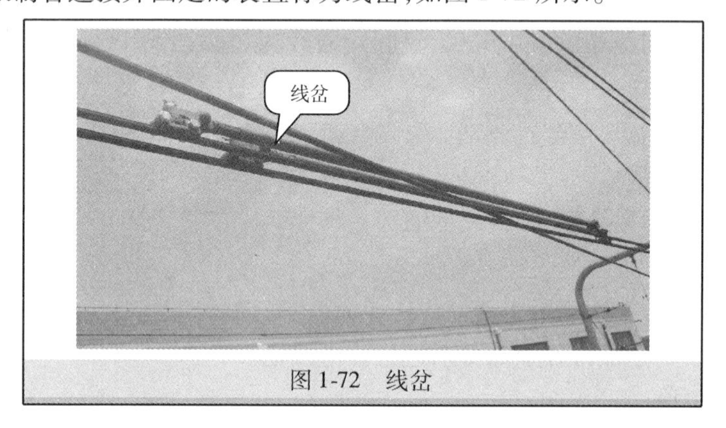

图1-72 线岔

1 线岔的作用与结构

线岔的作用是在转辙的地方,当一组接触悬挂的接触线被受电弓抬高时,另一组悬挂的接触线也能同时被抬高,从而使它与另一接触线产生高差Δh。高差随着受电弓靠近始触点而缩小,到达始触点时,高差基本消除而使受电弓顺利交接,以使接触线不发生刮弓现象。从而使列车受电弓由一条股道上空的接触线平滑、安全地过渡到另一条股道上空的接触线上,从而使列车牵引的列车完成线路转换运行的目的。

接触网线岔是由一根限制管、两个定位线夹和固定限制管的螺栓组成,其结构是用一根限制管将相交的两支接触线上下相互贴近,限制管的两端用定位线夹和螺栓固定在下面那根工作支接触线上,如图1-73所示。如果是非正线相交,一般是交叉点距中心锚结或硬锚近者在下面;若是和正线相交,正线在下面。上面的接触线应能在限制管和下面接触线间活动。

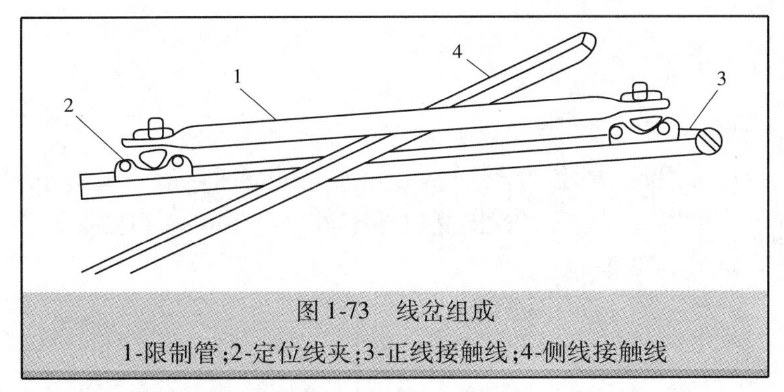

图1-73　线岔组成

1-限制管;2-定位线夹;3-正线接触线;4-侧线接触线

限制管一般用3/8英寸镀锌钢管加工而成,两端扁平,带有ϕ13mm圆孔,限制管用方头螺栓和定位线夹固定在下面的接触线上。

上海城轨所用的限制管是镀锌钢管两端固定有带孔的连接部件,通过螺栓与定位线夹固定在一起。如图1-74所示。

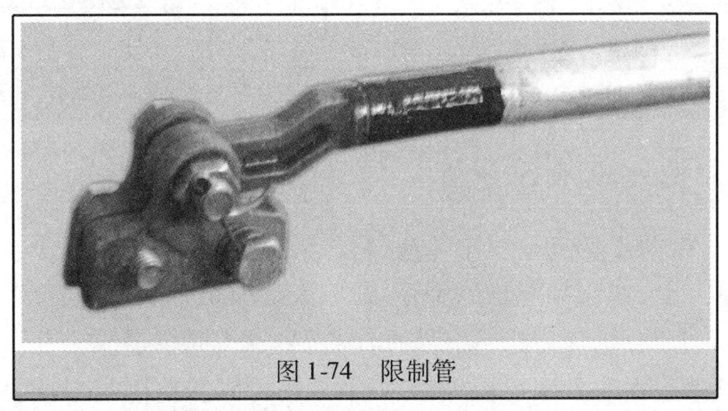

图1-74　限制管

如果在平均温度安装时,限制管中心重合于接触线交叉点;安装温度高于平均温度,应略偏于下锚方向;低于平均温度,应略偏于中心锚结方向。

为使受电弓安全地过渡到另一条股道的接触线上,要求在线岔始触点处两接触线等高。线岔始触点是机车受电弓从一股道通过线叉时,受电弓开始接触另一股道接触线的点,要求此点处两接触线相距500mm,接触线在线岔两端线岔始触点之间的区域称为线岔始触区,如图1-75所示。限制管可以保持两接触线在线岔始触区基本等高,使受电弓在线岔始触区处不发生刮弓和钻弓事故。

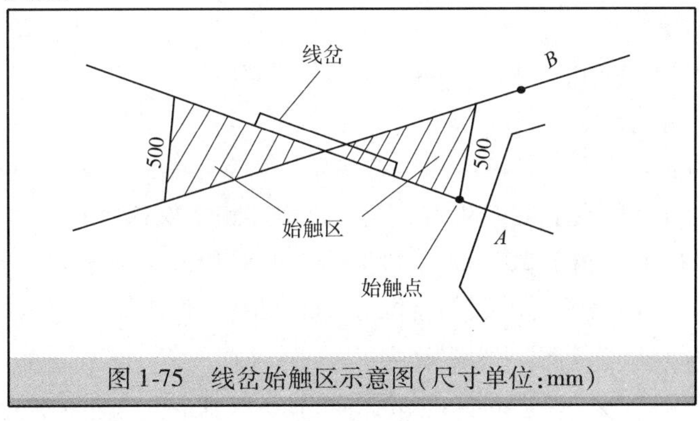

图1-75　线岔始触区示意图(尺寸单位:mm)

2 线岔的定位

线岔的定位指线岔两导线交叉点的投影点在道岔导曲线内轨的位置。

"接触网运行检修规程"规定,单开道岔的标准定位是两接触线相交于道岔导曲线两内轨轨距630~760mm的横向中间位置处,其误差不得超过20mm,如图1-76所示。单开道岔道岔柱安装位置,如图1-77所示。

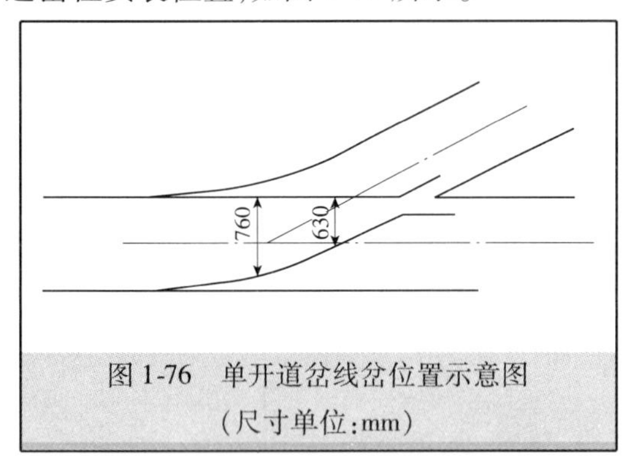

图1-76 单开道岔线岔位置示意图
(尺寸单位:mm)

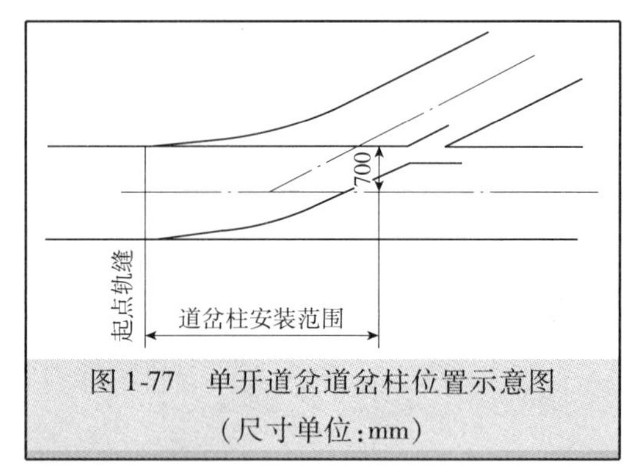

图1-77 单开道岔道岔柱位置示意图
(尺寸单位:mm)

3 线岔处常见故障原因分析

(1)线岔始触点处两工作支导线不等高,造成受电弓钻弓事故。

(2)线岔一端的非工作支导线抬高不够,造成受电弓钻弓事故。

(3)线岔始触点有硬点,该处接触线磨耗严重,易发生断线事故。

(4)限制管、接触线连接处定位线夹松动,造成限制管脱落引发弓网事故。

4 线岔的调整

(1)作业准备

①人员:6人。

②工(器)具:接地棒,验电器,常用扳手,梯车,水平尺,安全用具,手电筒。

③资料:接触网平面图。

(2)作业程序

①测量。

a.两线拉出值为±250mm(正线);±300mm(车辆段)。

b.线岔岔心至两线500mm处等高。

②调整。

a.对定位点拉出值和该定位相邻两跨距的跨中接触线偏移进行检测,不超过设计要求。

b.调整两交叉接触线相距500mm处两工作支水平和工作支抬高。方法是:在保证正线接触线高度的情况下,调整邻近吊弦的长度直至达到要求为止。

注意:非工作支接触线的抬高必须均匀。

c.限制管安装位置不符合要求时,根据实测偏移及计算(或者安装曲线)出的调整温度下应偏移数值和方向进行调整。

d. 交叉点处两支接触线间活动间隙不符合要求时，则调整限制管，直至活动间隙符合要求。必要时，更换限制管。

e. 线岔处驶入区不允许有线夹。

(3)质量标准

①在标准温度下，其线岔中心点与钢轨交叉点相差200mm。并在其中心线上分岔两线间距500mm处等高。

②双线带桥线岔必须有八个线夹：无烧伤、无松动，紧固件完好。

③导线在线岔中不碰上下导线，伸缩自由、无卡滞。

④线岔电连接线安装位置正确，无垂落、烧伤现象。

⑤线岔线夹无烧伤、松动、打、碰弓现象。

⑥线岔非工作支抬高尺寸，符合设计要求。

⑦双线和单线的线岔，500mm处单线导高抬高20mm。

(4)注意事项

在标准温度下，其线岔中心点与钢轨交叉点相差200mm，并在其中心线上；线岔两导线间距500mm处等高。

线夹无烧伤、无松动，紧固件完好；导线在线岔中不碰上下导线，伸缩自由、无卡滞。

线岔的辅助接触导线用两个线夹固定在下部主接触导线上，双向分岔的接触导线交叉点应在线岔中心线上，偏移超过200mm时应予调整（交叉点不变，但线岔随温度变化移位）。

线岔处的上导线在辅助接触导线间应有间隔，间隔范围10mm，不允许有碰撞、卡滞的现象。年检时，可调整吊弦或线岔弹性定位使其保持良好工作状态。检查线岔处接触导线，应无超标磨损或电弧烧损，否则应及时调换。

在交叉的接触线相距500mm处，两接触线均为工作支，不得有吊弦，其距轨面的高度应保持相等，其高差不得超过10mm，当两接触线中有一根为非工作支，在驶入区域内不得有吊弦，则非工作支的接触线须比工作支的接触线抬高不得少于50mm。交叉处的电连接线必须完好。

由正线和侧线组成道岔时，正线接触线应设于侧线接触线的下方，侧线和侧线组成道岔时，长锚段接触线应设于短锚段接触线的下方。

线岔限制管应安装于正线接触线上且安装牢固，并使两接触线有一定的活动间隙，以保证接触线伸缩自如。

七　锚段关节的维护

1　锚段及分类

为满足供电、机械方面的分段要求，将接触网分成若干一定长度且相互独立的分段，这个分段称为锚段。

锚段的作用可以缩小事故范围,锚段两侧补偿装置调整导线(承力索)的张力和弛度基本不变,提高悬挂的稳定性,便于供电分段,缩小检修或故障时的停电范围,以满足接触网的供电方式和设备分段检修的需要。

根据长度,锚段一般可以分为如下三种类型。

①长锚段:750~1600m,两个张力自动补偿装置、一个中心锚结和若干跨距。

②短锚段:150~750m,一个张力自动补偿装置、一个硬锚和若干跨距。

③小锚段:150m以下,一个张力自动补偿装置、一个硬锚和若干跨距。

2 锚段关节

(1)作用与分类

两个相邻锚段衔接部分称为锚段关节。锚段关节的作用是使受电弓从一个锚段安全平滑地过渡到另一个锚段。

根据锚段所起的作用,可分为非绝缘锚段关节和绝缘锚段关节;根据所含跨距数,可分为三跨、四跨锚段关节。

非绝缘锚段关节只起机械分段作用;绝缘锚段关节既起电分段作用还起机械分段作用。一般非绝缘锚段关节为三跨锚段关节;绝缘锚段关节为四跨锚段关节。

(2)非绝缘锚段关节

非绝缘锚段关节包括两根下锚柱、两根转换柱和电连接线,通过这些设备实现锚段的衔接和过渡。三跨非绝缘锚段关节结构,如图1-78所示。相互连接的两根锚段分别在锚段关节处最外侧两根锚柱处下锚,受电弓在中间两支柱间实现从一个锚段向另一个锚段转换,故锚段关节中间的两根支柱称为转换柱。为了保证两锚段在电气上的可靠连通,在两锚段间使用电连接线。

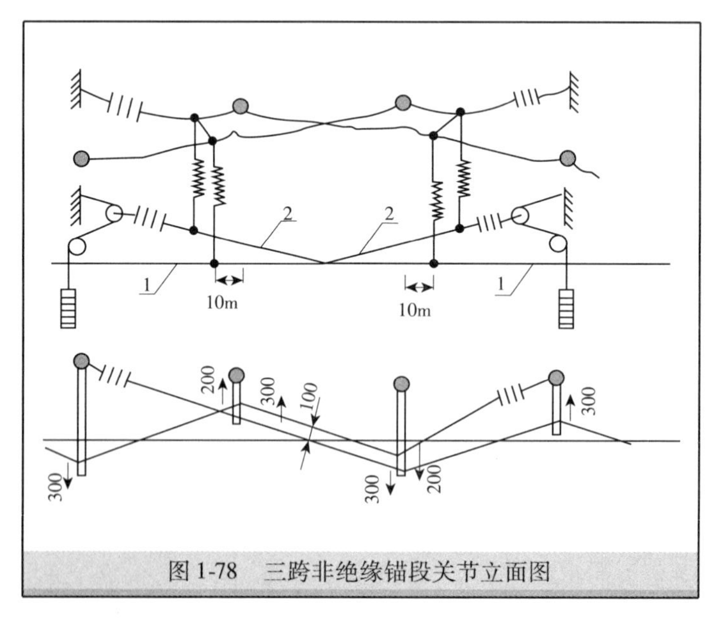

图1-78 三跨非绝缘锚段关节立面图

在锚段关节内有两组接触悬挂,两接触线和承力索相互重叠,其中与受电弓接触供电的接触线称为工作支,而被抬高脱离受电弓去下锚的接触线称为非工作支。

图1-79为转换柱处的定位方式。

图1-79　转换柱处定位方式

(3)绝缘锚段关节

绝缘锚段关节包括两根下锚柱、两根转换柱和一根中心柱,组成四个跨距,所以又称四跨绝缘锚段关节。中心柱处两接触线等高,列车受电弓在中心柱处实现两根锚段的转换和过度。两锚段靠安装在转换柱上的隔离开关实现电气连接。四跨绝缘锚段关节结构,如图1-80、图1-81所示。

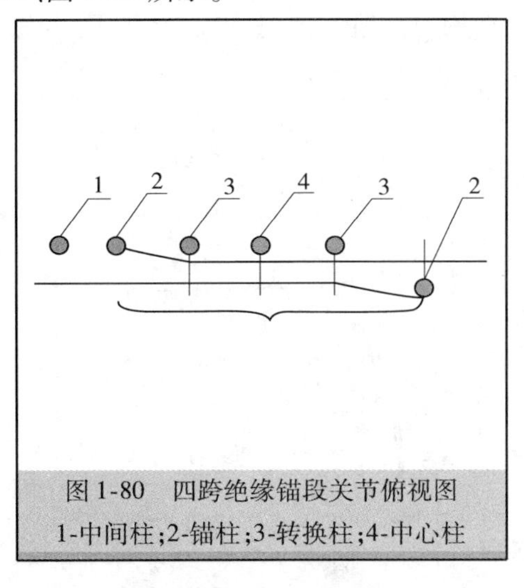

图1-80　四跨绝缘锚段关节俯视图
1-中间柱;2-锚柱;3-转换柱;4-中心柱

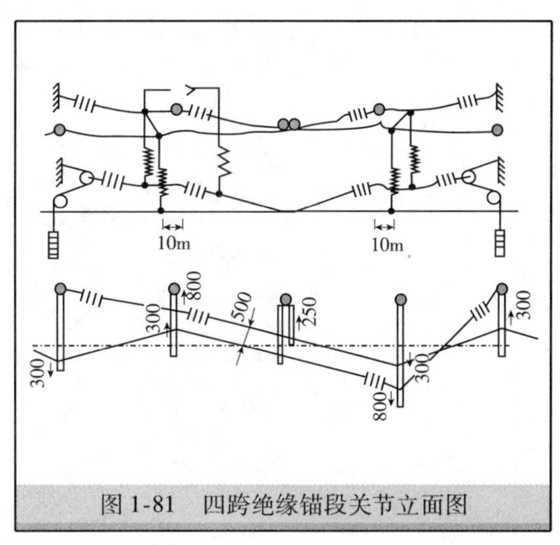

图1-81　四跨绝缘锚段关节立面图

3 锚段关节检修标准

(1)非绝缘锚段关节

①转换支柱间两接触导线平行间距为200mm±20mm。

②两锚段导线等高点应在两转换柱的中点,户外±50mm,洞内－5mm。

③转换支柱非工作支比工作支抬高 300mm。

④下锚处非工作支比工作支抬高，户外 500mm；洞内不得超过 40mm。

⑤在转换柱分别设置一组电连接。

(2)绝缘锚段关节

①转换支柱间两接触导线平行间距为 400mm ± 20mm。

②中心柱处两接触线等高，± 10mm。

③转换支柱非工作支比工作支抬高：300mm。

④下锚处非工作支比工作支抬高：500mm ± 50mm。

八 电连接的维护

为保证接触网各个部分间的电路畅通，需要在适当的位置设置电连接。

1 电连接的作用

电连接的作用是将接触悬挂各分段供电间的电路连接起来，保证电路的畅通。通过电连接还可实现并联，减少电能损耗，提供供电质量。另外，在电气设备和接触网之间用电连接进行可靠的连接，使设备充分发挥作用，避免出现烧损事故，满足供电方式和检修的需要。

2 电连接的类型

城市轨道交通接触网电连接根据安装位置可以分为：横向电连接(结构 A)、股道电连接(结构 B)、道岔电连接(结构 C)、隔离开关电连接(结构 D)、避雷器电连接(结构 E)和锚段关节电连接，如图 1-82 所示。

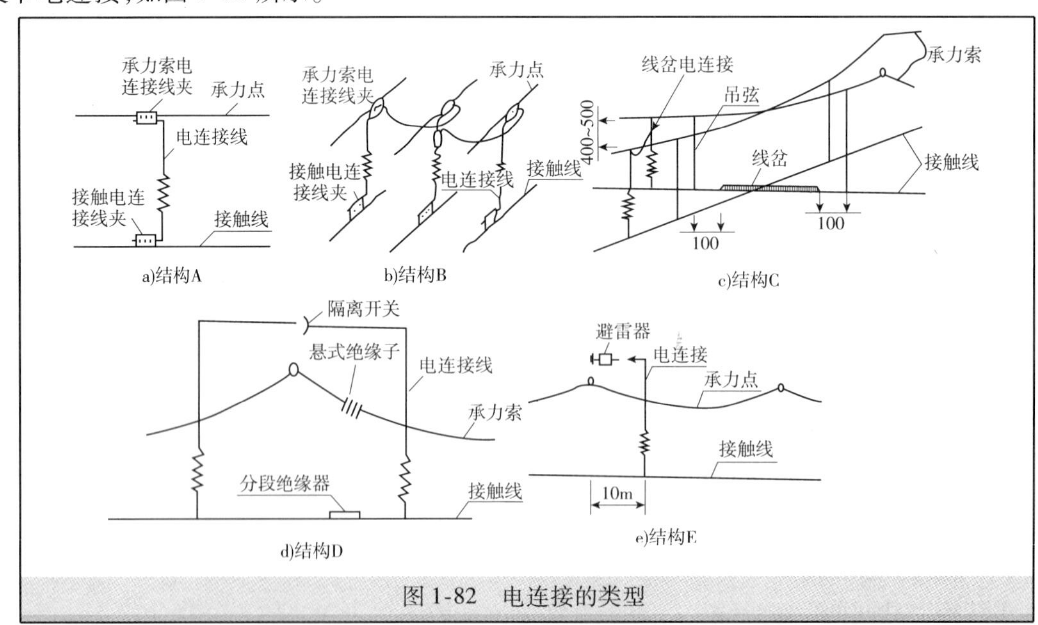

图 1-82 电连接的类型

（1）横向电连接

横向电连接在隧道、地面和高架段较常见，一般间隔 60m 一组电连接将馈线、承力索、接触线间进行沟通。隧道内直接将馈线和接触线进行连接，一般使用 120mm^2 电缆，地面和高架使用 TJR－120 铜绞线作为电连接，如图 1-83 所示。

（2）股道电连接

股道电连接主要用在车辆段，股道较多、并且在同一个供电区域内的情况，如图 1-84 所示。车辆段一般分 2～5 个供电区域，有的供电区域 4～8 股道，上网点只有开关一处，容易造成股道间的电压差和取流不均衡，在两组软横跨或横梁进行股道间的电沟通。采用电缆形式较多。

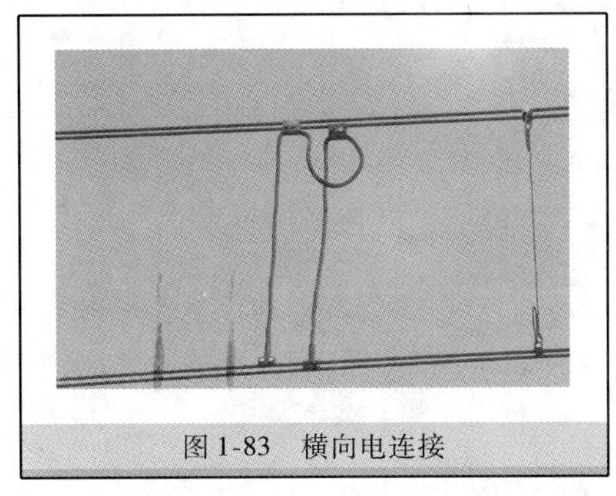

图 1-83　横向电连接

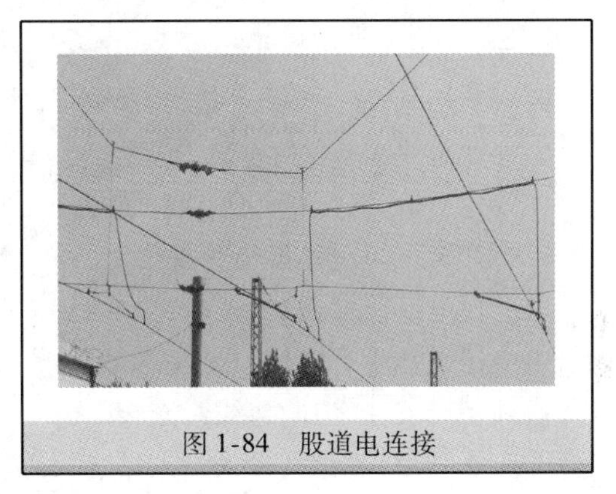

图 1-84　股道电连接

（3）道岔电连接

道岔电连接，是在有线岔的位置进行两接触线的电沟通以及下锚前两交叉接触线的电沟通形式。电缆比铜绞线硬度大，可塑性好，不宜对受电弓产生引线，所以采用电缆情况较多，如图 1-85 所示。

（4）隔离开关电连接

隔离开关电连接，即从隔离开关引到接触网上，隧道均采用电缆进行连接，地面和高架根据情况使用铜绞线或电缆，也叫开关引线，如图 1-86 所示。

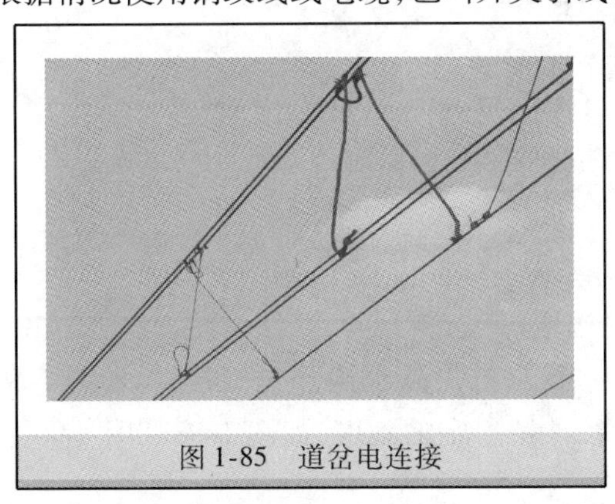

图 1-85　道岔电连接

图 1-86　隔离开关电连接

（5）避雷器电连接

避雷器电连接，即从接触网上引到避雷器接线端，主要采用电缆方式，也叫避雷器引线。

(6)锚段关节电连接

锚段关节电连接,即在锚段关节处进行电的连通。绝缘锚段关节则在同一供电臂才能使用,采用铜绞线较多。

3 电连接的检调、更换

(1)电连接的检调

①作业准备。

a. 作业人员:4 人;

b. 主要工具:常用扳手;

c. 安全用具:接地棒、验电器、安全带、安全帽。

②作业程序。

a. 要令申请,向行车调度员申请允许作业命令;

b. 行车调度员下达准许作业命令后进行验电接地;

c. 进行电连接检调:检查电连接线夹螺栓螺母是否齐全、是否有松动现象和烧伤情况;检查电连接线是否有烧伤、断股、散股情况;电连接线受力不能过紧,有一定的驰度;电连接线夹必须正确安装,沟槽与线索密合。

d. 工作结束,工作负责人对人员、工(器)具及材料进行清点;

e. 拆除接地线,作业人员撤离现场;

f. 消令登记;

g. 回基地填写相应的报表。

(2)电连接更换

①作业准备。

a. 作业人员:4 人;

b. 主要工具:常用扳手、电工刀(隧道)、压接钳;

c. 安全用具:接地棒、验电器、安全带、安全帽;

d. 测量工具:卷尺;

e. 主要材料:电连接线、绑带(隧道)、接线端子(隧道)。

②作业程序。

a. 要令申请,向行车调度员申请允许作业命令;

b. 行车调度员下达准许作业命令后进行验电接地;

c. 进行电连接更换:如有接线端子或是直立式线夹的由外至内预先压接好,如图 1-87 所示;拆除旧电连接;安装新电连接后安装导线端,预留一定的驰度,如图 1-88 ~ 图 1-90 所示;螺栓紧固。

d. 工作结束,工作负责人对人员、工(器)具及材料进行清点;

e. 拆除接地线,作业人员撤离现场;

f. 消令登记；

g. 回基地填写相应的报表。

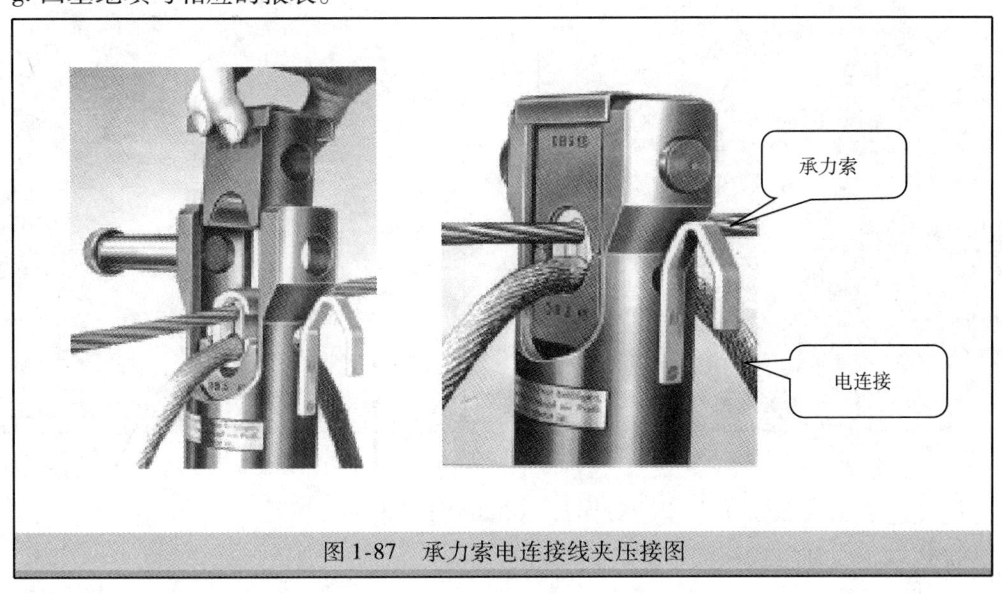

图 1-87　承力索电连接线夹压接图

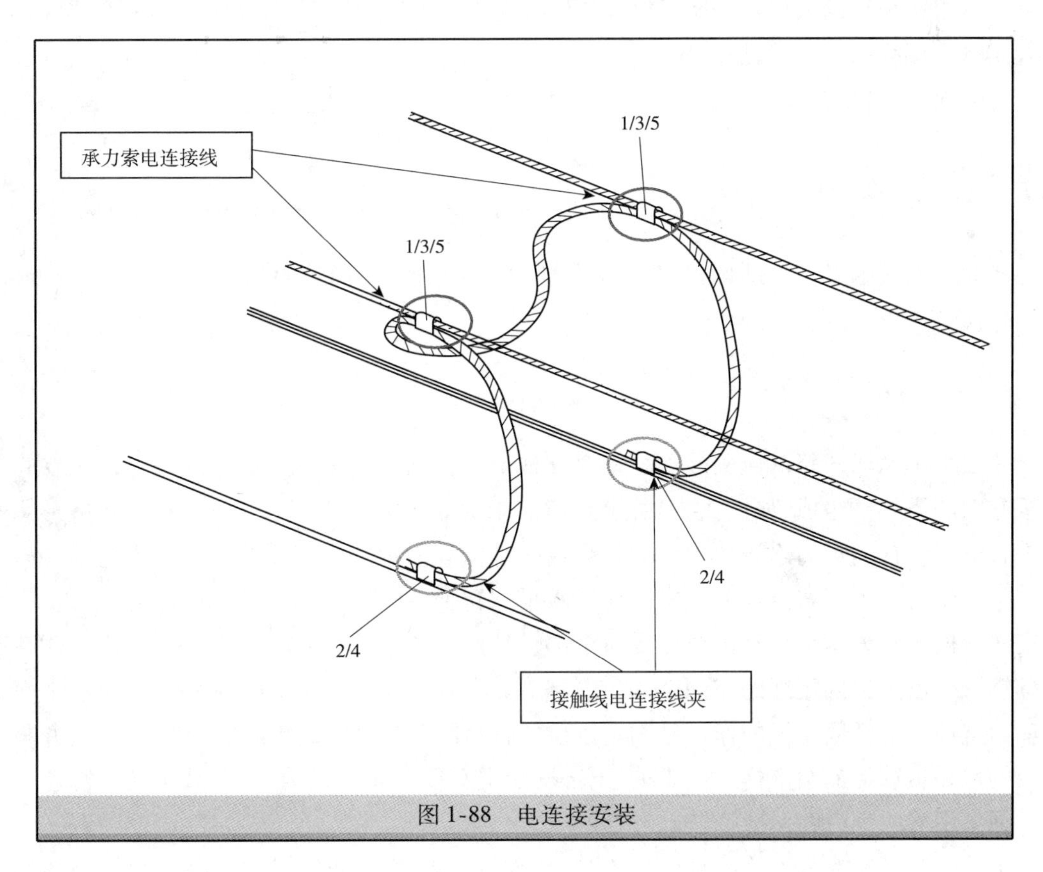

图 1-88　电连接安装

图 1-89　承力索电连接线夹

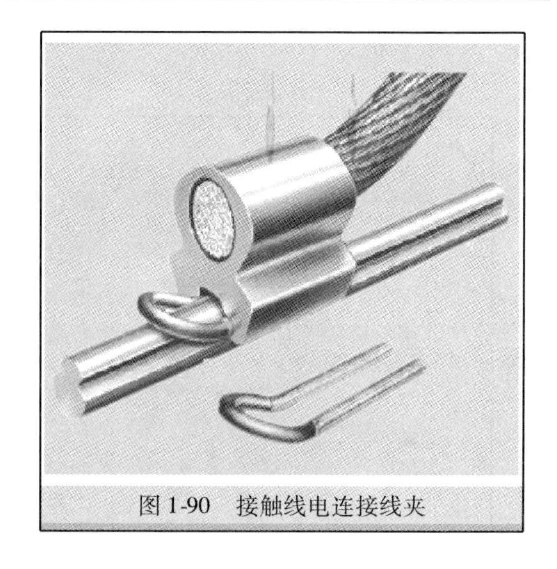
图 1-90　接触线电连接线夹

(3)质量标准

①电缆露头 10 ~ 20mm,与定位管距离 200mm 处安装;

②接线端子应和接线板间不能有松动;

③电连接垂直部分保留一定的弛度;

④电连接线无松股、断股现象;

⑤电连接线材与线夹应配套。

九 软横跨维护

多股道的接触悬挂借助数根线索悬挂到布置在这些线路两侧的两根支柱上,这种装置称为软横跨。

1 软横跨的结构

软横跨由站场线路两侧支柱和悬挂在支柱上的横向承力索,上、下部固定绳以及支持和连接它们的零部件组成,如图 1-91 所示。横向承力索是软横跨的主要构件,承受链形悬挂的垂直负荷。横向承力索有单根承力索组成的单横承力索软横跨和两根承力索组成的双横承力索软横跨。为了将悬挂的线索固定在水平位置上,在横向承力索的下部还装有上、下部固定绳。横向承力索通过直吊弦承受着全部悬挂的垂直重量,故横向承力索多采用 GJ - 70 镀锌钢绞线。上部固定绳的作用是固定各股道的纵向承力索,并将纵向承力索的水平负载传递给支柱。下部固定绳的作用是固定定位器,以便对接触线按技术要求进行定位,并将接触线的水平负载传递给支柱。由于上、下部固定绳只能承受水平力,且负载不大,故上、下部固定绳多用 GJ - 50 镀锌钢绞线或铜绞线。

根据软横跨与支柱的绝缘情况分,可分为绝缘软横跨和非绝缘软横跨。软横跨各线索与支柱间通过绝缘子绝缘的结构称为绝缘软横跨;软横跨各线索与支柱间没有绝缘子绝缘的则称为非绝缘软横跨。在上海地铁的各个站场内,都是使用绝缘软横跨。

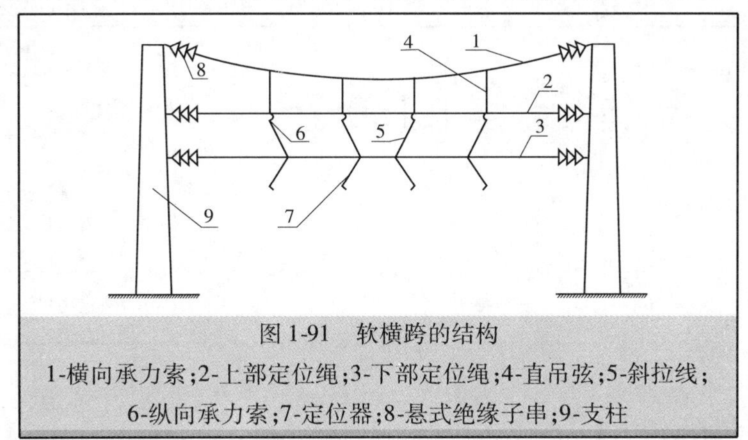

图1-91 软横跨的结构

1-横向承力索;2-上部定位绳;3-下部定位绳;4-直吊弦;5-斜拉线;6-纵向承力索;7-定位器;8-悬式绝缘子串;9-支柱

绝缘式软横跨有很多优点,它的各条线索对地都是绝缘的,这样便于带电作业。它的对地绝缘的绝缘子都装在线路两侧,可减轻绝缘子的污损程度,从而减少了保养绝缘子的工作量。

软横跨绝缘子,不管是接地侧绝缘子还是上、下行股道间的横向电分段绝缘子,它们一方面起绝缘作用,另一方面起连接作用。因此,对软横跨绝缘子机械性能和绝缘性能要求都比较高,在安装、检修、检查时,要严格检查软横跨两侧绝缘子,确保安全供电。

2 软横跨的检修标准

(1)软横跨横向承力索(双横承力索为其中心线)和上、下部定位绳应布置在同一个铅垂面内。横向承力索的驰度应符合规定。吊弦应保持铅垂状态,其截面积和长度要符合规定,最短吊弦长度的误差不超过50mm。

(2)横向承力索和上、下部定位索均不得有接头、断股和补强,其机械强度安全系数符合下列规定:

①软横跨横向承力索中的钢绞线或铜绞线安全系数不应小于4。

②上、下部定位绳中的钢绞线或铜绞线安全系数不应小于3。

(3)横向承力索两条线的张力应相等,线夹应垂直于横向承力索。

(4)上、下部定位绳应水平,允许有平缓的负驰度,5股道及以下者不超过100mm,5股道以上者不超过200mm。下部定位绳距接触线的垂直距离不得小于250mm。

3 软横跨的常见故障

(1)绝缘子损坏。

(2)受流部件的烧伤。

(3)弹簧补偿装置的失效。弹簧补偿装置在运行时间长了以后会发生失效的现象,从而使接触线下垂,导致导高变低,造成硬点,对行车安全带来隐患。

(4)吊索卡滞引起的导高变化。动态运行的接触网经过震动后,吊索可能会发生卡滞的现象,当卡滞后,吊索会将接触线拉高,从而使导高发生变化。

1.5 其他设备的维护

一 隔离开关的维护

1 隔离开关的作用

隔离开关是接触网设备之一，接触网凡需要进行电分段的地方都应设置隔离开关，如车站、库线、车辆检修基地等处。另外，当供电线距离过长时也需设置隔离开关。隔离开关没有专门的灭弧装置，不能切断负荷电流和短路电流，但它具有明显的断开点。

其主要作用如下：

(1)隔离电源，将需要检修的电气设备用隔离开关与电源可靠隔离，有明显的断开点，以确保检修工作安全。

(2)改变线路的运行方式，用以增加接触网供电的灵活性和可靠性。

2 隔离开关的结构

隔离开关主要由绝缘结构部分、导电系统部分、操作部分组成，需要时还带接地闸刀。

(1)绝缘结构部分：包括一般通过实心棒型支柱瓷绝缘子和操作绝缘子构成的对地绝缘，以保证不危及工作人员的安全。

(2)导电系统部分：通常包括导电触头和接线端子，另一端为闸刀，闸刀要有足够的压力和自清洁能力。

(3)操作部分：包括传动杆、操作机构及闭锁装置，操作机构安装在支柱下部，通过传动杆进行隔离开关状态操作。

(4)接地闸刀：按不同的隔离开关类型有带接地闸刀和不带接地闸刀的两种型号。装于带接地闸刀的隔离开关底座上，当主闸刀分开后，可操作接地闸刀使其接在处于分闸位置的主闸刀接地触头上，使停电侧接地，保证人身安全。合闸时先断开接地后合闸。

隔离开关的结构，如图1-92所示。

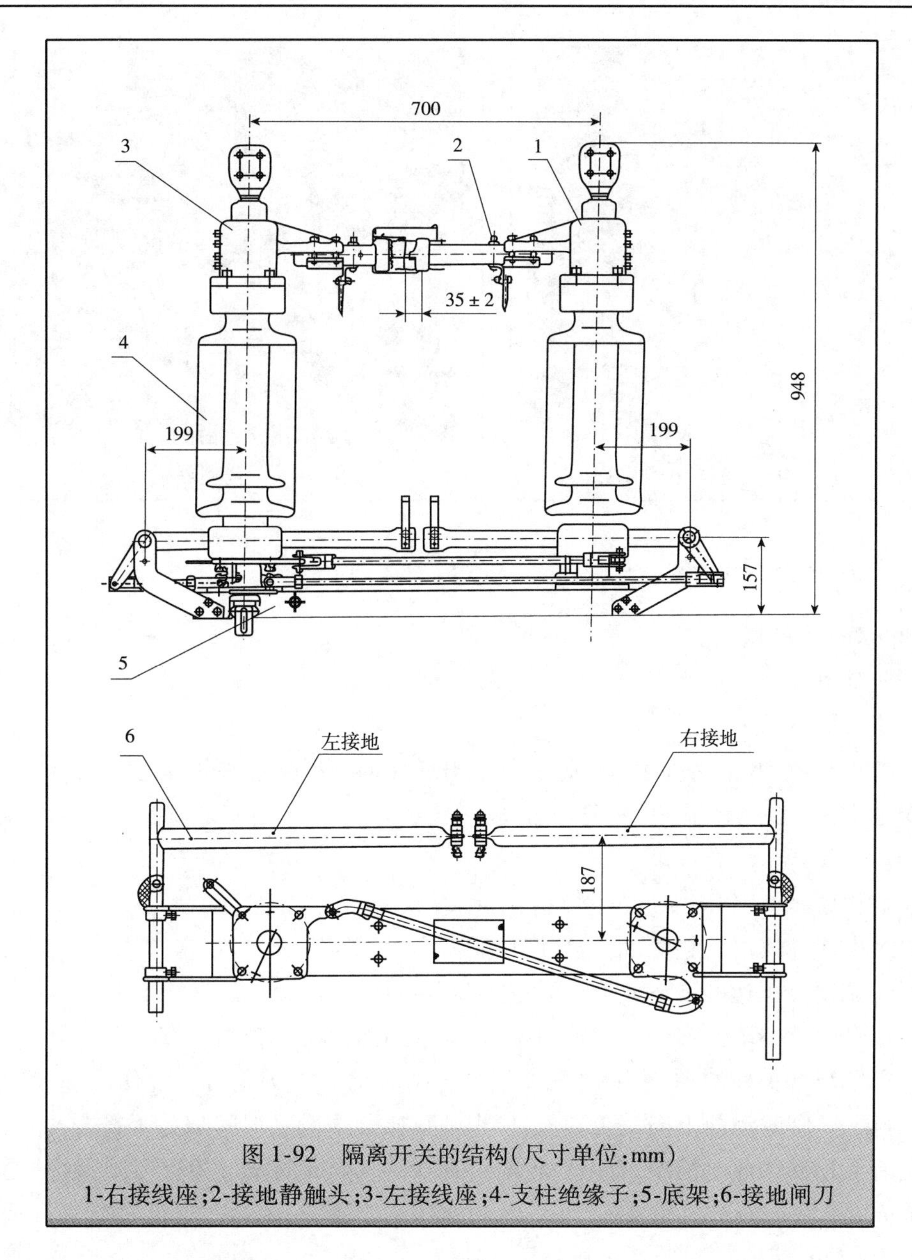

图 1-92 隔离开关的结构(尺寸单位:mm)

1-右接线座;2-接地静触头;3-左接线座;4-支柱绝缘子;5-底架;6-接地闸刀

3 隔离开关的分类

地铁接触网上采用 1.5kV 级双刀头隔离开关和四刀头隔离开关,可分为重型和轻型如图 1-93、图 1-94 所示。

重型隔离开关主要应用于牵引变电站出线端的触网馈电开关。馈电开关间的联络开关,一般有手动和电动操作机构两种,能承受 4kA 电流、3kV 电压。

轻型隔离开关主要应用于车辆段的库线、专用线和库线间的联络开关,一般都是手动操作机构,库线和专用线(练兵线、装载线等)则应加装接地部件。能承受 1kA 电流、3kV 电压。

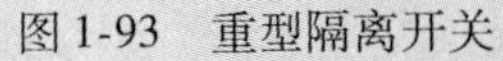

图 1-93　重型隔离开关

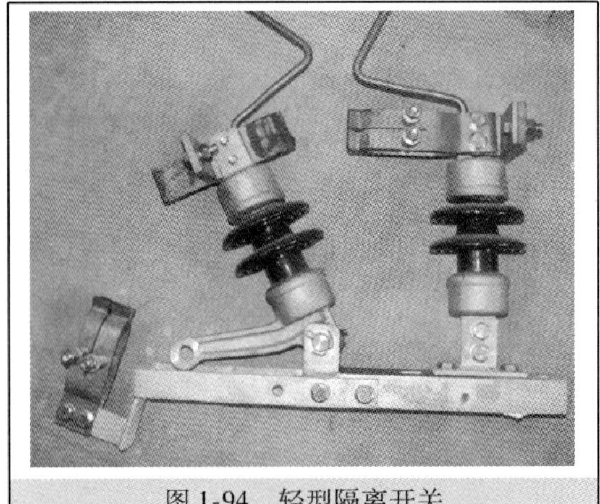

图 1-94　轻型隔离开关

4 隔离开关的检调、更换

(1)隔离开关的检调

①作业准备。

a. 作业人员:3 人;

b. 主要工具:触网常用扳手、开关摇手柄、开关钥匙、梯子、专用油脂、绳子;

c. 安全用具:接地棒、验电器、安全带、安全帽;

d. 测量工具:塞尺、卷尺。

②作业程序。

a. 要令申请,向行车调度员申请允许作业命令。

b. 行车调度员下达准许作业命令后进行验电接地。

c. 确认牵引所小车位置处于冷备用状态,确认隔离开关在合闸状态。

d. 进行隔离开关检调:检查隔离开关在分合闸时动静刀头是否有烧伤痕迹和绝缘子状态;检查分闸、合闸时动静刀闸是否到位;检查消弧棒分闸情况下间隙是否符合要求;检查各部分螺栓有无松动和放电情况;合闸位置时用 0.05 ~ 10mm 的塞尺检查刀闸密合情况(塞入深度 20mm);清洁动静刀闸和绝缘子(户内);涂抹专用油脂;联系总调度员所进行远动分合闸操作(或手动的信号),现场确认开关是否到位。

e. 工作结束,工作负责人对人员、工(器)具及材料进行清点。

f. 拆除接地线,作业人员撤离现场。

g. 消令登记。

h. 回基地填写相应的报表。

(2)隔离开关的更换(图 1-95)

①作业准备。

a. 作业人员:6 人;

b. 主要工具:触网常用扳手、开关摇手柄、开关钥匙、梯子、专用油脂、绳子;

c. 安全用具:接地棒、验电器、安全带、安全帽;

d. 测量工具:塞尺、卷尺;

e. 主要材料:隔离开关、动静刀头以及零配件。

图1-95 隔离开关的更换

②作业程序。

a. 要令申请,向行车调度员申请允许作业命令。

b. 行车调度员下达准许作业命令后进行验电接地。

c. 确认牵引所小车位置处于冷备用状态,确认隔离开关在合闸状态。

d. 进行隔离开关更换:

首先,拆除旧隔离开关。先拆除连杆;拆上网电缆;拆底座上固定螺栓;用绳子把隔离开关绑扎牢固,放到地面上。

其次,安装新隔离开关。新隔离开关在下面先进行预先调整;吊上柱顶;对准底座上螺栓孔,安装好固定螺栓,拧紧螺栓;装好上网电连接线;装好连杆。

最后,调整隔离开关。调整消弧棒间隙;用塞尺检查刀闸密合程度;清洁刀闸和绝缘子。

e. 工作结束,工作负责人对人员、工(器)具及材料进行清点。

f. 拆除接地线,作业人员撤离现场。

g. 消令登记。

h. 回基地填写相应的报表。

(3)质量标准

①合闸后静、动刀闸到位;用0.05~10mm的塞尺检查刀闸密合程度,塞入深度20mm。

②刀闸无烧伤、腐蚀等痕迹。

③电动操作机构的动作位置正确,不能有误动作出现;手动操作机构的连杆位置、紧定螺钉要紧固,整个操作机构要运作自如,无卡滞现象。

④各部件螺栓紧固情况良好。

⑤绝缘子外表面清洁,无烧伤、裂纹、破损、老化现象。

⑥隔离开关消弧棒在分合闸过程中与动静刀闸配合到位,分闸后保持150mm以上的距离。

⑦每个隔离开关操作机构都需配置单独的挂锁,不得混淆。

5 隔离开关的检修记录

隔离开关的检修记录,见表1-22。

隔离开关的检修记录表　　表1-22

序号	开关编号	车站区间	锚段/定位点	检查情况						检查负责人	检查日期	备注
				操作机构	动/静刀闸	消弧棒	接线端子	绝缘子	紧固螺栓			
1												
2												
3												
4												
5												

二 分段绝缘器的维护

1 分段绝缘器的作用

在车站、渡线、存车线、车辆厂等地,为了保证接触网供电的可靠性、灵活性,满足检修的需要,利用分段绝缘器将接触网分成独立的电分段。

分段绝缘器安设在接触网电分段的两端,其结构既能保证供电的分段,又能使受电弓平滑地通过该设备,如图1-96所示。分段绝缘器大多应配合隔离开关使用,以便使分段绝缘器两端的接触线当开关闭合时都能带电;当隔离开关打开时,独立的区段中则没有电,便于在该独立区段中进行停电作业。

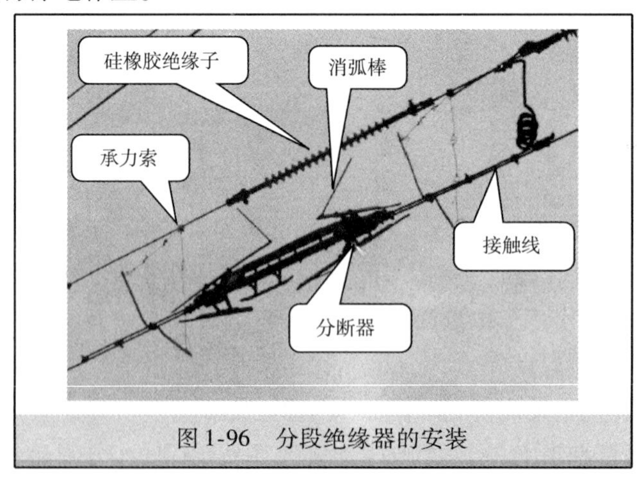

图1-96　分段绝缘器的安装

2 分段绝缘器的类型与结构

现在上海地铁使用的是西门子和AF公司生产的消弧分段绝缘器，分为重型分段和轻型分段两种。轻型分段适用于停车场和库线，其绝缘材料为绝缘板制成，如图1-97所示。重型分段适用于主线和主线交叉渡线，绝缘部件为爬电距离440mm、抗拉130kN的绝缘子，其消弧棒便于大电流通过，如图1-98所示。

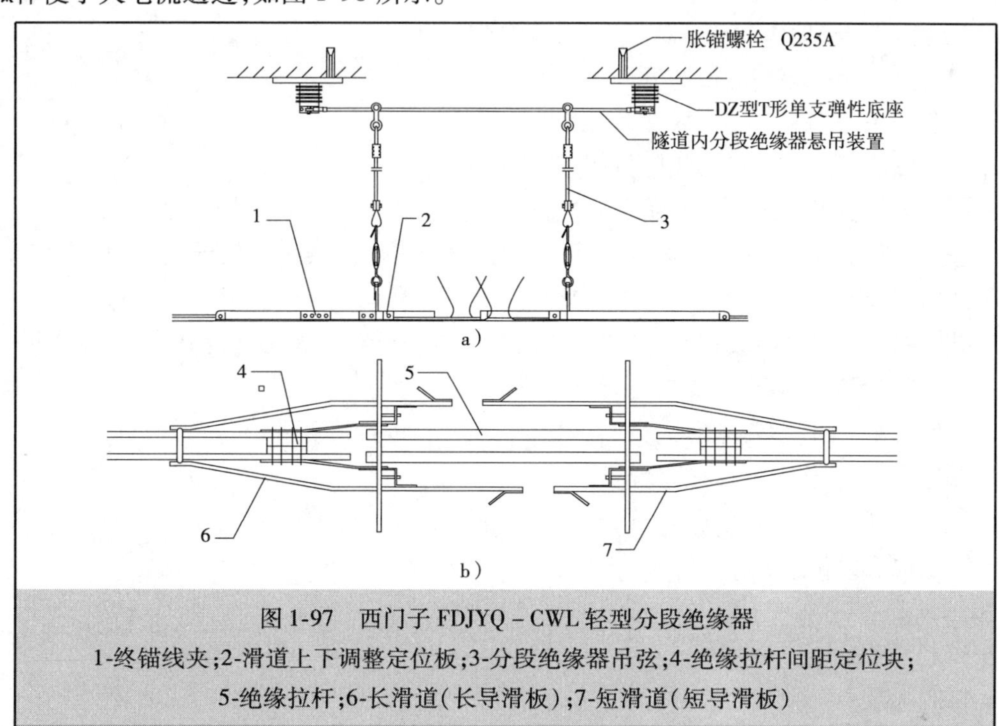

图1-97　西门子FDJYQ－CWL轻型分段绝缘器
1-终锚线夹；2-滑道上下调整定位板；3-分段绝缘器吊弦；4-绝缘拉杆间距定位块；5-绝缘拉杆；6-长滑道（长导滑板）；7-短滑道（短导滑板）

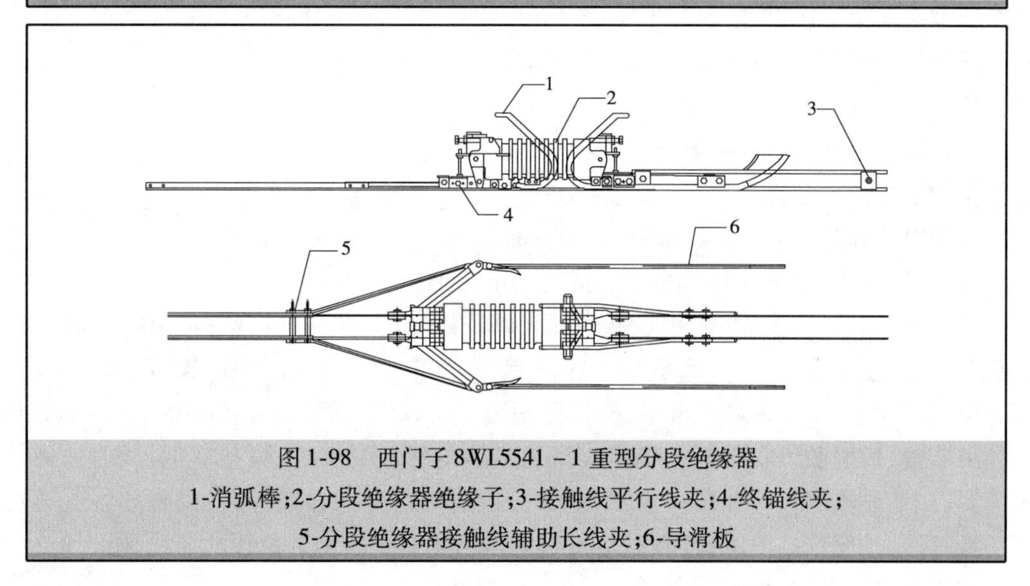

图1-98　西门子8WL5541－1重型分段绝缘器
1-消弧棒；2-分段绝缘器绝缘子；3-接触线平行线夹；4-终锚线夹；5-分段绝缘器接触线辅助长线夹；6-导滑板

3 分段绝缘器的检调、更换

(1)分段绝缘器的检调

①作业准备。

a. 作业人员:4 人。

b. 主要工具:触网常用扳手、水平尺、锉刀、砂皮。

c. 安全用具:接地棒、验电器、安全带、安全帽。

d. 测量工具:激光测量仪、卷尺。

②作业程序。

a. 要令申请,向行车调度员申请允许作业命令。

b. 行车调度员下达准许作业命令后进行验电接地。

c. 进行分段绝缘器检调:测量并记录;测量相邻定位点以及分段的导高;外观检查;检查绝缘部件损坏情况和导流板烧伤情况以及其他异常情况;水平检查;用水平尺对分段绝缘器进行的纵向和横向水平检查;检查导流板进出口处是否与导线等高;检查导线到导流板是否平滑过渡;紧固螺栓按照产品要求进行复查紧固。

d. 工作结束,工作负责人对人员、工(器)具及材料进行清点。

e. 拆除接地线,作业人员撤离现场。

f. 消令登记。

g. 回基地填写相应的报表。

(2)分段绝缘器的更换

①作业准备。

a. 作业人员:6 人。

b. 主要工具:触网常用扳手、水平尺、锉刀、砂皮、直弯器、扭面器、手扳葫芦、钢丝套、紧线器。

c. 安全用具:接地棒、验电器、安全带、安全帽。

d. 测量工具:激光测量仪、卷尺。

e. 主要材料:分段绝缘器、零配件和辅助件。

②作业程序。

a. 要令申请,向行车调度员申请允许作业命令。

b. 行车调度员下达准许作业命令后进行验电接地。

c. 进行分段绝缘器更换:测量该处的导高以及拉出值;在分段两端打上紧线器,安装上手扳葫芦,对分段进行卸力;拆除悬吊装置;松动分段与导线连接部件螺栓,拆除旧分段;安装新分段;注意线夹要卡在导线槽里,螺栓紧固力矩达到产品要求;卸掉手扳葫芦和紧线器;安装悬吊装置,根据曲线安装图表确定好滑轮最佳位置;安装导流板和其他零配件;调整分段绝缘器;调整分段的纵向和横向水平;调整分段进出口处与导线等高;调整导线到导流板接口平滑过渡;按照产品要求紧固螺栓;用直弯器消除紧线器安装位置的导线硬点。

d. 工作结束,工作负责人对人员、工(器)具及材料进行清点。

e. 拆除接地线,作业人员撤离现场。

f. 消令登记。

g. 回基地填写相应的报表。

(3)质量标准

①分段绝缘器纵向和横向必须水平。

②受电弓滑行过分段绝缘器时候要能够平滑过渡,分段绝缘器与接触线连接点要略高于接触线 5mm,消弧角间距为 50mm,导流板间距为 293mm。

③分段绝缘器上的所有螺栓应按产品要求紧固。

④绝缘部件完好,表面清洁,无裂纹、破损、老化现象。

4 分段绝缘器的检修记录

分段绝缘器的检修记录,见表 1-23。

分段绝缘器的检修记录表　　表 1-23

序号	分段类型	车站区间	锚段/定位点	检查情况						检查负责人	检查日期	备注
				导滑板/水平	导线抬高	消弧棒	分段吊索	绝缘子/杆	导滑板/偏磨和烧伤			
1												
2												
3												
4												
5												

5 分段绝缘器的常见故障

(1)分段绝缘器不水平,造成碰弓刮弓事故,如图 1-99 所示。

(2)分段绝缘器与导线接头线夹连接状态不良,形成硬点使接头处导线磨耗严重。

(3)分段绝缘器悬吊装置断裂,引起导线不水平造成弓网故障,如图 1-100 所示。

图 1-99　分段绝缘器不水平

图 1-100　分段绝缘器悬吊装置断裂

三 避雷装置的维护

1 避雷装置的作用

避雷装置用于防止大气过电压对被保护设备(接触网和牵引变电所设备)的损害。大气过电压是指在接触网附近,发生雷击时接触网产生的过电压。这种峰值很高的过电压会发生绝缘子闪络、击穿、短路等事故,造成接触网设备损坏。安装了避雷装置后,它能及时地将雷电引入大地。

避雷装置种类很多,上海地铁常用带脱扣器金属氧化锌无间隙避雷器和放电间隙两种。

2 金属氧化锌避雷器

金属氧化锌避雷器内部不带任何放电间隙,芯体为单柱式,由非线性特性的氧化锌电阻片组成;通流能力大、残压低。在正常运行电压下避雷器具有极高的电阻,避雷器基本处于绝缘状态。当过电压入侵时,避雷器工作在其伏安特性的低阻区域,冲击放电电流经过避雷器泄入大地。当过电压过后,避雷器又恢复到正常运行电压的工作状态。避雷器无任何火花间隙,可以直接与接触网并联,如图 1-101 所示。

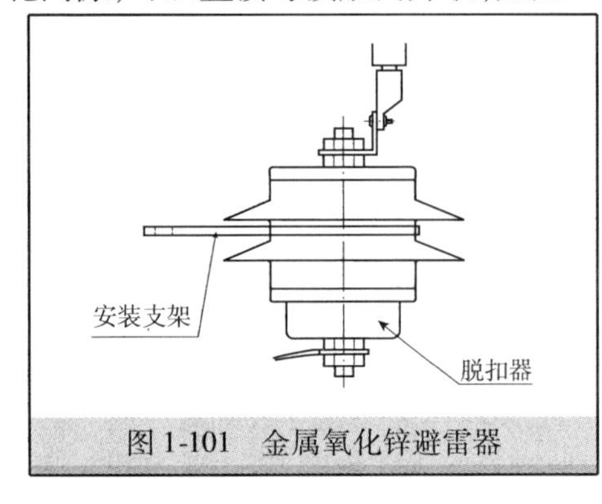

图 1-101 金属氧化锌避雷器

(1)避雷器的测量

每年雷雨季节前要按牵引变电所运行检修规程和有关规定对避雷器进行预防性试验,防止避雷器被击穿。击穿的避雷器,如图 1-102 所示。

①测量前准备。

检测前先要对避雷器进行外观检查,其引线和各部螺栓要紧固,绝缘子瓷釉光洁,干燥无水,无积灰,无破损;绝缘部件表面不得有裂纹和破损。

②测量程序。

a. 避雷器直流参数测试仪(图 1-103)在电压高端输出红接线柱与避雷器高压端相连接,在电源电压低端输出黑接线柱与避雷器接地端相连接,并将试品置于绝缘体上,方能测量。

图 1-102 被击穿的避雷器

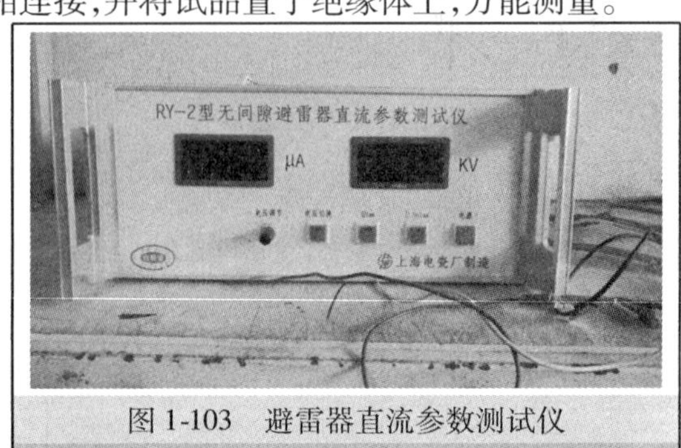

图 1-103 避雷器直流参数测试仪

b. 按下避雷器直流参数测试仪电源开关按键，指示灯亮，数字电压表、电流表显示均为0值。

c. 先按下测试仪U1mA按钮，此时数字电压表所显示的避雷器1mA参考电压，并记录下来，然后松开按键恢复原态。

d. 再按下测试仪测量I 0.75U1mA按键时，数字电流表指示的是75%持续电流值；并记录下来，然后松开按键恢复原态。

e. 仪器使用完毕后，应关闭测试仪电源开关按键，再按一下测量按键，释放仪器内残余电压，保证安全。

f. 避雷器常规测试须达到1mA直流参考电压 U_{1mA} 应大于2.67kV，75%持续电流应≤20μA。

(2) 避雷器的安装

①杆上人员将避雷器提至杆上后，将其固定螺栓穿入底座，初步拧紧，再观察其是否竖直，竖直后将螺栓紧固。

②用卷尺测出上网引线及接地引线所需的长度。

③作业人员将预制好的上网引线（150mm^2 橡皮电缆）提至避雷器高度，一端与避雷器上桩用螺栓紧固，另一端则引至承力索端连接，引线沿支柱敷设，用抱箍等固定。

④将地线引线提至避雷器高度处，一端与避雷器接地螺栓接好，另一端则引至接地极。

(3) 避雷器的安装技术标准

①避雷器外观应符合要求，安装前经测试应符合技术要求。

②避雷器底座安装应水平，不得低头；避雷器绝缘子应竖直并固定牢靠。

③避雷器及引线的裸露部分必须满足距接地体150mm以上。

④电缆引线在安装过程中，需要留有一定的余量，在任何情况下不受侧向的拉力。

⑤避雷器的接地电阻必须符合设计要求，不大于10Ω。

⑥电缆终端压接后应用热缩管包封。

(4) 避雷器的检查

①避雷器绝缘子状态。

a. 检查绝缘子表面是否脏污。

b. 表面有无裂纹、有无放电痕迹。

c. 复合绝缘子表面有无绝缘老化现象。

②接地线状态。

a. 检查接地线与各部螺栓连接是否紧密。

b. 检查接地线表面是否锈蚀。

c. 地线并沟线夹内是否有放电痕迹，接触是否良好。

③避雷器引线状态。

a. 检查引线驰度是否过大或过小。

b. 用水平尺和钢卷尺检查引线与钢轨相交处与接触线的高度差是否小于300mm。

c. 用钢卷尺测量引线与接地体之间的最小绝缘距离。

d. 引线与承力索和接触线连接处电连接线夹的状态。

(5)注意事项

①避雷器检修严禁在雷雨天气下进行。

②测量接地电阻时,要将地线断开,同时采取旁路措施。

③采取各种高空作业安全防护措施。

④绝缘测试时,人体不得接触绝缘子。

3 放电间隙

上海地铁使用的放电间隙,如图 1-104 所示。

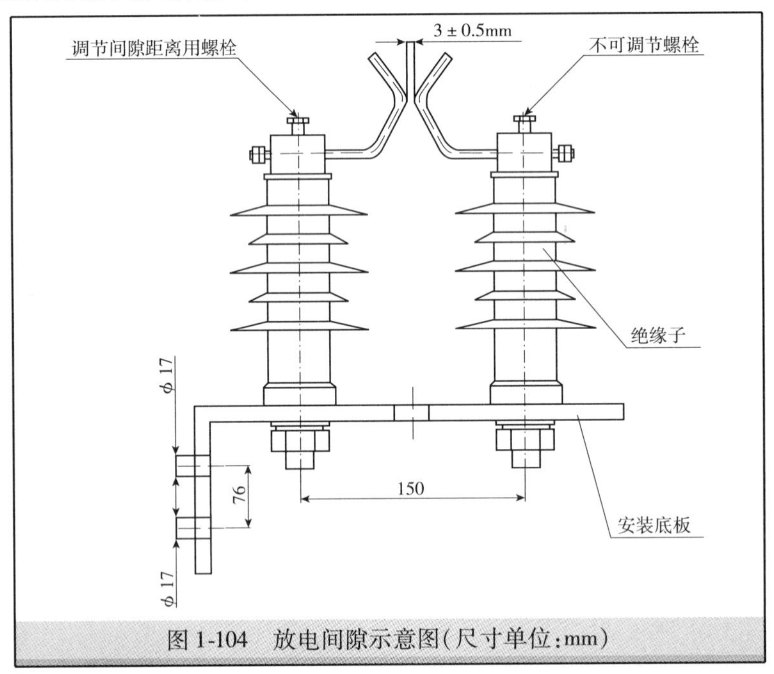

图 1-104 放电间隙示意图(尺寸单位:mm)

当直流电气化铁道接触网架空地线遭雷击时,间隙击穿,雷电流流入大地。由于电动力和热的作用,间隙击穿后形成的工频电弧迅速拉长易于自动熄灭。即使电弧不易熄灭,也会因电弧上拉,电极被烧坏在羊角间隙的端部,在间隙距离最小处则不会严重烧伤,从而保证下一次正确动作。

(1)放电间隙的安装

杆上人员将放电间隙拉上杆后,固定在支架上。上引线的一端连接在架空地线上,另一端与放电间隙固定,下引线的一段固定在放电间隙上,另一端与接地极连接。然后调节间隙距离,松开调节距离螺栓,将标尺塞入两个电极中间,移动可调节的电极将标尺夹在两电极中间,然后拧紧可调节螺栓,抽出标尺。

(2)放电间隙的技术标准

①放电间隙投入运行前必须进行绝缘电阻测量,测量在复合绝缘支座外套表面干燥时

进行。绝缘支座的绝缘电阻应不低于5000MΩ，测试采用2500VMΩ表。

②放电间隙在投入运行前及运行一段时间后应做预防性试验，测试放电间隙的直流放电电压，每台至少测取3次直流放电电压，其平均值应不小于2.0kV。

③两羊角间的间隙距离应在3±0.5mm。

(3)避雷器与放电间隙的检修记录

避雷器与放电间隙的检修记录，见表1-24。

避雷器与放电间隙检修记录表　　表1-24

序号	车站区间	锚段定位点	避雷器编号	接地电阻	1mA参考电压	75%持续电流	检查情况					检查负责人	检查日期	备注
							脱扣器	绝缘子	引线	接地线	放电间隙			
1														
2														
3														
4														
5														

四 架空地线的维护

1 架空地线的作用与材料

为使接触网设备安全运行，支柱上安装有接地线，在绝缘设备的绝缘能力下降时，为接触网漏电电流提供通路。架空地线的作用是在绝缘故障情况下保障人身和设备安全，它把接触网支持装置集中地与大地或钢轨相连接，一般使用金属绞线或单股的金属实心线作为地线。地线也可同时作为回流导体来使用。

架空地线一般采用硬铜绞线，正线采用120mm²、车辆段采用70mm²的线材。硬铜绞线的外观与截面，如图1-105所示。

以下为各种悬挂的地线布置：如图1-106、图1-107、图1-108和图1-109所示。

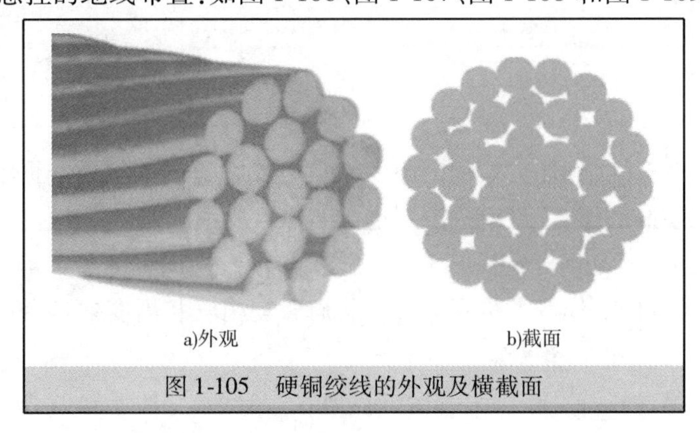

a)外观　　b)截面

图1-105　硬铜绞线的外观及横截面

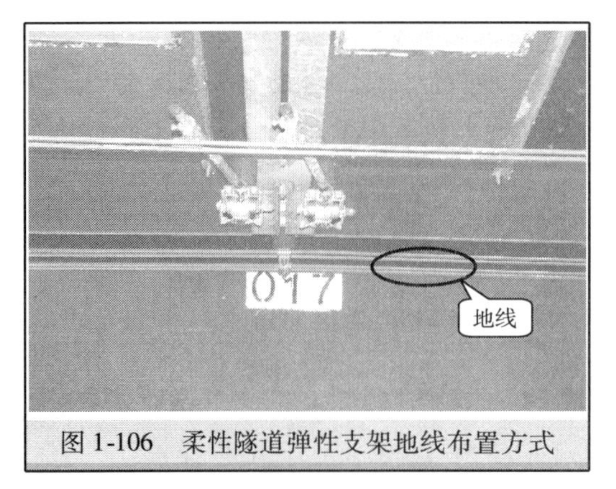

图 1-106　柔性隧道弹性支架地线布置方式

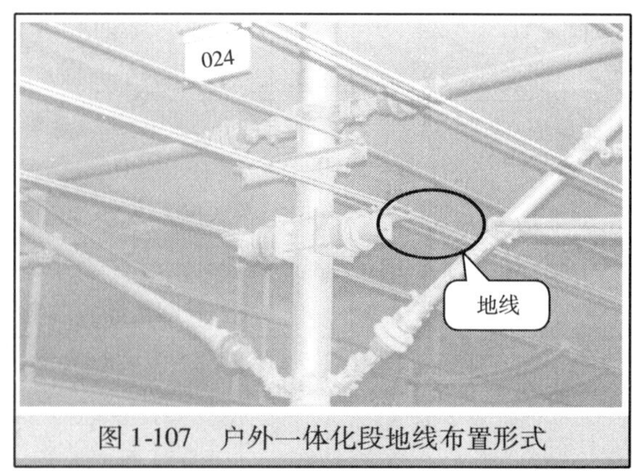

图 1-107　户外一体化段地线布置形式

图 1-108　架空刚性悬挂地线布置形式

图 1-109　车辆段简单悬挂地线布置形式

2 架空地线的架设

(1)作业准备

①作业人员:20 人。

②作业工具:手钳、扳手、旗杆绳、滑轮、断钱钳、铁丝、放线架、紧线器、手扳葫芦、记号笔、对讲机。

③安全用具:登高安全带、隔离带、安全帽。

(2)工艺流程

①肩架安装。

a. 根据设计图纸选型,领取待架线区段的架空地线肩架或架空地线抱箍,将地线线夹或杵座鞍子在地面组装好后搬运至相应支柱处。

b. 两人登上支柱,测定架空地线肩架安装位置并作出标记。

c. 地面人员配合,杆上作业人员用旗杆绳将肩架提至安装高度处,安装紧固。

②架线准备。

a. 根据现场情况,确定放线方向,选定支盘地点,进行必要的场地平整。

b. 将合适的线盘运送至支盘处,线盘的方向需与拟定的放线方向相同。

c. 线盘两边支好放线架,放线轴穿入线盘轴套内,两端放在放线架内。

d. 调整放线架丝杠,使线盘平稳抬高,至离地 50mm 左右即可。

e. 检查放线架是否稳固,必要时采取适当的加固措施。

③架线。

a. 架线时一般采用人工牵引拉地线匀速前进,行进速度小于 2km/h;以防止线索拖地,一般人与人间距不超过 10m。

b. 看盘人员应根据现场具体情况用木板制动线盘,使线索展放均匀,不散盘、不乱盘,发现异常情况时应及时发出停止放线信号并进行必要的处理。

c. 2 ~3 组作业人员负责向支柱上托线。一人携带滑轮及铁丝套攀上支柱,将滑轮通过铁丝套悬挂于架空地线肩架上,待架空地线展放出一定距离后通知牵拉人员暂停牵拉;待架空地线通过旗杆绳被提起并放入滑轮内,再通知牵拉人员继续前进。架线过程中应保证地线不拖地。

d. 架线人员与托线人员相互配合,架设地线至落锚处。

④紧线落锚。

a. 确认地线两端均预留足够的落锚长度后在线盘上断线并制作终端。

b. 两人配合用旗杆绳将地线终端提至下锚角钢处,与下锚角钢连接,完成起锚作业。

c. 落锚处先采用人工牵引紧线,然后在合适位置装上紧线器,用手扳葫芦进行紧线。

d. 地面巡视防护人员观察架空地线弛度情况,待弛度符合设计要求时即可通知紧线人员停止紧线,并进行落锚作业。

⑤地线固定。

a. 一人登上支柱,用肩膀扛起地线,放入地线线夹或杵座鞍子内。

b. 紧固线夹或鞍子螺栓并取下铁丝套。

c. 锚段内的地线全部装入线夹后架线作业即完成。

⑥跳线安装。

a. 架空地线在门形架横梁上安装时,需用 TJR120 预制跳线,一端通过 150 铜端子连接到地线抱箍固定螺栓上,另一端用电连接线夹与架空地线并接。

b. 接触网下锚底座需用 TJR120 预制跳线,一端通过 150 铜端子连接到承锚底座螺栓上,另一端用电连接线夹与架空地线并接。

c. 隧道内吊柱底座用扁钢连接后并接至架空地线。

3 架空地线的质量标准

(1)架空地线肩架应安装平直,肩架端部可稍微上抬,允许偏差 0 ~50mm。

(2)架空地线的地线线夹或杵座鞍子内安装时均应加铜衬垫。

(3)架空地线的弛度应符合设计要求,偏差不超过 ±5% 。

(4)接地跳线安装时应预留一定的弛度;电连接线夹安装前应在线索表面均匀涂抹导电膏;线夹安装完成后应按照设计标准进行绑扎。

复习与思考

1. 支柱按用途可分为哪几种?

2. 说明不同用途支柱的特点。

3. 怎样测量支柱的斜率?

4. 拉线的作用是什么?

5. 拉线安装注意事项有哪些?

6. 门形架的特点是什么?

7. 门形架由哪几部分组成?

8. 说明绝缘腕臂和非绝缘腕臂的结构特点。

9. 说明腕臂的检修步骤和质量标准。

10. 绝缘子有哪些电气性能?

11. 说明绝缘子技术标准有哪些?

12. 说明"之"字值与拉出值的概念。

13. 说明"之"字值测量与调整步骤。

14. 定位装置的定位形式有哪些?

15. 说明定位装置检修标准。

16. 弹性支座悬挂装置的作用是什么?

17. 弹性支座悬挂装置检调后的质量标准有哪些?

18. 根据线索的锚定方式接触悬挂可分为哪几种? 分析温度对它们弹性均匀程度的影响。

19. 简述接触线与承力索的作用和要求分别是什么?

20. 接触线与承力索的检修标准有哪些?

21. 简述接触线接头制作过程。

22. 某全补偿简单链形悬挂的跨距为65m,要布置7根吊弦,结构高度1.4m,承力索弛度0.78m。试计算这段跨距的吊弦间距及每根吊弦的长度。

23. 说明吊弦检调更换的质量标准。

24. 什么是补偿器的a、b值? a、b值的大小受接触网哪些参数的影响? a、b值不符合规定会出现哪些故障?

25. 说明棘轮式补偿装置检调的质量标准。

26. 直线和曲线的锚段中心锚结该怎样布置?

27. 中心锚结的检调的质量标准有哪些?

28. 线岔处有哪些常见故障,分析其原因。

29. 简述线岔调整的质量标准。

30. 比较非绝缘锚段关节与绝缘锚段关节的不同。

31. 说明非绝缘锚段关节和绝缘锚段关节的检修标准。
32. 电连接有哪些类型?
33. 电连接检调的质量标准有哪些?
34. 软横跨由哪几部分组成? 它们的作用分别是什么?
35. 软横跨有哪些常见故障?
36. 软横跨检修标准是什么?
37. 隔离开关由哪几部分组成? 各起什么作用?
38. 说明隔离开关检调的质量标准。
39. 分段绝缘器的作用是什么?
40. 分段绝缘器的常见故障有哪些?
41. 分段绝缘器的质量标准有哪些?
42. 避雷器的检查包含哪些方面?
43. 避雷器的检修技术标准有哪些?
44. 避雷器检测时,1mA参考电压及0.75%持续电流值各为多少?
45. 架空地线的作用有哪些?
46. 架空地线的架设流程有哪些?
47. 架空地线的质量标准有哪些?

单元2

架空刚性接触网设备维护

教学目标

1. 熟悉架空刚性接触网支持定位装置的类型与结构；
2. 学会架空刚性接触网支持定位装置的维护；
3. 熟悉架空刚性接触网接触悬挂设备的作用与结构；
4. 学会架空刚性接触网接触悬挂设备的维护。

建议学时

12学时

2.1 刚性支持定位装置的维护

一 刚性支持定位装置的作用和分类

刚性接触网支持定位装置的作用，是通过绝缘子把铝合金汇流排接触线等固定在隧道顶或隧道壁的规定位置上。

支持和定位装置的结构，根据其安装位置的情况不同主要有以下几种形式。

1 腕臂结构

腕臂结构（图2-1），主要由倒立柱或支柱、腕臂底座、绝缘子、可调节式绝缘腕臂、汇流排线夹等组成。其特点是调节灵活、外形美观，但结构复杂，成本高。此种结构主要用于隧道净空较高或地面的线路。

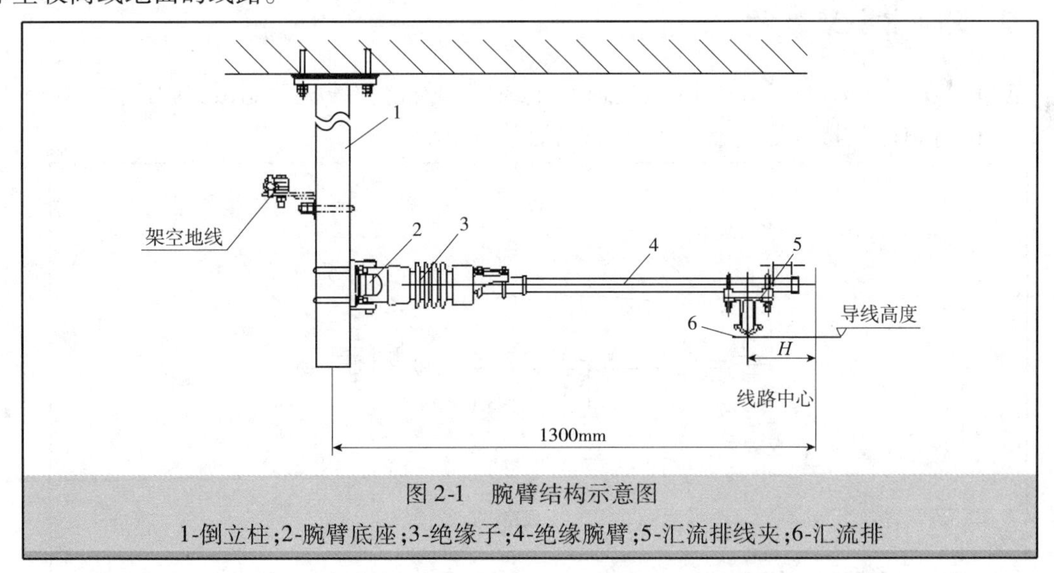

图2-1　腕臂结构示意图

1-倒立柱；2-腕臂底座；3-绝缘子；4-绝缘腕臂；5-汇流排线夹；6-汇流排

2 门形结构

门形结构（图2-2），主要由螺杆锚栓、悬吊安装底座、T形螺栓、单只悬吊槽钢、绝缘子及汇流排线夹等组成。其特点是结构简单、可靠，但调节较困难。此种结构大量用于隧道内。

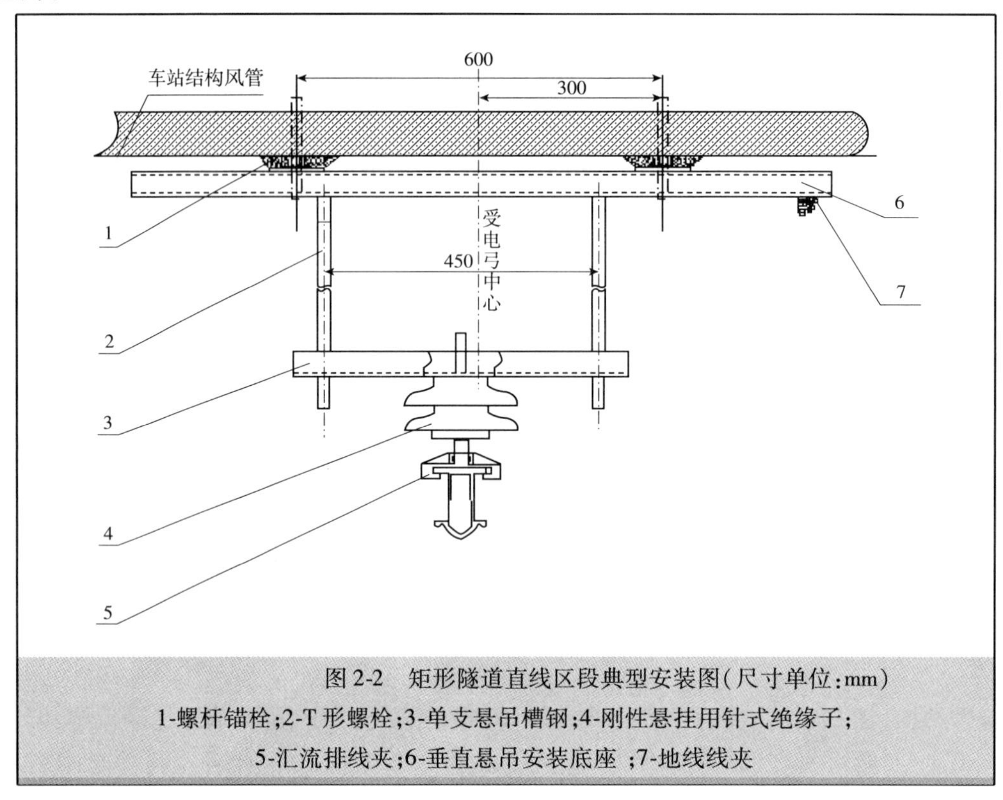

图 2-2 矩形隧道直线区段典型安装图(尺寸单位:mm)
1-螺杆锚栓;2-T形螺栓;3-单支悬吊槽钢;4-刚性悬挂用针式绝缘子;
5-汇流排线夹;6-垂直悬吊安装底座 ;7-地线线夹

3 低净空安装结构

低净空安装结构(图 2-3)，由螺杆锚栓、绝缘横撑及定位线夹等组成，应用于净空小于4400mm的隧道。其特点是安装空间小、结构简单、可靠。

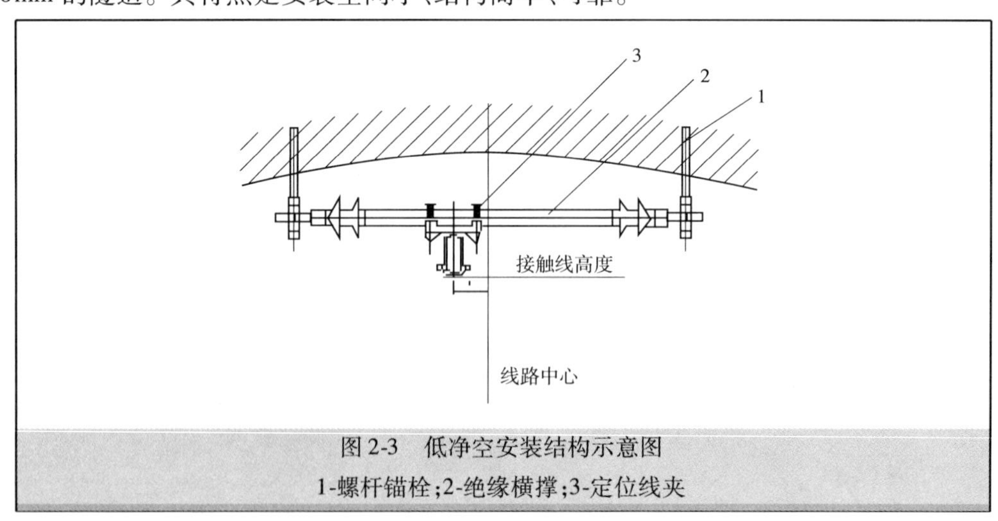

图 2-3 低净空安装结构示意图
1-螺杆锚栓;2-绝缘横撑;3-定位线夹

二 刚性支持定位装置的维护

1 检修方法

(1)作业准备

①作业人员:4人。

②主要工具:车梯1台、钢卷尺、水平尺、扭矩扳手、激光测量仪、火花塞扳手、内六角扳手、放线小车、常用五金工具若干。

③安全用具:刚性接地棒、刚性验电器、安全带、安全帽。

(2)作业程序

①核对施工检修申请单与工作票是否符规定。

②要令申请,向行车调度员申请允许作业命令。

③行车调度员下达准许作业命令后进行验电接地。

④进行刚性悬挂定位点检调。

⑤检查单支悬吊槽钢外观有无变形、锈蚀。

⑥使用扭矩扳手紧固单支悬吊槽钢上紧固件。

⑦检查T形螺栓外观,T形头与槽钢须垂直。

⑧检查绝缘子的外观是否有破损,安装是否垂直于轨道平面。

⑨检查悬吊槽钢是否平行于轨道平面。

⑩检查接触线与汇流排随温度变化可有相对位移。

⑪工作结束,工作负责人对人员、工(器)具及材料进行清点。

⑫拆除接地线,作业人员撤离现场。

⑬消令登记。

⑭回基地填写相应的报表。

2 质量标准

(1)单支悬吊槽钢无锈蚀。

(2)单支悬吊槽钢上紧固件牢固,无松动和晃动。

(3)T形螺栓要有调节余量,外露不小于15mm。

(4)安装绝缘子的M16螺栓于竖直状态。

(5)绝缘子的瓷釉破损面积不得大于300mm^2。

(6)单支悬吊槽钢应平行与轨道平面,倾斜度误差一般均不应大于1°。

(7)接触线与汇流排随温度变化可有相对位移,确保汇流排的热胀冷缩。

(8)特富龙垫与汇流排是否有间隙。

3 常见故障

(1)隧道漏水造成定位点绝缘子破损、定位装置腐蚀等现象,如图 2-4、图 2-5 所示。

图 2-4 隧道漏水造成定位点处绝缘子破损

图 2-5 定位点处隧道内漏水腐蚀的槽钢

上述故障显然是由于受到外界环境的影响而造成的,巡视时必须认真查看并及时上报调度员。

(2)站台风管楼板断裂造成的刚性支持定位装置脱落,如图 2-6 所示。

图 2-6 被楼板砸落的刚性定位点

(3)受电弓的冲击力造成刚性悬挂本身的振动而引起的锚段关节处定位线夹与汇流排脱落。由于刚性悬挂的连接点较多而且都是螺钉连接。所以对于刚性悬挂支持定位装置的检查将螺栓紧固作为工作的重点。

2.2 接触悬挂的维护

一　汇流排的维护

1 汇流排的作用

刚性接触网是将传统的接触线夹装在汇流排中，汇流排取代了承力索，其作用是夹持固定接触线、承载和传输电能，并靠它自身的刚性保持接触线的恒定水平位置，使接触线不因重力而产生弛度。刚性悬挂的汇流排一般由铝合金制作，其当量铜截面为1342mm^2，相当于9根150mm^{2}的铜导线，能满足大容量地铁车辆供电取流的要求。刚性悬挂另一个最大优点在于可以取消柔性悬挂中的承力索和辅助馈线以及张力补偿装置，使接触网的结构变得简单紧凑，极大地方便运营管理和维修。

2 汇流排的类型

汇流排一般由铝合金材料制成，一般10多米一段，安装时用鱼尾板将其连接为一体。分为“Π”形结构和“T”形结构两种形式，如图2-7所示。

两种结构汇流排区别如下：

①汇流排刚度自重不同。

T形汇流排的垂直断面系数约为Π形的一半，而自重较Π形重1kg/m。所以要保持相同的跨中垂度，T形悬挂跨距一般采用5m，最大允许6m；而Π形悬挂跨距100km/h以下允许12m，100km/h以上还可允许8m。

②接触线的固定方式不同。

T形采用连续的长线夹（长为1m）固定接触线，而Π形靠汇流排自身固定接触线。T形放线时对接触线施加较大的放线张力，否则易造成导线在线夹间形成V形或反V形而产生硬点。而

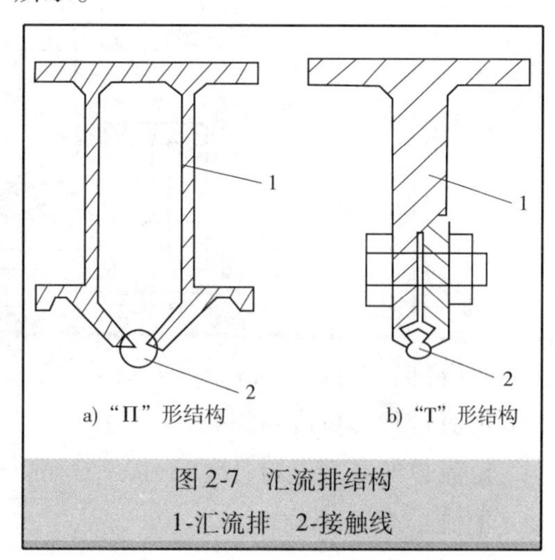

图2-7　汇流排结构

1-汇流排　2-接触线

且长线夹固定接触线在放线或换线时工效低，仅为Π形的1/8（3个小时仅能更换250m，主要原因是要拆装1000个左右螺母）。

③成本差异。

由于线夹螺母多，成本上T形较Π形高。综上所述，Π形较T形更合理。国内设计者的研究关注点也趋向于Π形结构。

3 Π形结构汇流排

“Π”形结构汇流排包括标准型汇流排、汇流排终端及刚柔过渡元件。标准型汇流排一般有PAC110和PAC80两种，是刚性接触悬挂的主要组成部分，其长度一般制成10m或12m。

（1）标准型汇流排

目前上海地铁采用的都是PAC110型汇流排，它是一种以铝合金为材料的导电轨，用于负载电流，在它的底部嵌有一根铜接触线，受电弓在铜接触线上滑动。

它的特殊形状使得接触铜导线可以被一个简单的弹性箍夹夹持住，箍夹力为10N/cm。位于汇流排底部的两个工作导槽是专门设计用于架放放线小车，使放线小车能够便捷并迅速地安装和更换铜导线。

汇流排的外形尺寸，见图2-8。

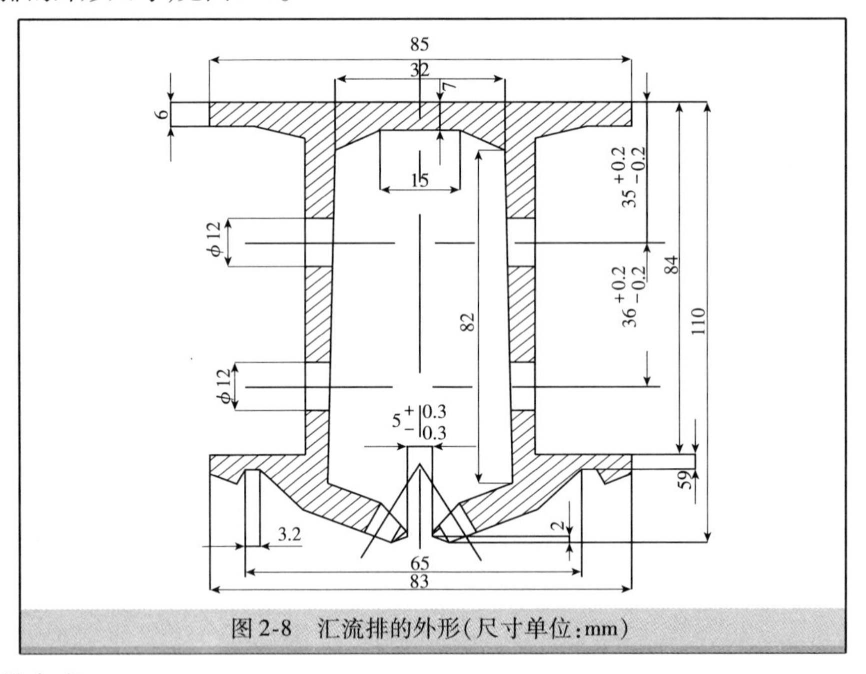

图2-8　汇流排的外形（尺寸单位：mm）

汇流排高度：110mm。

汇流排顶部宽度：85mm。

汇流排的最大电阻：$15.5\times10^{-6}\Omega/m$。

汇流排载流：3700A。

汇流排重量：5.9kg/m。

制造长度:单位制造长度为定尺长度 12 +0 -5m, 定尺长度制造允许偏差为 -5mm,其两端无切口余量。这种设计制造便于安装、维护。

汇流排化学成分,见表 2-1。

6101B 铝合金材质的化学成分　　表 2-1

	Si	Fe	Cu	Mn	Mg	Cr	Zn	单个杂质	杂质合计	Al
6101B	0.3~0.6	0.1~0.3		0.05	0.35~0.6		0.1	0.03	0.1	余量
6063	0.6~0.9	≤0.35	≤0.1	≤0.10	0.4~0.6	≤0.10	≤0.1	≤0.05	≤0.15	余量

汇流排表面质量要求如下:

①汇流排表面不允许有裂纹、腐蚀斑点和硝盐痕迹。

②汇流排表面允许有不超过缺陷所在部位壁厚公称尺寸 8% 的起皮、气泡、表面粗糙和局部机械损伤,但最大深度不得超过 0.5mm。

③汇流排需加工的部位,其表面上的允许缺陷深度不得超过加工余量。

④为了确保铝排的夹口可以牢固的夹住接触线,必须检查夹口能够被撑开放入接触线并且不会产生永久变形。一旦接触线嵌入之后,铝排的弹力足以使得接触线被夹紧。

(2)终端汇流排

终端汇流排用于锚段关节、线岔及刚柔过渡处,如图 2-9 所示。其作用是使关节、线岔和刚柔过渡的平滑、顺畅过渡,其长度一般做成 7.5m。弯头的斜面长 1500mm,端部抬高 70mm,这是为了满足最大斜度不超过 1/20。弯曲处的半径是 6m。弯曲时必须保证汇流排夹口的开口在 4.7 ~5.3mm 之间。在弯头另一端钻有连接用孔。

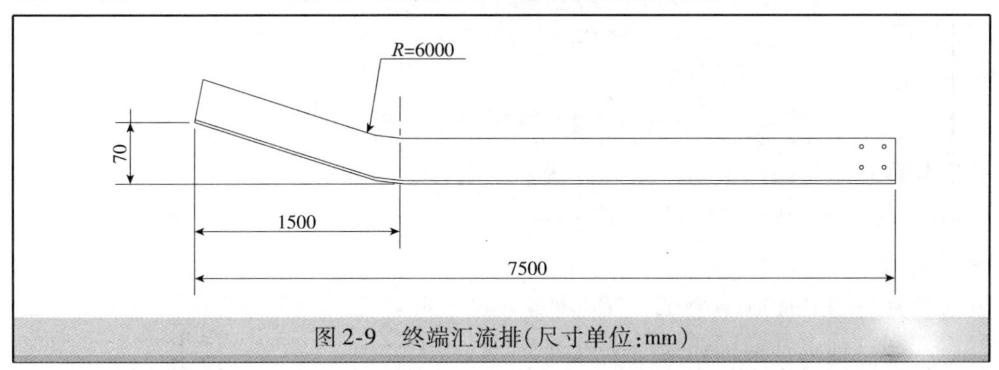

图 2-9　终端汇流排(尺寸单位:mm)

弯头安装在每段的端部,用作膨胀接头、绝缘分段或者是道岔。斜面部分是出于安全的需要。实际上,例如在膨胀接头处的弯头按下面方法调整:受电弓从一段弯头的直线部分过渡到另一弯头的直线部分,不接触斜面部分。

(3)刚柔过渡元件

刚柔过渡采用贯通式刚柔过渡,从柔性悬挂进入刚柔过渡元件前,两根柔性悬挂接触导线等高并列运行,然后一根接触导线导入刚柔过渡元件(可视为柔性悬挂进入或变为刚性悬挂,即所谓刚柔贯通);另一根在刚柔过渡元件外面,两根柔性接触线等高并列运行进入刚柔过渡元件约 500mm 后,在过渡元件外面的导线逐渐抬高脱离接触,其最终的抬高量不应小于 35mm;在刚柔过渡元件向柔性方向接口处到 3m 的范围内,柔性悬挂不能装设吊弦。刚柔过渡元件的各张力紧固螺栓要夹紧,紧固力矩为50N·m,螺栓应有垫圈(防松垫圈和平垫圈)。

贯通式刚柔过渡,如图2-10所示。

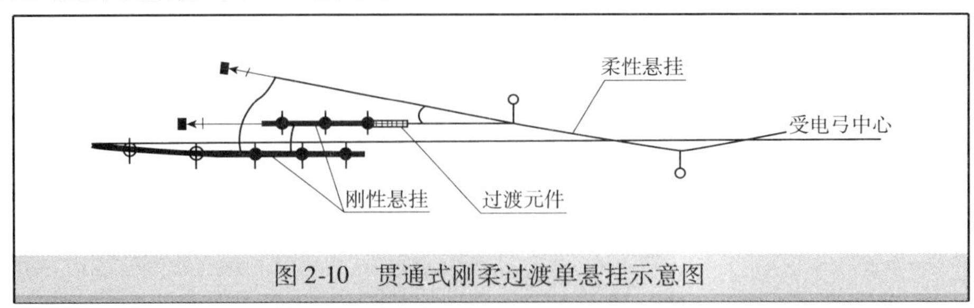

图2-10 贯通式刚柔过渡单悬挂示意图

刚柔过渡元件的长度为5m,如图2-11所示。它是由普通铝排经过加工其顶面而制成。加工是为了减小惯量和增加末端的弹性,这些措施是为了使受电弓可以无硬点地从柔性网向刚性网过渡,同时又不削弱受电弓的接触压力。

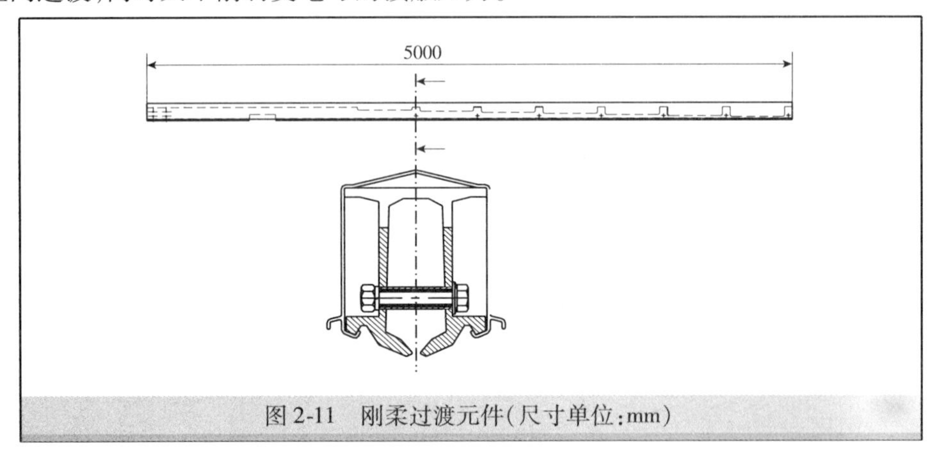

图2-11 刚柔过渡元件(尺寸单位:mm)

然而这样加工又减小了铝排夹口夹持铜线的弹力。在铝排上间隔480mm共钻了7个通孔,并用15mm的力矩紧固7个M10的不锈钢螺栓。安装这些螺栓之后,夹口的弹力就可以得到保证。

在过渡元件的底面有一个60×200的缺口用来放置接触线的固定夹。这个固定夹可以防止接触线因受到柔性网接触线的拉力而在铝排内滑动。

在另一端钻有8个用于安装连接板的孔。

二 汇流排的检修

1 汇流排更换

(1)作业准备

①作业人员:11人。

②主要工具:打磨工具、切割工具、钻孔工具、火花塞扳手、激光测量仪、车梯(2台)、轨

道牵引车及平板车(各1台)、钢卷尺、水平尺、扭矩扳手、内六角扳手(2把)、常用工具(若干)、放线小车(2台)。

③安全用具:刚性接地棒、刚性验电器、安全带、安全帽。

④主要材料:刚性悬挂汇流排、汇流排定位线夹、刚性悬挂针式绝缘子。

⑤轨道车使用:用轨道车需要提前一天到运转值班室登记要令,说明轨道车进出路径、编制要求,并上轨道车检查作业车的车况以及确认受电弓和发电机状态良好(受电弓的抬力要符合其动态时最大抬升力),并填写相应的表格;出车前工作负责人到运转值班室签字确认。

(2)作业程序

①核对施工检修申请单与工作票是否符规定。

②要令申请,向行车调度员申请允许作业命令。

③行车调度员下达准许作业命令后进行验电接地。

④将刚性悬挂汇流排上接触线卸载。

⑤拆除需更换的汇流排两端接头。

⑥用内六角扳手松开汇流排线夹,拆除既有汇流排。

⑦将新汇流排两端与原有汇流排对接。

⑧将新汇流排卡入在汇流排线夹内,然后紧固汇流排定位线夹。

⑨将接触线安装于汇流排内。

⑩调整导线高度与拉出值。

⑪工作结束,工作负责人对人员、工(器)具及材料进行清点。

⑫拆除接地线,作业人员撤离现场。

⑬消令登记。

⑭回基地填写相应的报表。

2 刚柔过渡检调

(1)作业准备

①作业人员:4人。

②主要工具:常用工(器)具、水平尺、砂皮、直弯器、激光测量仪、火花塞扳手、内六角扳手、放线小车、卷尺。

③安全工具:接地棒、验电器、安全带、安全帽。

④主要材料:无。

(2)作业程序

①核对施工检修申请单与工作票是否符合规定。

②要令申请,向行车调度员申请允许作业命令。

③行车调度员下达准许作业命令后进行验电接地。

④进行刚柔过渡检调。

⑤用激光测距仪测量刚柔过渡锚段关节处两支刚性悬挂接触线导高，如不等高必须调整两悬挂点到等高。

⑥检查在刚柔过渡交界点处，接触线与汇流排的衔接应平顺，不应对汇流排产生附加压力或拉力。

⑦刚性悬挂与相邻柔性悬挂导线不应相互摩擦，柔性接触线比刚性接触线低。

⑧检查防水罩对露天汇流排是否覆盖完全，防水罩安装稳固，性能满足设计要求。

⑨检查刚柔过渡处的电连接线、接地线是否安装牢固。

⑩工作结束，工作负责人对人员、工(器)具及材料进行清点。

⑪拆除接地线，作业人员撤离现场。

⑫消令登记。

⑬回基地填写相应的报表。

3 质量标准

(1)汇流排检修质量标准

汇流排检修周期6个月一次。

①汇流排中间接头及汇流排两端连接孔的尺寸误差符合产品质量要求。

②汇流排中间接头接触面清洁，紧固件安装齐全。使用扭矩扳手紧固螺栓，紧固力矩为16N·m。

③汇流排中间接头的连接，应保证连接的两汇流排在同一条线上。

④汇流排对接口密贴，连接逢两端夹持接触线齿槽连接处平顺、光滑，连接端缝平均宽度不超过1mm。

⑤汇流排中轴线应垂直于所在处的轨面连线，偏斜不大于1°。

⑥导高、拉出值符合设计要求。

⑦汇流排、汇流排终端、中间接头规格型号、截面尺寸均应符合设计要求，表面无毛刺、腐蚀斑点和硝盐痕迹。

⑧隧道渗水地段应加装防护罩，防护罩性能应满足设计要求，安装稳固、无老化现象。

⑨安装汇流排定位线夹时，使用内六角专用扳手紧固两螺栓，所有螺栓统一穿向。

(2)刚柔过度检修质量标准

刚柔过渡维护周期3个月一次。

①两支刚性悬挂点的导高为4040mm，拉出值±100mm，间距为200mm，允许误差±20mm。

②刚性悬挂带电体距柔性悬挂下锚底座、下锚支悬挂等接地体不应小于150mm。

③刚柔过渡点和关节不应出现硬点，切槽式汇流排应富有弹性。

4 维修记录

(1)汇流排检查，见表2-2。

汇流排检查表 表2-2

车站/区间：				
序 号	设备名称	锚段/支柱号	检 查 情 况	备 注
1	汇流排外观			
2	接头			
3	螺栓紧固			
4	槽钢			
5	T形螺栓			
6	夹槽与接触线密贴			
7	其他			
检修负责人：			检修日期：	

(2)刚柔过渡检调,见表2-3。

刚柔过渡检调表 表2-3

车站/区间：								
序 号	锚段/支柱号	检查情况						备 注
		刚柔过渡专用线夹	防护罩	汇流排	导线终端	绝缘子	电连接线	
1								
2								
3								
4								
检修负责人：				检修日期：				

5 常见故障

(1)因隧道漏水造成汇流排表面腐蚀、斑点,导致汇流排夹口力过小,接触线脱槽。

(2)汇流排线夹卡滞,无法随着温度变化窜动。

(3)汇流排接缝较大,容易产生硬点。

(4)隔离开关上网引线较重,造成汇流排扭曲变形。

(5)锚段关节处调整不到位,汇流排终端接触线磨耗严重,撞击受电弓。

(6)刚柔过渡处接触线高度突变,容易产生硬点。

三 刚性中心锚结的维护

1 刚性中心锚结的作用

刚性接触网系统中由于接触线不存在张力,也就不会出现断线事故,所以其中心锚结只起一个定位作用。每一段刚性接触网将在其锚段长度中点处安装中心锚结线夹,其目的是为了防止分段刚性接触网在热胀冷缩过程中产生的偏离或者是在受电弓的冲击作用力下向受电弓的运行方向的偏离。

为了保证吸收刚性梁热膨胀量的需要,经研究确定最大膨胀段长度为200m,环境温度-25℃~+40℃情况下,膨胀量设计取值为200mm。所以在其中间部位安装中心锚结,防止刚性梁在热膨胀时向两侧自由、任意伸展或收缩。

2 刚性中心锚结的结构

刚性中心锚结的结构,如图2-12所示。

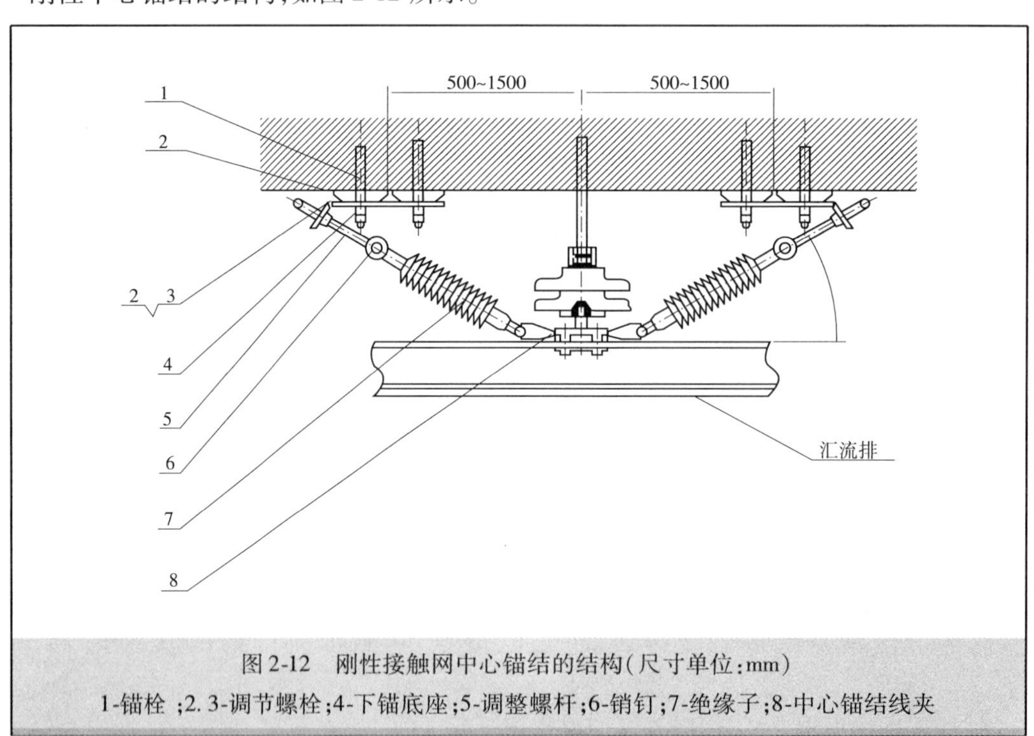

图2-12 刚性接触网中心锚结的结构(尺寸单位:mm)

1-锚栓;2.3-调节螺栓;4-下锚底座;5-调整螺杆;6-销钉;7-绝缘子;8-中心锚结线夹

刚性悬挂中心锚结由调整螺栓、中心锚结绝缘子、中心锚结线夹、连接件组成。

中心锚结线夹主要包括线夹本体、线夹夹板、线夹连板、轴套、销轴等零件。与中心锚结下锚绝缘子、调节螺栓、中心锚结下锚底座等零部件相连接,组成一整套中心锚结下锚装置,如图2-13~图2-16所示。

图2-13　中心锚结下锚

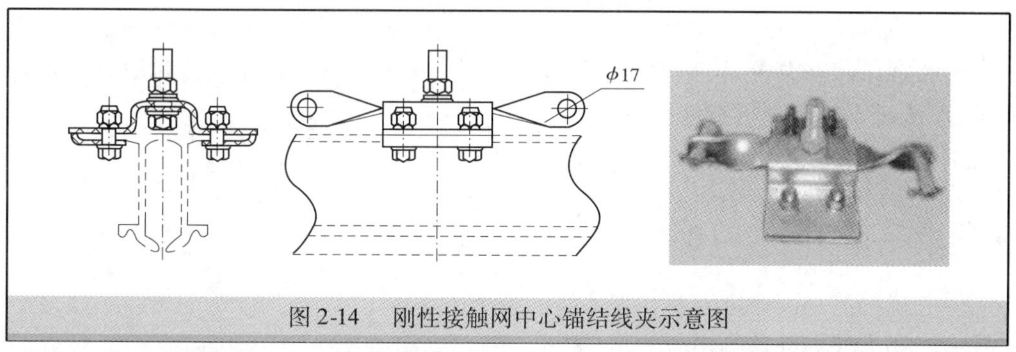

图2-14　刚性接触网中心锚结线夹示意图

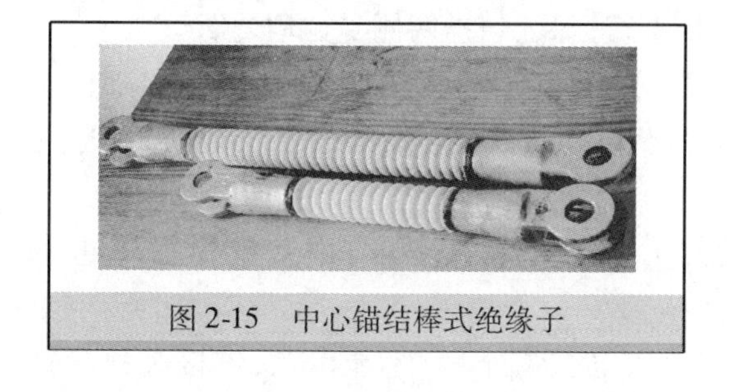

图2-15　中心锚结棒式绝缘子

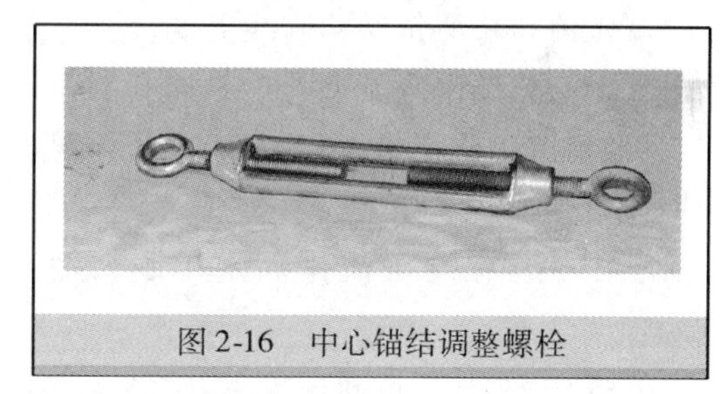

图2-16　中心锚结调整螺栓

3 刚性中心锚结的安装

(1)技术要求

①直线上,锚固底座中心线位于汇流排中心线的正上方;曲线上,锚固底座中心线位于中锚在汇流排上锚固线夹处汇流排圆切线延伸线的正上方。

②中锚两端底座距中心锚固点的距离应相等,其安装误差为±50mm。

③中心锚结拉线拉力应均衡适度,两端拉力应一致,且不能使中锚点出现负弛度;可调节螺栓应有足够的调节余量,有锁紧螺母的要锁紧。

④中锚锚固线夹与汇流排的接触面应均匀涂抹导电油脂,与汇流排固定牢固,螺栓紧固力矩符合设计要求。

(2)安装流程

安装流程如下:

①位置定测:刚性悬挂调整到位后,按施工图纸中心锚结位置,现场沿汇流排测量定出中心锚结锚固线夹位置(即该跨距中心)。测量汇流排至隧道顶的净空高度,根据中心锚结绝缘棒与汇流排夹角≤45°要求并且中心锚结绝缘棒接地端距汇流排的绝缘距离不小于150mm的设计要求,确定中心锚结底座位置。

②中心锚结底座钻孔安装:套模进行钻孔安装和中心锚结底座安装。中心锚结底座应安装水平端正。直线上,中心锚结底座中心线应位于汇流排中心线正上方;曲线上,中心锚结底座中心线应在中心锚结锚固线夹处汇流排圆切线的正上方。

③安装中心锚结V形拉线:在汇流排与中心锚结锚固线夹的接触面均匀涂抹导电油脂,安装紧固中心锚结锚固线夹,连接安装中心锚结V形拉线。两端调整螺钉调节余量应预留充足。

④中心锚结状态调整:调整中锚两端拉线受力一致,并轻微拉住汇流排,检测锚固处导线高度,汇流排不能出现负弛度。

⑤中心锚结安装后,拆除所有临时锚固线夹。

4 刚性中心锚结的维修

①中心锚结的锚固点应安装在汇流排的正上方。

②中心锚结线夹处接触线应平顺、无负弛度。

③汇流排中心锚结锚固线夹安装应与汇流排平行,保证悬挂两侧受力均匀。

④中心锚结绝缘子型号应符合设计和产品技术条件,表面无损伤,带电端至接地体距离,一般情况下应不小于150mm;困难情况不应小于115mm。中心锚结锚固线夹处接触线应平顺无负弛度。

⑤中心锚结与汇流排固定牢固,螺栓紧固力矩符合设计要求,调整螺栓处于可调状态。

⑥线夹无裂纹、折断现象,中锚线夹与汇流排夹连接应牢固,不能滑动,连接螺栓无锈蚀、紧固良好。

5 刚性中心锚结的质量标准

①中心锚结形式基座中心偏离汇流排中心应控制在±30mm。

②中心锚结绝缘子表面无损缺,中心锚结线夹处接触线应平顺,无负弛度。

③中心锚结绝缘子及拉杆受力均衡适度,与汇流排的夹角不能大于45°,中心锚结与汇流排要固定牢固,螺栓紧固力矩要符合设计要求,应调整螺栓,使其处于可调状态。

6 刚性中心锚结的常见故障

①因温度变化,可能会造成调整螺栓不受力、松弛。

②因隧道潮湿,可能会造成中心锚结绝缘棒击穿或闪络。

③因施工安装或维护不到位,可能会造成中心锚结线夹紧固螺栓松动,汇流排随温度变化而发生少量位移。

四 刚性锚段关节的维护

1 刚性锚段关节的作用

刚性悬挂一般用于隧道段,其要点为无弹性接触悬挂系统。刚性接触网锚段的设置主要是为了满足导线、铝合金汇流排的温度变化曲线要求。

刚性锚段长度一般为200～250m。

2 刚性锚段关节的结构与分类

刚性锚段关节的结构,主要由以下几部分组成:

(1)两根互为关节的汇流排及导线。

(2)刚性定位点装置。

(3)锚段关节电连接(仅限于非绝缘锚段关节)。

(4)汇流排终端夹紧螺栓。

(5)接地跳线。

受电弓在两个汇流排终端的悬挂夹之间等高部分过渡,弯头部分作为调整时的安全区域,用于防止列车通过刚性悬挂锚段关节时,不发生打弓、刮弓等事故,保证列车受电弓平稳过渡。

锚段关节,见图2-17。

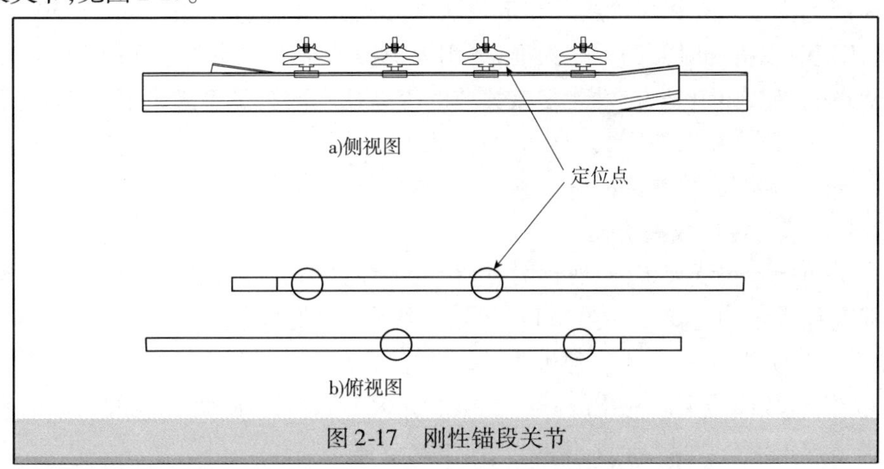

图2-17　刚性锚段关节

刚性锚段关节一般分为绝缘锚段关节（见图2-18）、非绝缘锚段关节（见图2-19）以及刚柔过渡处于柔性悬挂形成的特殊关节形式。在刚性悬挂系统中，非绝缘锚段关节的数量一般较大；而绝缘锚段关节是作为电分段装置，一般应设置在端头井部位，同时在锚段关节的两端设置相应供电臂的上网电缆；在隧道与高架段的衔接部位，通过刚柔过渡装置实现刚性悬挂与柔性悬挂的转换，在此处便会形成由刚性和柔性悬挂形成的特殊的关节形式。

图2-18　绝缘锚段关节

图2-19　非绝缘锚段关节

3 锚段关节的检修

（1）锚段关节定位点绝缘子更换

当发现锚段关节内部的定位绝缘子断裂、存在放电闪络现象后，对相应的故障绝缘子进行更换。

①所需主要的工（器）具包括：绝缘子、常用组合工具、力矩扳手、水平尺、激光测距仪、棉布、导电膏、车梯等。

②拆卸故障绝缘子。先将故障的绝缘子取下。拆除与定位线夹连接螺栓；拆除与槽钢相连的螺栓（注意在该位置做一定的标记，以确定新绝缘子的位置），将故障绝缘子取出。注意：在拆除与定位线夹连接螺栓时，应适当将汇流排往上托起，以防止悬挂点的突然消失造成汇流排骤降，导致相邻定位点的绝缘子掰断。

③安装新绝缘子。先将新绝缘子与定位线夹连接；将汇流排适当托起，将绝缘子与槽钢进行固定，固定时以拆卸时做的标记为准，再用力矩扳手对所有的螺栓进行校验。更换完毕复核定位点的导高拉出值是否达标；复核关节的等高技术数据是否满足要求；检查定位线夹是否卡滞。若不符合要求，按照其他相应的标准进行反复的调整复核。此外，对有闪络放电痕迹的绝缘子，带到相应检测部门进行绝缘检测后分析数据。

（2）锚段关节内定位线夹更换

当发现关节内定位线夹卡滞、腐蚀时，进行定位线夹的更换。

①更换需要携带的主要工（器）具包括：定位线夹、常用组合工具、水平尺、激光测距仪、棉布、导电膏、车梯等。

②拆卸、安装故障线夹。先将故障线夹取下。取下时将汇流排适当托起，以防止悬挂点的突然消失造成汇流排骤降，导致相邻定位点的绝缘子掰断。

对线夹附近的汇流排表明进行清洁打磨后安装新线夹。安装完毕后用激光测量仪校验定位点的导高拉出值是否符合要求，用水平尺校验关节的等高技术数据是否达标。若不符合要求，按照导高拉出值调整、关节等高区域调整进行反复调整复核。

（3）锚段关节等高技术数据调整

当车梯巡视发现关节导线磨耗不正常如磨耗超标、导线偏磨等现象时，进行关节等高区域调整。

首先用激光测距仪测量关节内四个定位点的导高拉出值并做好记录，对数据进行分析，确定同一个锚段的最后两个定位点的导高是否匹配。锚段末端定位点的导高必须高于该锚段最近一个定位点 1～3mm，若不符合要求进行末端定位点导高调整，若末端定位点导高在正常范围内，则对另一定位的导高进行调整，反复调整校验两定位点的导高拉出值，使其达到上述指标。调整完毕检查关节等高区域是否符合要求，若等高区域的宽度不能满足必要的长度，就重复进行上述步骤，直至锚段最后两个定位的导高相匹配同时关节的等高区域技术数据也能保证即可。

调整完毕对磨耗超标位置进行标记，在下次检修时对标记位置的导线磨耗进行观测，以确定上次关节调整是否到位。若未达到预期效果，对关节进行复调。

在进行关节调整时，必须考虑关节的位置，是否处在区内、区外或直线，是否处在变坡点等。

（4）锚段关节区域漏水的处理

当车梯巡视、步行巡视发现关节区域漏水时。首先确认漏水的位置，是否漏在定位点槽钢、绝缘子线夹、汇流排、电连接及线夹、跳线及线夹等位置。将漏水位置的设备进行表面清洁，甚至打开设备进行清洁保养、打磨、涂抹导电膏等方式进行临时处理。处理完毕及时将漏水部位报相关部门，进入漏水处理程序，并对漏水处理完毕后的状态进行确认跟踪。

4 锚段关节的检修质量标准

对于绝缘锚段关节、非绝缘锚段关节的检修标准如下：

（1）锚段长度符合设计要求，汇流排终端到相邻悬挂点的距离为 1800mm，允许误差：+200mm；-100mm。

（2）接触线在锚段末端汇流排外余长为 100～150mm，沿汇流排终端方向顺延，一般情况对接地体的距离不应小于 150mm；困难情况不应小于 115mm。

（3）锚段关节处的两支接触线在关节中间悬挂点处应等高，转换悬挂点处非工作支不得低于工作支，可以比工作支高出 0～1mm。且在冷滑试验中受电弓双向通过时应平滑无撞击，热滑试验中不应出现固定拉弧点。

（4）非绝缘锚段关节两支悬挂的拉出值应符合设计要求，一般分别为 ±100mm，中心线之间距离为 200mm，允许误差 ±20mm。

（5）绝缘锚段关节两支悬挂的拉出值应符合设计要求，一般分别为 ±150mm，中心线之间距离为 300mm，允许误差 ±20mm。

5 锚段关节的维修记录

锚段关节的维修记录,见表2-4

锚段关节维修记录表 表2-4

______区间(车站)

锚段号悬挂点号		维修日期		水平距离		过渡段长度(mm)	过渡转换处状况	电连接及其他零部件	备注
		日/月	项别	转换点	转换点				
			修前						
			修后						
			修前						
			修后						
			修前						
			修后						
			修前						
			修后						

测量人: 维修人: 设备责任人: 班组长:

6 常见故障

(1)定位点的绝缘子破损、表皮剥落、闪络放电痕迹。

(2)定位点的定位线夹卡滞现象。按照设计标准,线夹与汇流排之间有一定的活动余量,以保证铝合金汇流排能在温度变化情况下自由伸缩;用手沿线路方向推攘线夹,若能自由活动即为线夹状态正常。

(3)定位线夹腐蚀。一般线夹腐蚀都会导致线夹卡滞,而线夹腐蚀一般为潮湿或隧道漏水造成(见图2-20)。

(4)隧道漏水造成绝缘子、定位槽钢、汇流排以及关节区域架空接地系统故障。

(5)锚段关节电连接状态是否正常,是否存在散股、烧伤或腐蚀的情况(见图2-21)。

图2-20 漏水造成的线夹严重腐蚀卡滞

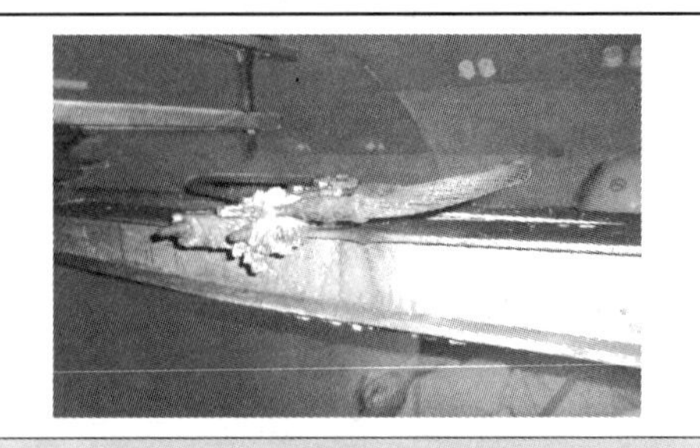

图2-21 漏水造成的电连接线、线夹腐蚀

(6)电连接线夹松动。

(7)汇流排终端夹紧螺栓是否松动。

(8)导线有脱槽现象和拉弧痕迹。

五 刚性线岔的维护

1 线岔的作用

列车在运行中,当运行到两股道交叉处,由一股道过渡到另一股道上运行时,要经过道岔设施转换。在隧道刚性悬挂系统中,采用无交叉线岔结构,正线接触悬挂不中断,单独一根侧线与正线接触悬挂侧向错开,其水平间距一般为200mm,使列车受电弓在此处时能平滑无撞击通过,进而实现转道,且不中断电气畅通。

2 线岔的结构与分类

刚性线岔一般分布在隧道地下站台有存车线、渡线的地方,线岔的形成主要由正线与渡线、渡线与存车线、渡线与渡线等几种方式。其主要分为单开道岔、交叉渡线道岔(见图2-22)形成的两种线岔形式。

(1)单开道岔形成的线岔

单开道岔主要有正线与渡线、渡线与存车线两种方式,其主要组成部分如下:

①两根互为线岔的汇流排及导线。

②三组刚性定位点装置,其中正线1组定位,侧线2组定位(定位点装置的结构见刚性定位章节)。

③线岔电连接5组。其中铜铝过渡电连接线夹20件,120mm^{2}电连接线10根,具体的长度根据现场确定。

图2-22 刚性悬挂交叉渡线形成的线岔

④汇流排终端夹紧螺栓1支。用于渡线汇流排终端导线的夹紧。

⑤接地跳线3根。

(2)交叉渡线道岔形成的线岔

交叉渡线道岔形成的线岔主要由以下几部分组成:

①两根互为线岔的汇流排及导线。

②两组刚性定位点装置,其中正线和侧线各1组(定位点装置的结构见刚性定位章节)。

③线岔电连接5组。其中铜铝过渡电连接线夹20件,120mm^{2}电连接线10根,具体的长度根据现场确定。

④接地跳线2根。

3 线岔的检修

(1)定位点绝缘子更换

①所需工具。更换所需主要的工(器)具包括:绝缘子、常用组合工具、力矩扳手、水平尺、激光测距仪、棉布、导电膏、车梯等。

②拆卸故障绝缘子。先将故障的绝缘子取下。拆除与定位线夹连接螺栓;拆除与槽钢相连的螺栓(注意在该位置做一定的标记,以确定新绝缘子的位置),将故障绝缘子取出。

注意以下两点:

a. 在拆除与定位线夹连接螺栓时,应适当将汇流排往上托起,以防止悬挂点的突然消失造成汇流排骤降,导致相邻定位点的绝缘子掰断。

b. 渡线是刚性线岔的重要组成部分,但一般渡线的曲线半径较小(一般曲线半径小于100m 时,须安装预弯式汇流排),没有进行预弯的渡线汇流排靠铝合金本体挠度进行定位安装,在拆卸、安装此类定位点时必须采取相应的安全措施。

③安装新绝缘子。先将新绝缘子与定位线夹连接;将汇流排适当托起,将绝缘子与槽钢进行固定,固定时以拆卸时做的标记为准,再用力矩扳手对所有的螺栓进行校验。更换完毕复核定位点的导高拉出值是否达标;复核线岔的技术数据是否满足要求;检查定位线夹是否卡滞。

对有闪络放电痕迹的绝缘子,带到相应检测部门进行绝缘检测后分析数据。

(2)线岔技术数据不达标的处理

当发现线岔导线磨耗不正常如磨耗超标、导线偏磨等情况时,进行线岔定位点导高拉出值调整,使线岔始触点的导高、拉出值达标。

首先用激光测距仪测量线岔内各定位点的导高拉出值并做好记录,对数据进行分析;用水平尺校验线岔始触点处的状态,测量该位置两支导线的导高拉出值,分析数据是否符合标准,反复调整校验相邻两定位点的导高拉出值,使其达到"受电弓始触点渡线接触线应与正线接触线等高或高出正线接触线 1mm"的标准。

调整完毕对磨耗超标位置进行标记,在下次检修时对标记位置的导线磨耗进行观测,以确定上次线岔调整是否到位,若未达到预期效果,对线岔进行复调。

(3)线岔区域漏水的处理

首先确认漏水的位置,是漏在定位点槽钢、绝缘子线夹、汇流排、电连接及线夹、跳线及线夹等位置。将漏水位置的设备进行表面清洁或打开设备进行清洁保养、打磨、涂抹导电膏等方式进行临时处理。处理完毕及时将漏水部位报相关部门,进入漏水处理程序,并对漏水处理完毕后的状态进行确认跟踪。

4 线岔的检修质量标准

(1)道岔处在受电弓可能同时接触两支接触线范围内两支接触线应等高,在受电弓始触点渡线接触线应与正线接触线等高或高出正线接触线 1mm。在冷滑试验中受电弓双向通过时应平滑无撞击，热滑试验中不应出现固定拉弧点。

(2)单开道岔悬挂点的拉出值距正线汇流排中心线一般为200mm，允许误差±20mm。

(3)交叉渡线道岔在交叉渡线处两线路中心的交叉点处，两支悬挂的汇流排中心线分别距交叉点100mm，允许误差±20mm。

(4)道岔处电连接线、接地线应完整无遗漏，安装牢固。

5 线岔的检修记录

线岔的检修记录，见表2-5。

线岔检修记录表 表2-5

______区间(车站)

线岔号	相关锚段号	维修日期		始触点导高		线岔区域导线磨耗情况	过渡转换处状况	电连接及其他零部件	备注
		日/月	项别	正线(侧线)	侧线				
	MS3/D2		修前						
			修后						
			修前						
			修后						
			修前						
			修后						
			修前						
			修后						

测量人： 维修人： 设备责任人： 班组长：

6 线岔的常见故障

(1)线岔中定位点的绝缘子破损、表皮剥落、闪络放电痕迹。

(2)线岔中定位点的定位线夹卡滞现象。按照设计标准，线夹与汇流排之间有一定的活动余量，以保证铝合金汇流排能在温度变化情况下自由伸缩；用手沿线路方向推攘线夹，若能自由活动即为线夹状态正常。

(3)定位线夹腐蚀。一般线夹腐蚀都会导致线夹卡滞，而线夹腐蚀一般为潮湿或隧道漏水造成。

(4)线岔电连接散股、烧伤或腐蚀。

(5)电连接线夹松动。如果发现电连接线夹紧固不到位，按照规定用力矩扳手对螺栓进行紧固。

(6)渡线汇流排终端夹紧螺栓松动。这时可以用力矩扳手进行校验；同时检查导线是否有轴向位移，导线终端上扬角度是否合适，终端余长是否在100~150mm范围内。

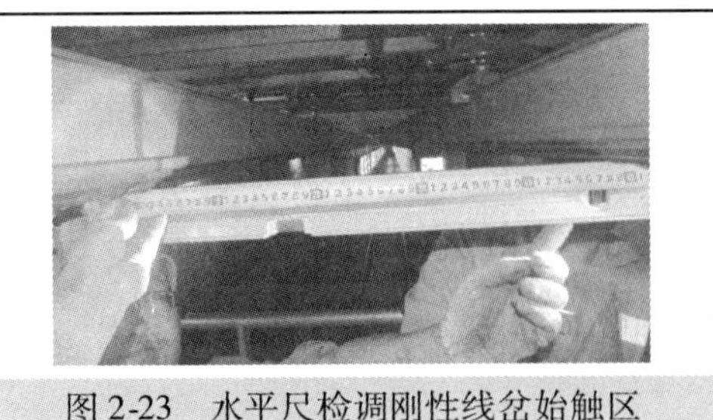
图 2-23　水平尺检调刚性线岔始触区

(7)导线有脱槽现象和拉弧痕迹。

(8)线岔始触点两导线的导高不匹配。用水平尺校验线岔始触点两导线的导高是否匹配(见图 2-23)。

(9)交叉渡线道岔在交叉渡线处两线路中心的交叉点处,两支悬挂的汇流排中心线分别距交叉点的距离不达标。

六 电连接的维护

刚性接触悬挂的电连接是用铜芯电缆通过铜铝过渡电连接线夹进行连接的,如图 2-24 所示。在汇流排上安装汇流排电连接线夹,铜铝过渡线夹安装在汇流排电连接线夹上,再与铜芯电缆相连接。每根电缆最大横截面积为 150mm^2。

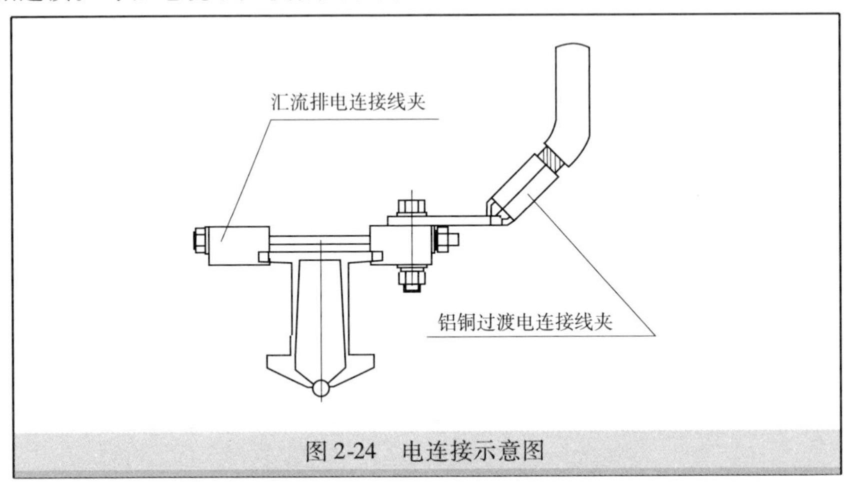

图 2-24　电连接示意图

电连接应用在隔离开关馈线上网(图 2-25)、非绝缘锚段关节(图 2-26)、刚柔过渡(图 2-27)等处,电连接线夹如图 2-28 所示。

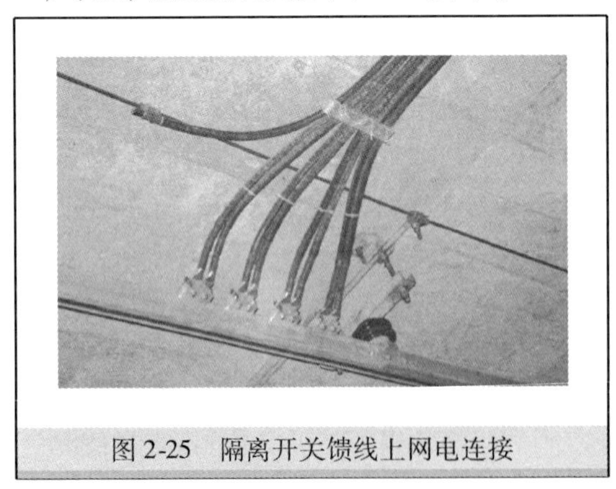
图 2-25　隔离开关馈线上网电连接

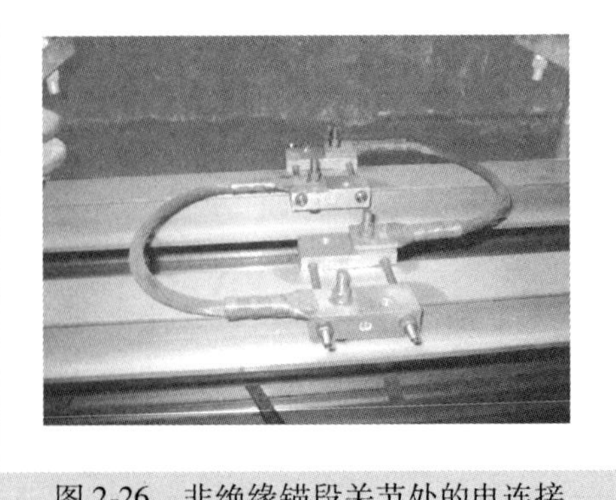
图 2-26　非绝缘锚段关节处的电连接

图 2-27 刚柔过渡处的电连接

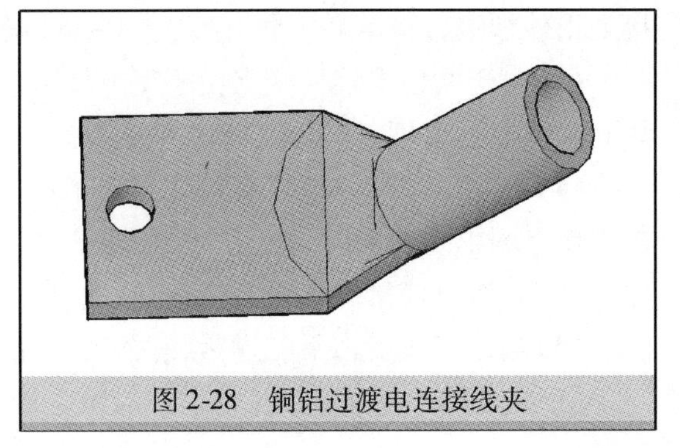

图 2-28 铜铝过渡电连接线夹

1 电连接的安装要求

(1)对于切槽贯通式刚柔过渡处电连接的安装及调整,应在汇流排电连接线夹与悬挂点以及汇流排电连接线夹与汇流排电连接线夹之间的距离在现场应考虑环境温度因素,保证在温度变化时,电连接线及线夹不会与汇流排定位线夹相接触,以免影响汇流排温度变化时的伸缩。同时电缆的预留也应考虑温度变化的因素,必须留有一定的余量,保证不影响汇流排温度变化时的伸缩。

(2)采用 PVC 管保护 150mm^2 软电缆时在软电缆进、出 PVC 管处,应用填充处和扎带进行填实保护,以防止 PVC 管划伤电缆。

(3)电连接线所用型号、材质、数量应符合设计要求,并预留足够的因温度变化使汇流排产生伸缩而需要的长度,弯曲方向与汇流排移动方向一致。电连接线不得有散股、断股现象。

(4)电连接线的安装位置允许偏差为 ±200mm,在任何情况下均应满足绝缘距离要求。

(5)150mm^{2}电缆绝缘层剥开长度为 70mm;400mm^{2}电缆绝缘层剥开长度为 90mm。电缆导体不得被损伤。

(6)电连接线与接线端子压接应良好,握紧力不小于 6. 9kN。电连接线夹与电连接线接触良好,接触面涂电力复合脂,线夹安装应端正牢固,螺栓紧固力矩应符合要求。

(7)汇流排电连接线夹、汇流排接地线夹与汇流排的接触面、汇流排电连接线夹与铜铝过渡线夹的接触面都应均匀涂抹导电油脂。线夹安装端正牢固,螺栓紧固力矩应符合设计要求。

(8)汇流排接地线夹距悬挂点的距离一般不超过 500mm,但不宜过近,以免影响汇流排正常伸缩。

(9)电连接电缆在隧道顶部应牢固不易脱落,转弯处弯曲自然、布线美观。

2 电连接的检修

(1)检查电连接线夹螺栓螺母是否齐全、查看螺母外露是否一致,是否有松动现象、是否有烧伤情况。

(2)对于铜铝过渡线夹尤其要检查线夹本体铜铝交接处缝隙的深度,一般应先将铜铝交接处用砂纸进行打磨后观察其深度如果缝隙较深则立刻对线夹进行更换。

(3)对于刚性电连接线夹由于工务堵漏而造成线夹本体被泥浆、胶水等侵蚀时则必须将线夹本体进行清理,如侵蚀、腐蚀严重则必须更换线夹本体。

(4)检查发现上网电缆有被隧道漏水侵蚀时,则必须查明漏水点;影响范围严重时,则必须更换上网电缆。同时让工务部门迅速进行堵漏作业。

(5)检查电连接线是否有烧伤、断股、散股情况。

(6)电连接线受力不能过紧,有一定的弛度。

(7)电连接线夹必须正确安装,与电连接线及汇流排的连接应牢固可靠。

3 电连接的检修标准

(1)刚柔过渡处的电连接线、接地线应完整无遗漏,无散股断股,安装牢固。刚柔过渡电连接的安装应符合设计,电连接线在柔性悬挂承力索上除需用线夹连接外,还需在线夹两端用直径为1.5mm的铜线进行绑扎。绑扎应紧密,绑扎长度为90~100mm,电连接的长度应满足接触悬挂伸缩的需要。

(2)电连接线及线夹所用型号、材质和数量,应符合要求。并预留因温度变化使接触悬挂产生伸缩而需要的长度。

(3)电连接线的安装位置允许偏差为±200mm,在任何情况下均应满足带电距离要求。

(4)对150mm^{2}电缆绝缘层剥开长度为70mm;400mm^{2}电缆绝缘层剥开长度为90mm。电缆导体不得被损伤。

(5)电连接线与接线端子压接应良好,握紧力不小于6.9kN。电连接线夹与电连接线接触良好,接触面均匀涂抹薄层电力复合脂,线夹安装应端正牢固,螺栓紧固力矩应符合要求。

(6)刚柔过渡电连接线的长度,应满足接触悬挂伸缩的需要。

4 电连接的常见故障

(1)隧道漏水腐蚀开关上网电缆绝缘层造成电缆短路。

(2)刚柔过渡处电连接线弛度过小受温度影响而造成铜铝过渡线夹断裂,电连接下坠打弓。

(3)隧道电连接线夹及电连接线受外物腐蚀导致受流不畅。

(4)电连接散股、烧伤、受外力变形、侵限等。

七 刚性分段绝缘器的维护

刚性接触网也可用分段绝缘器来进行电分段。在正线间的渡线上(即上下行线之间的连接线)安装分段绝缘器以实现电分段。

刚性悬挂分段绝缘器,主要由玻璃纤维绝缘棒和可以使受电弓在两边滑动的悬臂组成。滑动部分的悬臂为了能更好地消除发生在受电弓通过时的电弧。分段绝缘器安装在受电弓中心位置，两个尾部均应精确对准避免设备发生扭转。

1 分段绝缘器的安装要求

分段绝缘器的安装，如图2-29、图2-30所示。

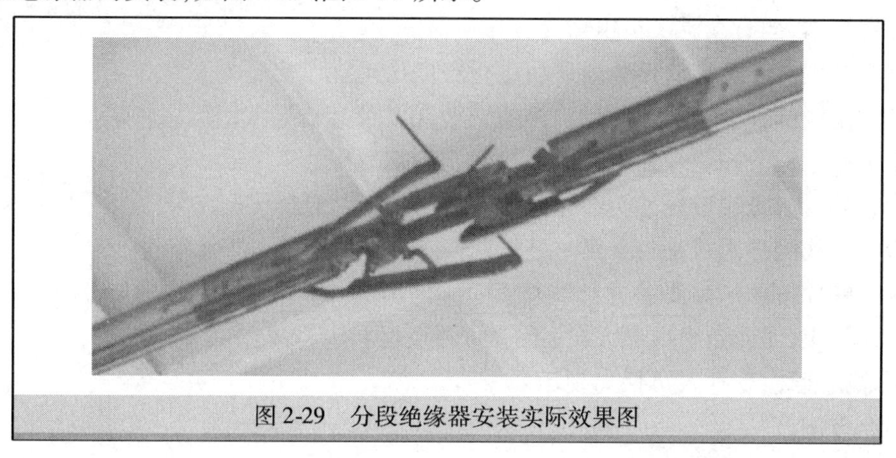

图2-29　分段绝缘器安装实际效果图

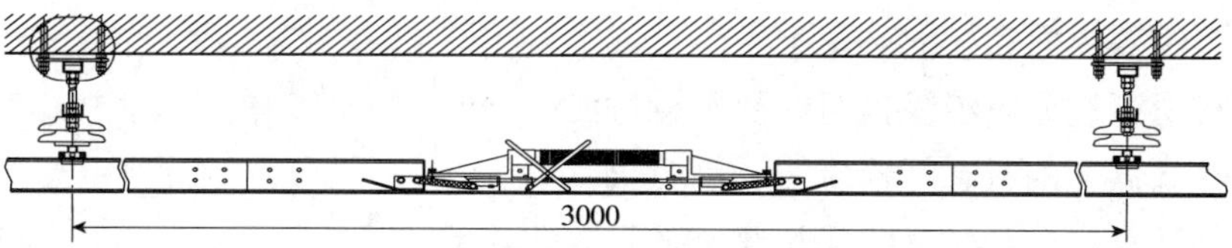

图2-30　分段绝缘器安装示意图

（1）分段绝缘器上的两极靴枝（引弧棒）间距为100mm，允许误差±5mm。

（2）分段绝缘器紧固件应齐全，连接牢固可靠，紧固螺栓的紧固力矩为20N·m。

（3）刚性悬挂分段绝缘器带电体距接地体或不同供电分段带电体之间、不同供电分段上运行的机车受电弓的距离符合要求：静态不小于150mm；动态不小于100mm。

（4）分段绝缘器中点应设置在受电弓的中心位置上（即拉出值为0mm），偏离受电弓中心线最大不应超过50mm。

（5）分段绝缘器比相邻两个定位点导高抬高20mm，主体平行轨平面。

（6）分段绝缘器在两个相邻悬挂定位点的中间位置，允许误差±50mm。

2 分段绝缘器的检调

（1）作业准备

①作业人员：4人。

②主要工具：常用工（器）具、水平尺、锉刀、砂皮、力矩扳手、激光测量仪、火花塞扳手、内六角扳手、放线小车、卷尺。

③安全用具:刚性接地棒、刚性验电器、安全带、安全帽。

④主要材料:无。

(2)作业程序

①核对施工检修申请单与工作票是否符规定。

②要令申请,向行车调度员申请允许作业命令。

③行车调度员下达准许作业命令后进行验电接地。

④检查绝缘部件损坏情况和导滑板烧伤情况以及其他异常情况。

⑤用水平尺对分段绝缘器进行的纵向和横向水平检查。

⑥检查导滑板进出口处是否与导线等高。

⑦检查导线到导滑板是否平滑过渡。

⑧紧固螺栓按照产品要求进行复查紧固。

⑨工作结束,工作负责人对人员、工(器)具及材料进行清点。

⑩拆除接地线,作业人员撤离现场。

⑪消令登记。

⑫回基地填写相应的报表。

(3)质量标准

①分段绝缘器纵向和横向必须水平。

②受电弓滑行过分段绝缘器时候要平滑过渡。

③分段绝缘器上的所有螺栓应按产品要求紧固。

④绝缘部件完好,表面清洁,无裂纹、破损、老化现象。

3 分段绝缘器的更换

(1)作业准备

①作业人员:6 人。

②主要工具:常用工(器)具、力矩扳手、水平尺、锉刀、砂皮、火花塞扳手、内六角扳手、放线小车、激光测量仪、卷尺。

③安全用具:刚性接地棒、刚性验电器、安全带、安全帽。

④主要材料:分段绝缘器、零配件和辅助件。

(2)作业程序

①核对施工检修申请单与工作票是否符规定。

②要令申请,向行车调度员申请允许作业命令。

③行车调度员下达准许作业命令后进行验电接地。

④测量该处的导高以及拉出值。

⑤松动分段与汇流排、导线连接部件螺栓,拆除旧分段。

⑥安装新分段,注意线夹要卡在导线槽里,螺栓紧固力矩达到产品要求。

⑦安装导滑板和其他零配件。

⑧调整分段绝缘器；调整分段的纵向和横向水平；调整分段进出口处与导线等高；调整导线到导滑板接口平滑过渡；按照产品要求紧固螺栓。

⑨工作结束，工作负责人对人员、工(器)具及材料进行清点。

⑩拆除接地线，作业人员撤离现场。

⑪消令登记。

⑫回基地填写相应的报表。

(3)质量标准：

①分段绝缘器纵向和横向必须水平。

②受电弓滑行过分段绝缘器时候要平滑过渡。

③分段绝缘器上的所有螺栓应按产品要求紧固。

④绝缘部件完好，表面清洁，无裂纹、破损、老化现象。

4 分段绝缘器的检修记录

分段绝缘器的检调，见表2-6。

分段绝缘器检调表　　表2-6

车站/区间：

序号	锚段/支柱号	分段类型	检查情况							备注
			导滑板/水平	相邻定位点导高(前)	相邻定位点导高(后)	消弧棒	分段吊索	绝缘部件	导滑板/偏磨和烧伤	
1										
2										
3										
4										
5										
6										
检修负责人：					检修日期：					

复习与思考

1. 刚性支持定位装置主要有哪些形式？它们的特点是什么？
2. 刚性支持定位装置常见故障有哪些？
3. 说明刚性支持定位装置检修质量标准。
4. T形结构和Π形结构汇流排有哪些区别？
5. 说明汇流排检修质量标准。
6. 汇流排常见故障有哪些？

7. 说明刚性中心锚结安装的技术要求。
8. 刚性中心锚结检修质量标准有哪些?
9. 说明刚性中心锚结的常见故障。
10. 说明更换刚性锚段关节定位点绝缘子的方法。
11. 刚性锚段关节的检修质量标准是什么?
12. 刚性锚段关节常见故障有哪些?
13. 刚性单开道岔形成的线岔主要由哪几部分组成?
14. 说明刚性线岔导线磨耗不正常的处理方法。
15. 说明刚性线岔区域漏水的处理方法。
16. 刚性线岔有哪些常见故障?
17. 刚性电连接检修包括哪些内容?
18. 说明刚性电连接的检修标准。
19. 刚性电连接有哪些常见故障?

单 元 3

接触轨设备维护

教学目标

1. 熟悉接触轨的类型与材料特点；
2. 学会接触轨的维护；
3. 能处理接触轨常见故障；
4. 熟悉接触轨的其他设备的作用及结构；
5. 了解接触轨的其他设备的维护标准；
6. 能处理接触轨其他设备的常见故障。

建议学时

20 学时

3.1 接触轨维护

一 接触轨的类型

接触轨通过集电靴将电能传输给车辆，接触轨安装于线路前进方向的左侧。根据集电靴从接触轨的取流方式不同，接触轨的类型可分为上磨式、下磨式和侧面接触式三种。

1 上磨式

上磨式，如图 3-1 所示。图 3-2 是北京城铁上磨式接触轨线路，接触轨装在专用绝缘子上，底朝下。取流时，受电靴自上压向接触轨。

上磨式的接触力不由受流器（集电靴）的重量和磨耗情况决定，而只受弹簧支座特性的控制，并能减少在间隙和道岔等处的电流冲击。上磨式接触轨固定方便，但不易加防护罩。

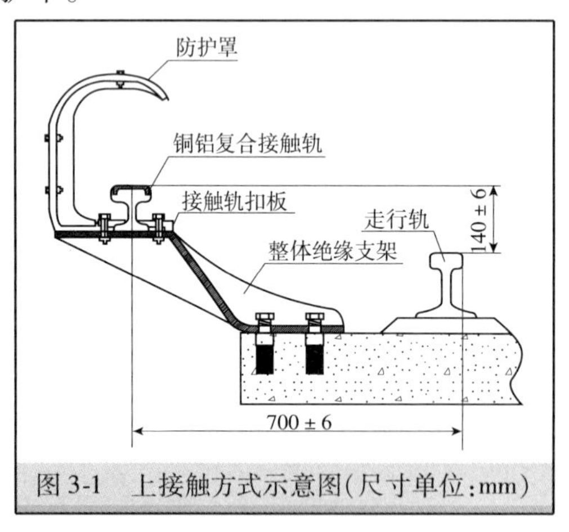

图 3-1 上接触方式示意图（尺寸单位：mm）

图 3-2 上磨式接触轨的北京城铁线路

2 下磨式

图 3-3 为下接触方式示意图；图 3-4 为下接触接触轨实物图；图 3-5 为接触轨与受电靴接触受流情况。

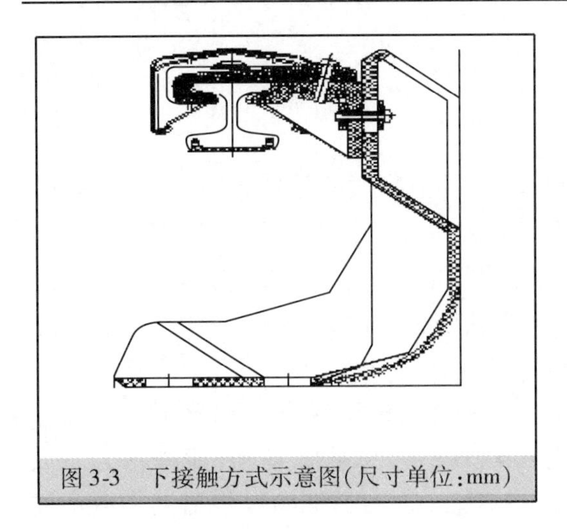

图 3-3　下接触方式示意图(尺寸单位:mm)

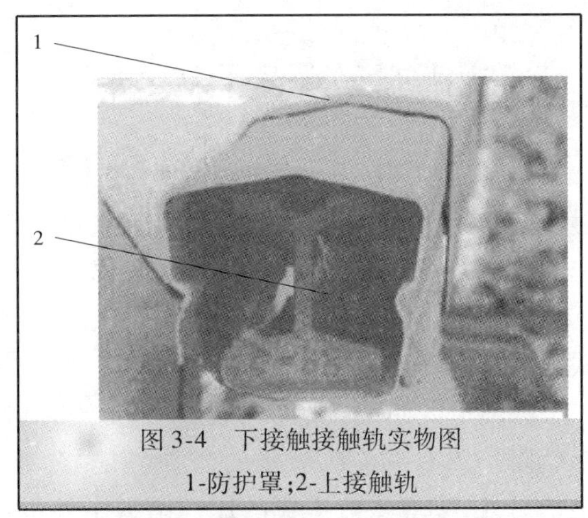

图 3-4　下接触接触轨实物图
1-防护罩;2-上接触轨

下磨式的接触轨底朝上,紧固在绝缘子上,并且由固定在枕木上的弓形肩架予以支持。

下磨式的优点是可以加防护罩,对工作人员较为安全。这种方式安装较为复杂,费用较高,在经常冰冻和下雪而造成集电困难的地区使用较为普遍。

图 3-5　下接触方式实例
1-受电靴;2-下接触轨

3 侧面接触式

图 3-6 为侧接触轨示意图;图 3-7 为侧磨式接触轨实例。接触轨轨头端面朝向走行轨,取流靴从侧面受流,跨座式独轨车辆就采用侧面接触式取流,其取流靴装在转向架下部,重庆轻轨采用此受流方式。

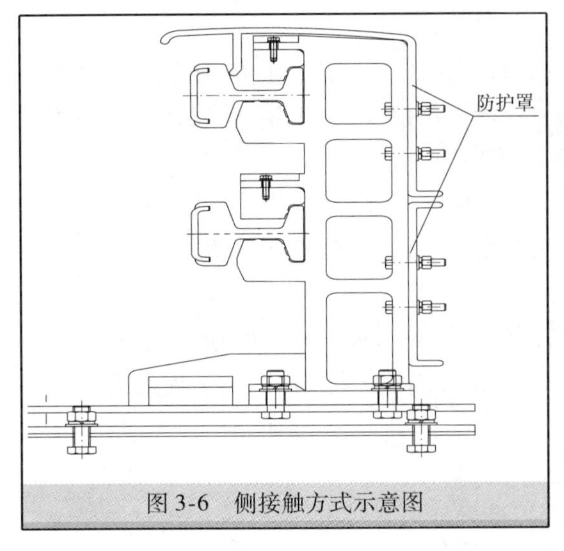

图 3-6　侧接触方式示意图

图 3-7　英国侧磨式接触轨线路

二 采用接触轨受流的优、缺点

法国、美国、英国一直采用易于安装的上接触设计。我国的北京地铁1号线、北京地铁2号线工程、北京地铁八通线工程等接触轨也属于上接触方式。而德国、俄罗斯、奥地利和欧洲其他国家主要采用下接触方式。我国投入运营的武汉地铁一期、广州地铁4号线也属于下接触方式,深圳市轨道交通二期龙岗线钢铝复合轨安装方式也属于下接触式。侧接触方式由于安装精度要求高,用得较少。

深圳市龙岗线接触轨采用下部受流接触轨,与其他两种接触方式相比下部受流接触轨防护罩对带电接触轨的防护性能好,带电接触轨不容易被触碰到,能确保人身安全。另外,下部受流方式的遮挡雨雪条件也优于上部受流方式,能确保牵引网系统的安全可靠运行。

1 采用接触轨受流的优点

(1)接触轨安装在轨道梁上,电动车辆取流靴与接触轨接触面大且对其磨损极小。采用接触轨式接触网的优点是工程易于安装,检修方便、维护简单,寿命长。由于其单位电阻值低,因此可减少牵引变电所的数量和投资,降低能耗。据粗略调查,北京地铁运营30年,接触轨端面磨耗仅4~5mm,基本上可以做到无维修或少维修,因而也就相应减少了维修费用。对城市轨道交通而言,运输密度大,间隔小,在夜间停运很短的时间内进行定期检修比较困难。维修工作不均衡会造成劳动力组织的困难与浪费,因此基础设施的少维修化具有非常重要的意义。显然接触轨受流在这方面具有优势。另外对于运营维护来说,接触轨作业不需要专门的触网作业车,这项也能够节约很大的成本投入。

(2)采用接触轨方式供电,即通过集电靴(钢铝复合材料)供电,用电时放下集电靴,不用时收起集电靴(犹如飞机的起落架)。

(3)采用接触轨供电,尽管建设阶段造价较高,但节省了架电杆、土方、用材、施工、维修等大量工程和费用,它的可靠性高,维修费用低,设计使用期长达30年,其经济效益不可估量。而且,接触轨供电具有免于维修、景观美丽、节能环保等优点。

(4)接触轨安装直接在地面进行,安装简便易行,相比接触网、刚性悬挂等地铁受流方式均更便于安装及维护。初期投资相对接触网、刚性悬挂略高,但就长期价值进行比对,具有后续维护量小、维护简便的优点。

(5)接触轨供电与公路交通相比,具有没有尾气、噪声小、拥有独立的通道和路线、便于集中管理、占地面积小、节能减排等优势,提高了土地使用率,大大节约了土地使用面积。

2 采用接触轨受流的缺点

从技术角度来讲,由于集电靴在高速之下难以准确地抓紧带电轨,故采用接触轨供电的线路运行速度不能太高。理论上来讲,采用轨道供电系统列车的时速上限是160km。广州地铁4号线采用直线电机车辆，最高运行速度为90km/h，旅行速度不小于53km/h。最高速度达128km/h的接触轨牵引供电系统为美国旧金山的BART(湾区快轨)，其供电电压为直流1000V。此外，还存在接触轨的电流流失情况，由于带电轨道接近地面，虽然安装了整体绝缘支架，但是和架空接触网供电相比较仍会有较多的电流流失到地面，造成杂散电流的增多。还有接触轨的缝隙问题，在道岔处，接触轨必须留下空隙以容许其他路轨穿越其间。一般来说，列车拥有多于一个取流靴，所以空隙不会构成什么问题。但在某些情况下，列车仍有可能因为全部的取流靴都在空隙之中，无法取得电力而不能行动。当然这是在设计阶段各专业需要沟通解决的。

(1)在设备抢修时，因为接触轨靠近抢修现场，而停电进行作业不太现实，若在施工过程中，工具如果误碰接触轨，就可能造成人员伤亡、财产损失的恶性事件。总之采用接触轨供电后，在线路上进行的设备维护、施工、保养等作业，必须在接触轨停电的情况下方可进行。特别是运营时间内的设备抢修，对于行车组织非常麻烦，停电不合实际，不停电又存在一定的安全隐患。

(2)对于运营其他部门来讲，备用车司机、车辆检修人员进出折返线，因接触轨就在旁边，存在触电的可能性；当远动遥控道岔无法实现时，需要站务人员手摇道岔接发列车时，因不可能停电，所以也存在触电可能性。

(3)大风、雨雪天气，乘客的雨伞等金属物品吹落轨道，因为金属短路，造成跳闸(武汉发生过一次乘客雨伞触碰接触轨)等事件；而且对于乘客跳轨、物品落入轨道等事件，处理起来也相对较麻烦，因此安装屏蔽门的线路就不会存在此种现象。

三 接触轨的结构和材料

接触轨系统主要包括钢铝复合轨、膨胀接头、中心锚结(防爬器)、端部弯头、中间接头、绝缘支架、支架底座、上网电缆、电连接电缆、回流母排、均流线、避雷器、电动隔离开关和其他零件。在接触轨系统中，钢铝复合轨安装在支架上，轨与轨之间用鱼尾板(接触轨接头)机械连接，在道岔、平交道口、轨旁的紧急出口、电气断开点等需要断开钢铝复合轨的地方，安装端部弯头，以利于机车车辆的集电靴的平滑过渡，良好受流。锚段与锚段之间安装温度膨胀接头，并且在每个锚段的中间安装中心锚结，以补偿钢铝复合轨由于温度变化引起的纵向伸缩。为保证整个系统的安全，在钢铝复合轨上安装绝缘防护罩。

1 钢铝复合导电轨

(1)钢铝复合导电轨的功能

钢铝复合导电轨由轻质的导电铝轨本体和非常耐磨的不锈钢接触面构成，现应用的钢铝复合轨的主体由高强度耐腐蚀铝合金(6101－T6)挤压而成，受流接触面是连续的6mm厚的不锈钢带。不锈钢带同导电铝轨机械复合，以确保它们之间的金属结合，从而保证铝轨和不锈钢带间的较小的接触电阻。

钢铝复合轨是接触轨的主要构成部件,其自身阻值很小,导电性能好,一般单独的钢铝复合轨为15m。接触轨就是由数量众多的钢铝复合轨连接而成的,在钢铝复合轨的连接处要涂抹适量的导电油脂,以改善接触轨断口处的导电性能,保证接触轨向电力机车输送高质量的动力电。

(2)钢铝复合导电轨的结构

整体结构大部分与普通钢轨相似,有些形状虽比普通钢轨复杂,但一般也是由轨头、轨腰、轨底三部分组成。轨头部分与受电靴接触部分的材料一般为不锈钢,轨的主体材料为铝合金。不同厂家生产的钢铝复合导电轨在整体结构、钢铝结合形式、不锈钢带的厚度、截面积等方面都有所不同。典型的钢铝复合导电轨从整体结构上可以归纳为两大类,即C形和工字形。其中工字形结构使用的历史较长,也是目前采用较多的一种结构。钢带的结构有两大类,即多槽型(C形轨)和单槽型(工字形轨)。从钢铝复合工艺上可分为钢铝共挤复合、机械复合、机械加焊接复合等三种形式。常见的钢铝复合导电轨不锈钢带的厚度一般为2~6mm,不锈钢含铬量一般为17%~19%,并根据不同的系统需求设有不同的截面积,有2750A、3500A、3800A、4500A、4700A等多种规格。

①C形钢铝复合导电轨。其整体结构为C形,如图3-8a)所示,轨头位于C形的左侧,轨底位于C形开口侧。轨底支撑面被C形开口分为两个L形支撑脚。两支撑脚的宽度总和约为整个轨底宽度的1/3。轨头顶面为矩形平面,轨头内面中心沿纵向有一V形槽。V形槽的两肩在复合前为一平肩,复合后临近开口处的部分随V形槽变深而凹下,使两肩由平肩变成台阶肩。V形槽的两肩下各有一个沿纵向通长的圆孔,可以增加铝合金本体的表面积,有利于接触轨的通风散热。在铝合金本体与不锈钢的接合面上,沿纵向开有四条直角梯形槽,槽的一个侧斜边有2°的斜角,槽口宽,槽底窄,便于异型钢带上突起的筋条在钢铝复合前顺利嵌入;复合变形后,槽口变窄,与钢带上筋条相吻合,使铝合金本体与不锈钢带紧紧地扣合在一起,不致分离。斜边与槽底的过渡圆角部分有沿纵向的微小沟槽,相邻两沟槽间形成细牙齿。牙齿在复合时,受钢带接触面的反压作用而变形,从而破坏铝合金本体表面形成的氧化膜,保证接触面间导电性能。作为轨头顶面的异型不锈钢带,其横截面结构由两部分组成,即直接与受流器接触并接受磨损的钢带本体,以及嵌入铝合金本体而主要起连接支撑作用的筋条。钢带本体为宽100mm、厚6mm的矩形,顶面与受电靴接触,其宽度和平直度能够保证可靠供电,厚度能满足使用寿命要求。钢带本体与铝合金本体接合部分为4条沿纵向通长的立筋条,筋条的横截面也近似为一直角梯形,梯形的两个外角以及与钢带本体相交的两个内角均为圆弧过渡,斜边的根部过渡圆弧向筋条的实体内部凹进,形成一内凹圆弧,使筋条的顶部宽于根部。筋条顶部的宽度与铝合金本体上梯形槽的槽底宽度一致,保证能够较自由地置入铝合金本体。复合后,筋条根部的内凹圆弧被受压变形的铝合金本体材料填充,使铝合金本体上的梯形槽变成槽口窄、槽底宽的形状,从而保证了复合后钢带和铝合金本体之间的可靠连接,难以剥离。铝合金本体和钢带的同一侧面分别有沿纵向的小沟槽,用于钢铝复合工艺和安装时作为定位标志。

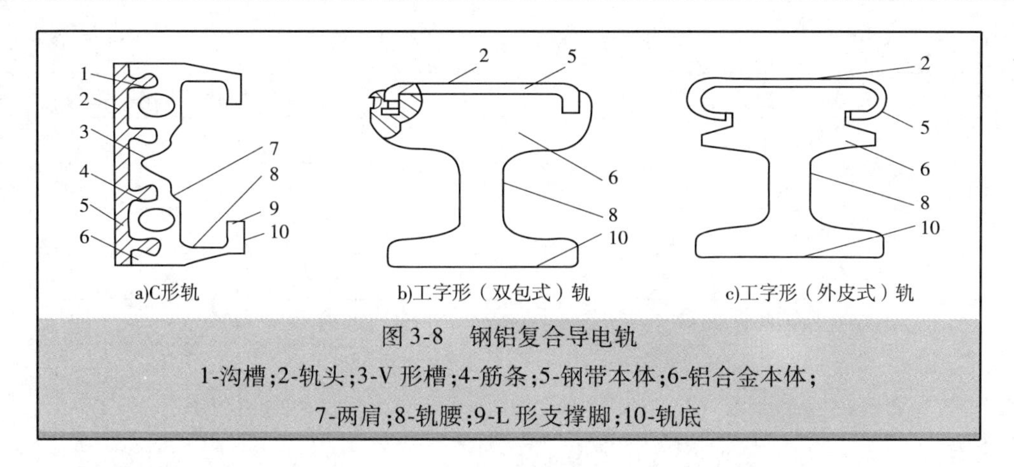

a)C形轨　b)工字形（双包式）轨　c)工字形（外皮式）轨

图3-8　钢铝复合导电轨

1-沟槽;2-轨头;3-V形槽;4-筋条;5-钢带本体;6-铝合金本体;

7-两肩;8-轨腰;9-L形支撑脚;10-轨底

②工字形双包式钢铝复合导电轨。这种接触轨整体横断面形状与普通工字形钢轨类似。其中一种结构,如图3-8b)所示。整体横断面形状由轨底、轨头及轨腰三部分构成,以铝合金为主体,轨头顶面与受电靴接触部包覆厚度为4～6mm的钢带。钢带的结构与包覆工艺有关,不同制造厂家的结构有所不同。钢带及其包覆的差异性,也使整个轨头部分的结构各不相同。钢带的典型结构之一为浅槽形,槽底整个宽度与受电靴接触,是轨头的有效工作宽度,其厚度则取决于使用寿命周期内的腐蚀和磨损量。槽的壁板嵌入铝合金本体内壁包覆在铝合金本体上,外壁被铝合金本体所包覆,保证钢铝复合后,钢带不至于剥离或产生纵向和横向的滑移。由于壁板的两侧均与铝合金本体接触,从而增加了钢铝之间的接合面积,保证了钢铝间机械和电气连接的可靠性。壁板的内侧高度一般为10mm左右,在壁板的高度中心沿横向钻有小孔,小孔的直径约为壁板内侧高度的一半,以保证孔在壁板的顶部不豁口,在壁板的根部不与槽底干涉。孔沿钢带的纵向均匀分布,孔距约为孔径的四倍。孔的作用为:在钢铝包覆的过程中,使壁板外侧的铝合金在压力的作用下挤入其内,如同在铝合金本体上形成了一个个圆柱形凸起,嵌入钢带的孔内,类似于无间隙的销轴连接。因此,钢带上的孔是钢铝可靠复合的关键结构。使铝嵌入孔内,也是钢铝复合过程中的一个重要环节。

③工字形外包式钢铝复合导电轨。这种接触轨的整体结构如图3-8c)所示,其整个钢带均包在铝合金本体的外面。为了达到外包且能包得牢、不剥离,其钢带整体结构如两个J形对接起来,整体形成C形,J字的竖线作为钢带顶部,双钩作为钢带的侧壁,钩在铝合金本体轨头侧面的半圆弧凸起上。铝合金本体的侧面有能够容入钢带钩头部分的倒V形槽。V形槽又将铝合金本体头部侧面分为上下两部分,侧面的上部分为凸起的半圆弧,与钢带钩部内侧半圆弧的半径相同。铝合金本体顶面有宽度10mm、深度0.5mm、沿纵向开通的矩形槽,两个J形钢带在槽的中心线沿纵向形成对接焊缝。矩形槽可容纳焊接时的多余焊料,使焊缝的高度大于被对接钢带的厚度,既保证了焊接强度,又使钢带上形成一条嵌入铝合金本体的纵向筋条。

(3)钢铝复合导电轨的技术参数

①钢铝复合导电轨的主要技术参数,见表3-1。

钢铝复合导电轨的主要技术参数表　　表 3-1

名　　称		钢铝复合导电轨
轨高(mm)		105
轨底宽(mm)		80
接触面宽(mm)		65
总宽(mm)		92
单位质量(kg/m)		14. 58
标准长度(m)		15
20℃时的单位电阻(Ω/km)		≤0. 0083
接触轨的弯曲半径：	当曲线半径≥100m 时	在施工现场直接打弯
	当曲线半径 <100m 时	在工厂加工预弯

②钢铝复合导电轨的结构断面和外形。钢铝复合导电轨的结构断面，如图 3-9 所示；钢铝复合导电轨的结构外形，如图 3-10 所示。

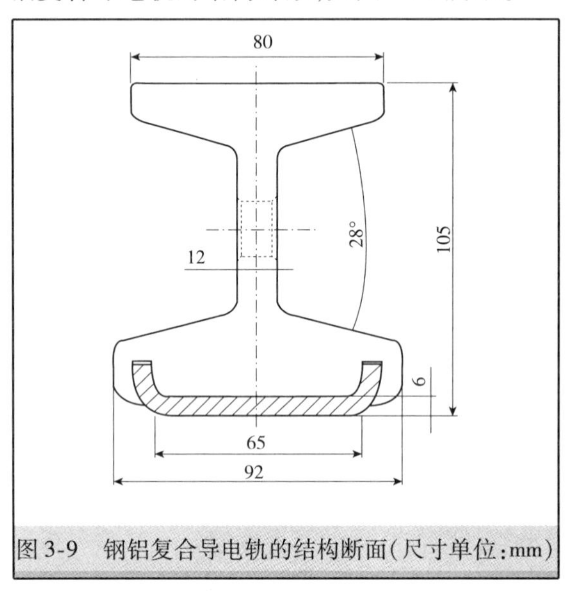

图 3-9　钢铝复合导电轨的结构断面(尺寸单位:mm)

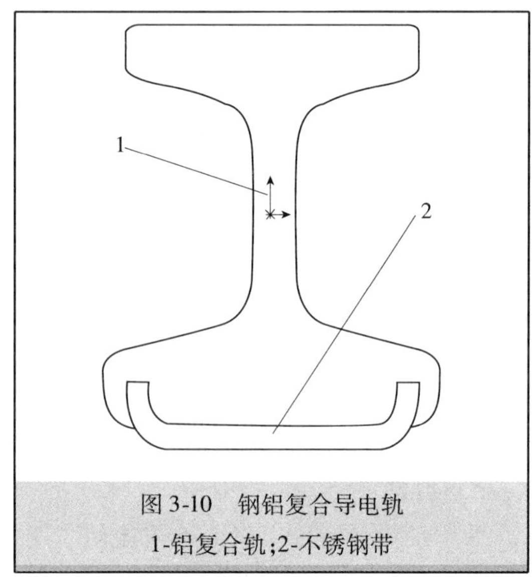

图 3-10　钢铝复合导电轨
1-铝复合轨;2-不锈钢带

四 接触轨的电压等级

目前世界上城市轨道交通中的直流牵引网电压等级繁多，接触轨系统的电压等级有 600V、630V、750V、1200V 及 1500V 等。国外接触轨系统的标称电压一般在 1000V 以下，西班牙巴塞罗那采用过直流 1500V 及 1200V 接触轨。国际上接触轨电压等级的发展趋向是 IEC 标准中的直流 600V、750V。目前国内接触轨系统北京地铁、天津地铁、武汉轻轨等标称电压为 DC750V。深圳地铁 3 号线、广州地铁 4 号线、无锡地铁 1 号线等接触轨采用的电压等级是 DC1500V。

五 接触轨设备的检修周期与工作内容

1 检修周期

接触轨设备的检修周期为12个月。

2 作业安全措施

(1)停电操作,具体安全措施见《工作票》。

(2)采取行车安全防护措施。

3 作业人员

作业人员不少于8人(坐台、要令、地线、行车防护4人;工作领导人1人;作业人员3人)。

4 作业程序

(1)作业准备

①专业工程师、工作领导人及其所有作业人员一起召开施工预备会,会上使全体明白作业内容、相关安全措施、人员分工、个人需要携带的工(器)具、材料等,了解有关注意事项,解决具体问题。

②各人准备自己的工(器)具和材料,不明白、不安全事项要向工作领导人提出解决。

(2)作业安装位置

作业安装位置,见图3-11所示。

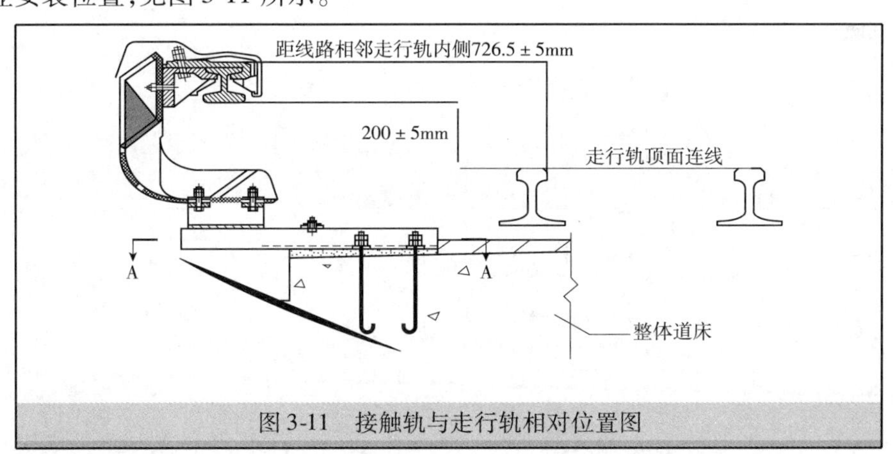

图3-11　接触轨与走行轨相对位置图

(3)检修作业的范围

①对接触轨及普通接头等进行全面详细检查,对不符合要求的进行维护处理。

②全面详细检查、测量各绝缘支架点处的接触轨受流面至轨面的垂直高度、接触轨受流面中心线至轨面中心线的水平距离,对不合要求的点进行维护处理,确保各参数符合要求。

③检查钢铝复合轨、普通接头等有无烧伤、变色现象。

④检查普通接头连接有无松动,导电油脂涂层是否均匀足够,接头处钢带接触面过渡是否平滑。

⑤检查不锈钢带受流面的磨损是否均匀。对以上各项不合要求处做好记录,及时整修和反馈。

(4)检修作业的质量标准

①接触轨竖直方向中轴线应垂直于其所在处的轨道平面,垂直距离为200mm,允许偏差为±5mm;接触轨中心线距轨道中心的水平距离为1444mm,允许偏差为±5mm。

②接触轨钢带的连接应平滑顺畅、无阶梯,其不平顺度要控制在0.25mm范围之内,复合轨的连接缝隙应密贴,间隙小于2mm。

③接触轨检修时,严禁硬拉、硬扯或敲击整体绝缘支架。

④正线接触轨受流面在两相邻绝缘支架处相对高差不得大于2.5mm,困难条件下不大于5mm。

⑤连接螺栓紧固力矩满足设计要求及厂家使用说明书,如无特殊力矩要求按表3-2执行。

⑥各镀锌螺栓无变形,镀锌层和螺纹完好。

螺栓紧固力矩的现行国家标准 表3-2

螺栓直径(mm)	8	10	12	14	16	18	20	22	24
紧固力矩(N·m)	13	25	44	70	70	85	130	180	230

六 接触轨的清扫

1 作业安全措施

(1)停电操作,具体安全措施见《工作票》。

(2)做好行车安全防护措施。

2 作业人员

不少于6~30人(坐台、要令、地线、行车防护4人;工作领导人1人;作业人员,不定)。

3 作业程序

(1)作业准备

①专业工程师、工作领导人及其所有作业人员一起召开施工预备会,全体明白作业内容、相关安全措施、人员分工、个人需要携带工(器)具及材料等,了解注意事项,解决具体问题。

②各人准备自己的工(器)具及材料,不明白、不安全事项要向工作领导人提出解决。

(2)清扫作业

①检查接触轨和支架上因运行产生的白色粉状物。这种粉状物可能会形成对地的导电

通路。先用蒸馏水清洗，再用压缩空气吹干。

②检查膨胀接头铜板上灰尘情况。用抹布擦除灰尘。

③检查接触轨因摩擦产生的铁屑。清除轨腰处因氧化产生的污物。如果铁屑太多，就用压缩空气吹去轨腰处的铁屑。

④检查支架处堆积的铁屑。先用蒸馏水清洗，再用压缩空气吹干，或者直接用压缩空气吹扫。支架上堆积的铁屑可能会在正负极之间形成导电的通路。如果电弧比较明显，须更换支架。铁屑会导致系统性能下降，可用压缩空气进行清理。

⑤检查膨胀接头处堆积的铁屑。铁屑会导致其性能降低，可用压缩空气清除，不必拆除保护罩。

(3)作业结束

工作票中的作业任务完成后，由工作领导人宣布作业结束，作业人员、机具、材料撤至安全地带。离开清扫作业区域时，一定要彻底检查所有物品(包括工具、器具、材料)等等，不得遗留在轨行区上。然后拆除接地线，确认具备送电、行车条件后，通知要令人向电力调度员请求消除停电作业命令。几个作业组同时作业时，要分别向电力调度员请求消除停电作业命令。电力调度员经了解，确认完全达到送电、行车条件后，给予消除停电作业命令的时间，双方均按规定做好记录，整个停电作业方告结束。

七　接触轨的故障、原因及处理方法

对接触轨系统的一般故障，表3-3给出了可能的解决办法。

接触轨系统的一般故障、原因及处理方法　　表3-3

故　障	可能的原因	处理方法
过热(注意：如果发生过热，周围的部件很可能因其燃烧和电弧而造成损坏。视损坏情况进行进一步的维修)	普通接头连接松动	松开普通接头，用金属刷清扫接触面。 彻底检查有电弧损伤的部件，如果没有异常，用金属刷清理接触面的毛刺并涂上一层导电油脂；重新安装普通接头并注意垫片的顺序。 螺栓紧固力矩70N·m
	过载	检查电气负荷；根据系统参数调整
	电连接中间接头松动	拆开电连接中间接头，重新清理接触面，涂导电油脂，然后按安装说明重新安装
接触轨不锈钢接触面的不均匀磨损	受电靴与接触轨未对准	参照走行轨检查接触轨的接触面。接触轨的中心与最近的走行轨的内侧的水平距离应为726.5±5mm，垂直距离为200±5mm。调整相关的支架。如果接触轨和受电靴的角度不同，将会导致有效接触面减小，局部发生过热现象，并可能产生严重的电磨损。 检查支架表面，如果损坏就更换。 检查支架的紧固件是否松动。按照供货商的规范重新调整和紧固螺栓
在轨间连接处产生微小的弯曲	普通接头紧固件松动	重新调整：拆开普通接头，清理干净，在接触面涂导电油脂； 用70N·m的力矩紧固螺栓、螺母

3.2 接触轨其他设备的维护

接触轨系统设备状态的好坏直接关系到地铁的运营安全和效益，对其进行日常维修和定期检修是十分必要的。接触轨系统设备的维修工作，应贯彻执行“预防为主、修养并重”的方针，预防与整治相结合，全面安排维修计划。接触轨系统设备检修的主要内容有：钢铝复合轨（包括铝轨本体和不锈钢带）、中间接头（普通接头、电连接接头）、端部弯头、膨胀接头、绝缘支座、中心锚结（普通中心锚结、大坡度中心锚结）、防护罩、电连接和接地线等项目的检修。下面介绍接触轨系统其他设备的维护与维修工作。

一 中间接头的维护

中间接头用于固定、连接相邻接触轨并传导电流，按用途分为普通中间接头及电连接用中间接头。

1 普通中间接头

（1）普通中间接头的结构、作用

普通中间接头的结构，如图 3-12 所示。接触轨对接处，如图 3-13 所示；普通中间接头安装效果，如图 3-14 所示。普通中间接头的作用是用于固定连接相邻接触轨并传导电流。

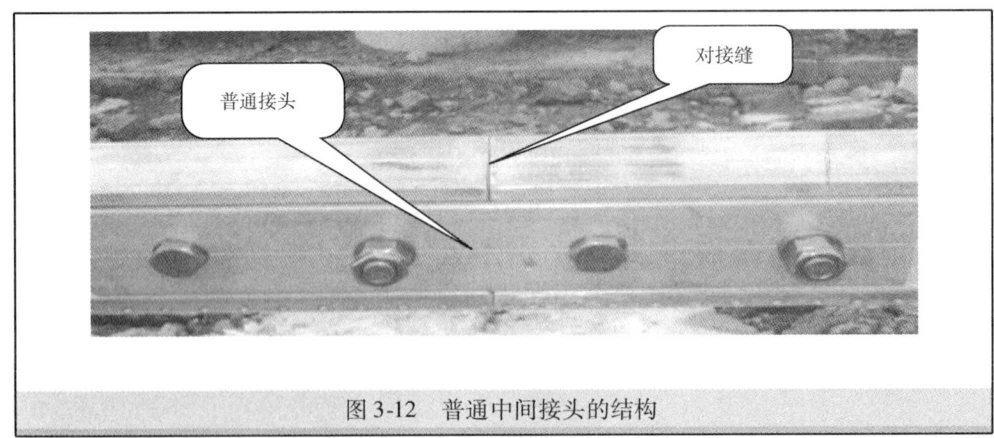

图 3-12　普通中间接头的结构

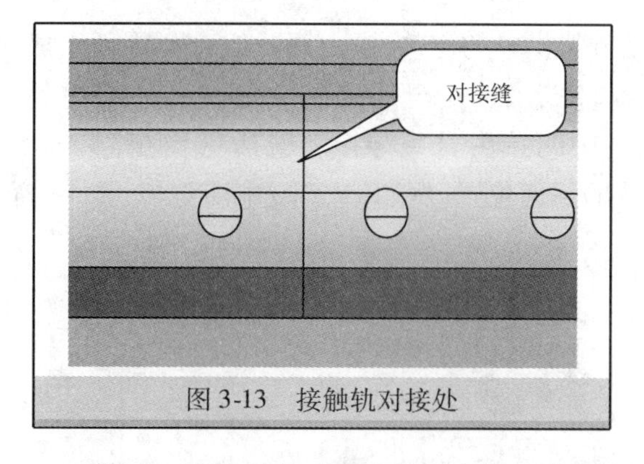

图 3-13　接触轨对接处

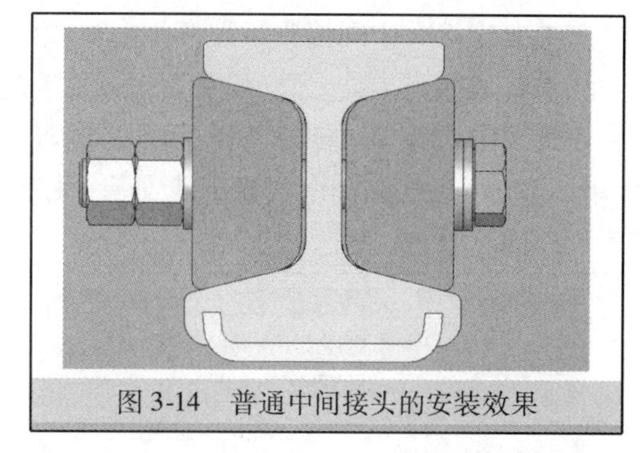
图 3-14　普通中间接头的安装效果

①每一段接触轨、端部弯头或膨胀接头都是通过一套普通接头连接的，接头的材质与接触轨的材质相同，均为6101(T6)，普通接头本体毛坯采用挤压成型，表面强度高，粗糙度低，外形尺寸准确。加工时只需根据需要长度锯断，并打孔即可。因此，它具有足够的强度来满足固定的机械要求，同时它的截面积足够大，可以承载3000A 电流。接头本体的轮廓与接触轨腰面紧密相贴，确保电流续接的要求，持续载流量达到4142A。

②每一套普通接头配有紧固件4 套，每套包括螺栓、碟形弹垫各一个，螺母、平垫各两个。螺栓、螺母材质分别是 0Cr18Ni9 和 1Cr18Ni9。普通接头的螺栓防松是采用双螺母防松的。

③普通中间接头本体上四个 ϕ17 孔，且对称分布，并预先在工厂加工好。因此，安装方便，无安装方向要求。具体结构，如图 3-15 所示。

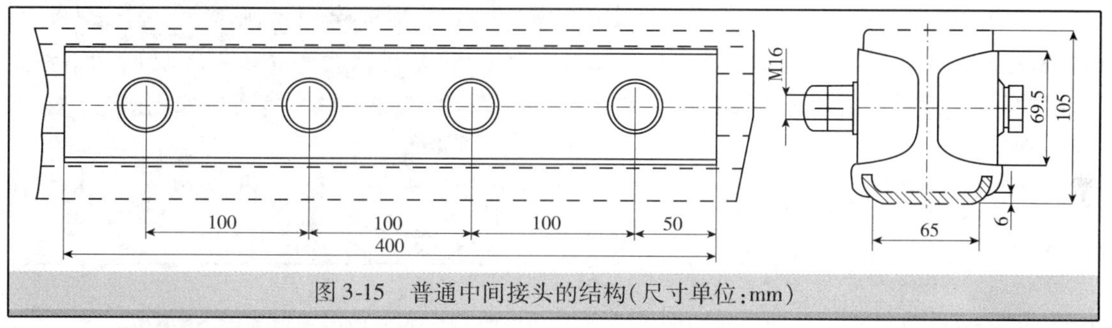

图 3-15　普通中间接头的结构(尺寸单位:mm)

(2)普通中间接头的维护处理

①对普通中间接头进行全面详细检查，对不符合要求的进行维护处理。

②全面详细检查、测量各绝缘支架点处的接触轨受流面至轨面的垂直高度、接触轨受流面中心线至轨面中心线的水平距离，对不符合要求的点进行维护处理，确保各参数符合要求。

③检查普通中间接头有无烧伤、变色现象。

④检查普通中间接头连接有无松动，导电油脂涂层是否均匀足够，接头处钢带接触面过渡是否平滑。

2 电连接用中间接头

(1)电连接用中间接头的结构和作用

①电连接有中间接头是连接供电电缆向接触轨供电的零件，它由两片铝合金零件组成，一块是普通接头本体，另一块在普通接头的本体上焊有 4 个电连接板，可以连接八根电缆。电连接用中间接头，如图 3-16 所示。电连接用中间接头材质与接触轨的材质相同，均为 6101（T6）。电连接用中间接头能安装在接触轨的任何位置，例如，牵引变电所出口、接头、弯头、电分断或道岔处。

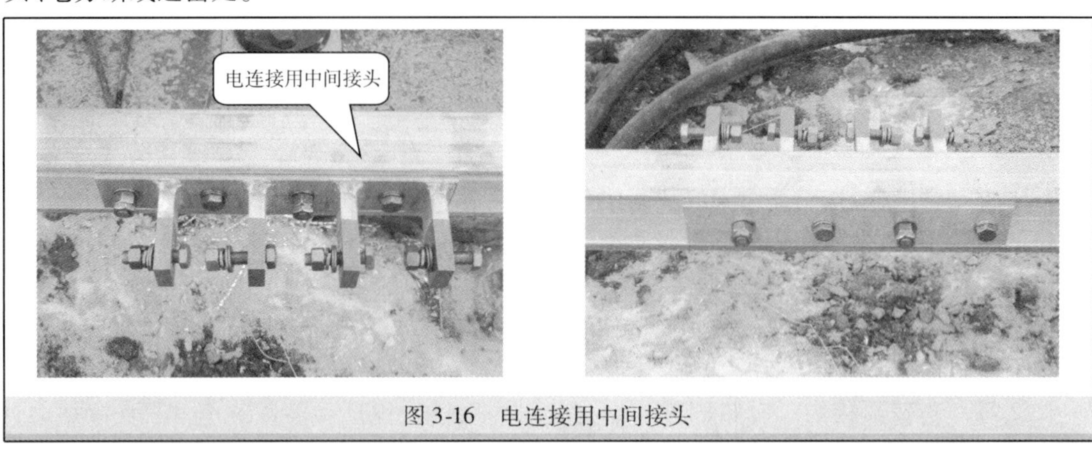

图 3-16　电连接用中间接头

②电连接用中间接头本体及电连接板的截面积足够大，可以承载 3000A 电流，保证输送满负荷接触轨额定电流时不过热。接头本体的轮廓与接触轨腰面紧密接触，确保电流续接的要求。

③每一套电连接用中间接头配有紧固件 4 套，每套包括螺栓、碟形弹垫各一个，螺母、平垫各两个。螺栓、螺母材质分别是 0Cr18Ni9 和 1Cr18Ni9，规格为 M16。平垫材质为不锈钢 1Cr18Ni9，碟形弹垫材质是 1Cr18Ni9。电连接用中间接头螺栓防松，是通过采用蝶形垫和双螺母保证的。

④电连接用中间接头将保证最少连接 8 根电缆，同时考虑了接地挂环的安装，主要用于接触轨接地保护用。电连接用中间接头及接地挂环，如图 3-17 所示。

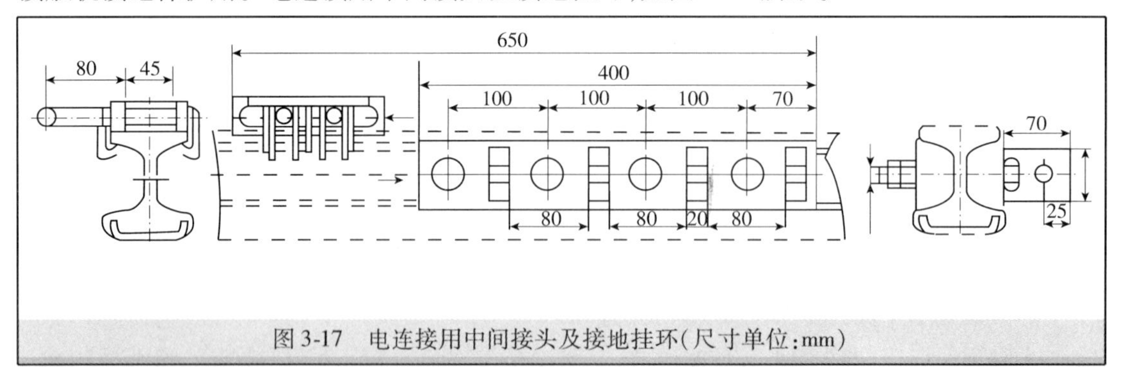

图 3-17　电连接用中间接头及接地挂环（尺寸单位：mm）

⑤电连接板（见图 3-18），本体材质与接触轨的材质相同，均为 6101（T6）。电连接板是用来连接柔性供电电缆的，注意接入电缆的长度要足够长，尤其对铝轨的纵向移动不应有所影响，也不能给铝轨的侧边造成任何应力。

图3-18　电缆连接板

(2)电连接用中间接头的维护

①检查电连接中间接头周围区域是否有变色现象,配合面的检查需要拆下线鼻子或者电连接中间接头。

②检查电缆的位置,因环境温度变化或者负载引起的接触轨的伸缩不应受到限制。

③检查是否有断裂和剥落现象,检查接线端子是否紧固。

④检查中间接头带电部分与接地体之间的最小净距离,应符合表3-4的规定。

接触轨带电部分和接地体之间的最小净距　　表3-4

标称电压(V)	静态(mm)	动态(mm)	绝对最小动态(mm)
750	25	25	25
1500	150	100	60

3 中间接头的维修方法

(1)检查螺栓防松标记是否移动,如移动则把标记擦除,再按规定力矩紧固后重新用油漆画上防松标记。

(2)接触轨受流面过渡不平滑、有台阶时,应用砂轮机打磨接触轨,直至其两端接触轨过渡平滑。

(3)中间接头与接触轨的接触面有烧伤时,应进行打磨,严重时更换中间接头。

4 中间接头的常见故障

中间接头的常见故障,见表3-5。

中间接头的常见故障　　表3-5

故　障	可能的原因	处　理　方　法
过热	轨间的普通接头板松动	①检查螺栓、螺母、垫圈。 ②拆开普通接头,用金属刷清理配合面。 ③在普通接头和轨的配合面涂导电油脂;安装普通接头和螺栓;使用防卡死润滑剂防止不锈钢螺栓卡死。 ④确保螺栓的紧固力矩为70N·m

二 端部弯头的维护

1 端部弯头的结构和作用

(1)端部弯头按照正线和车场线分为两种:正线端部弯头长度为5.2m,端部弯头两端的高度差126mm；车场线端部弯头长度为3.4m，端部弯头两端的高度差129mm。端部弯头同接触轨之间采用普通接头连接。其作用是为了保证列车在额定速度运行时，受电靴能够平滑地接触和脱离复合轨。

（2）端部弯头采用两个绝缘支架进行支撑，与接触轨采用普通接头连接，可确保其接口处高度相同，无须进行打磨。由于端部弯头构造无任何方向性，它与接触轨的连接同接触轨之间的连接方式一样，可被安装在任何区段的末端。端部弯头预弯以后，采用铝合金做填充剂，进行气体保护金属极电弧焊，焊后进行接口表面的清洗处理，以免焊接后零件出现焊接裂纹和焊接应力。

（3）端部弯头可满足以下要求：

①端部弯头的断口与接触轨之间密贴，没有高低差及由此产生的台阶伤及集电靴。

端部弯头与接触轨通过普通接头连接的部位没有坡度，因此能够保证端部弯头与接触轨之间密贴，而不会形成高低差，保证集电靴顺利通过；绝缘子和扣件在端部弯头进行至少一处的支承固定（正线弯头有2处支承固定），避免端部弯头两端的高度差及由此产生的台阶伤及集电靴。

②端部弯头具有良好的耐电弧烧损、耐冲击特性。端部弯头在端部经过了预弯，具有自熄弧功能。接触轨系统的设计尽量缩短集电靴与接触轨的接触空当区域。

③端部弯头与接触轨通过电连接用中间接头固定连接。端部弯头无方向性，与接触轨有同样截面和形状，通过电连接用中间接头或普通中间接头能与任意成品接触轨断面相匹配，无须打磨。

④端部弯头的坡度合理。

5.2m的高速端头的坡度为1∶41。每一个端部都经过预弯，坡度更大些，这样能保证端部弯头具有更好的自熄弧特性。工厂加工端部弯头时用标尺严格检验坡度。

端部弯头的外形，如图3-19所示；端部弯头的结构，如图3-20所示；端部弯头的安装效果，如图3-21所示；端部弯头的安装实物图，如图3-22所示。

图3-19　端部弯头的外形

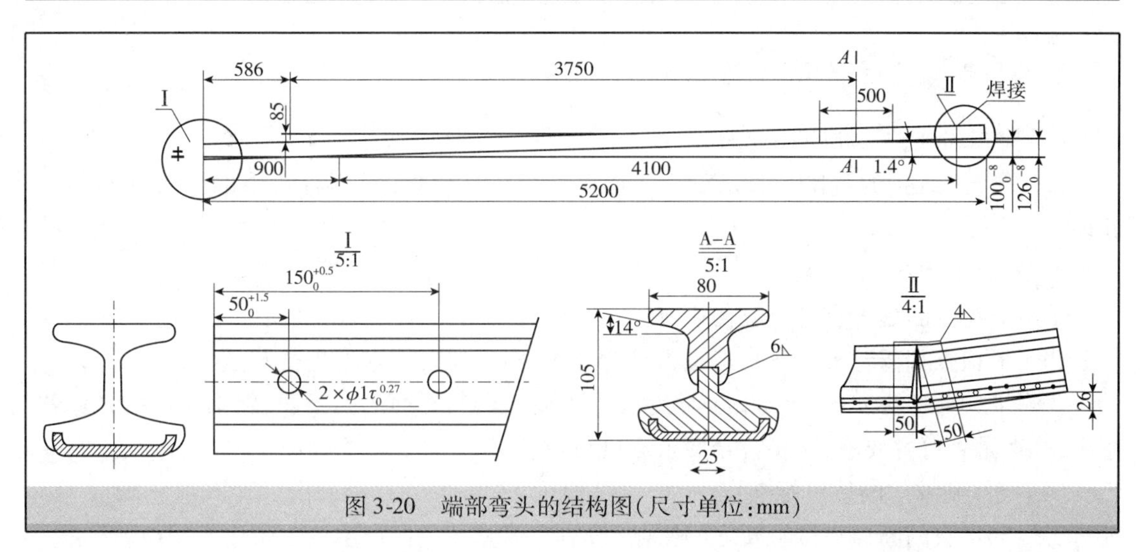

图3-20 端部弯头的结构图(尺寸单位:mm)

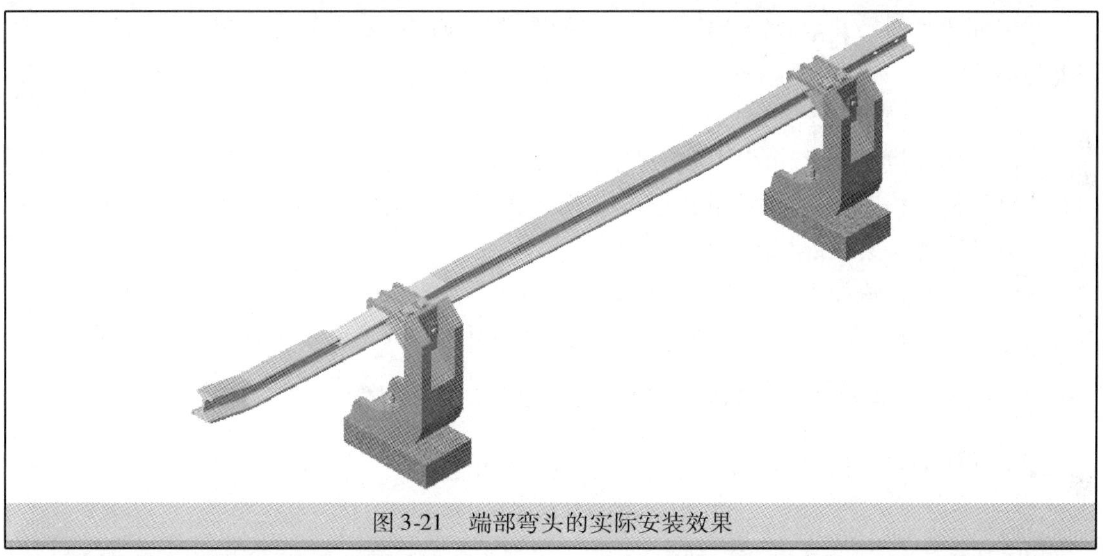
图3-21 端部弯头的实际安装效果

图3-22 端部弯头的安装实物图

2 端部弯头的检修和维护

(1)检修和维护的周期:6 个月。

(2)检修和维护的范围:对端部弯头进行全面详细检查,对不合要求的内容进行维护处理。

(3)检修和维护的内容:

①检查受流面是否有电弧烧伤痕迹。

②测量检查端部弯头上弯状态是否符合要求,对不符合要求者进行调整。

③测量端部弯头末端、上弯始点绝缘支架处受流面与轨面的高度、与轨面中心线的水平距离,检查是否符合要求,对不符合要求者进行调整。

(4)检修和维护的质量标准:

①端部弯头的断口与接触轨之间密贴,没有高低差及由此产生的台阶伤及集电靴。

②端部弯头的抬升量应符合要求,5.2m 的端部弯头的坡度为 1:41;3.4m 的端部弯头的坡度为 1:22。

(5)端部弯头的维修方法:

①用专用测量尺测量端部弯头的工作高度、偏移值,测量后并填写测量记录。

②对端部弯头工作高度、接触轨偏移值、接触轨受流面与轨平面平行度进行调整。

③对端部弯头磨耗进行测量。

④端部弯头受流面出现熔珠、麻点、毛刺等凹凸不平现象时,可根据其严重程度用砂纸、锉刀、打磨机进行处理,使其表面恢复平整、顺滑,必要时在处理后涂抹一层薄的导电油脂。

3 端部弯头的常见故障、原因和处理方法

端部弯头的常见故障、原因和处理方法,见表 3-6。

端部弯头的故障原因及处理方法 表 3-6

故　障	可能的原因	处　理　方　法
接触轨过度弯曲	振动	①检查绝缘支架底座固定螺钉,用正确的力矩紧固。 ②检查绝缘支架的紧固螺栓,用正确的力矩紧固螺栓
连接电缆松动		清理接触面,重涂导电油脂,重新按照正确的力矩紧固螺栓

三 膨胀接头的维护

1 膨胀接头的结构、特点、作用

(1)膨胀接头的结构、作用

由于环境温度的变化、电流引起的温升、日照和复合轨的移动等都会造成接触轨温度的变化,使接触轨因热胀冷缩而产生长度变化,因此在适当位置设置膨胀接头用来调

节热胀冷缩现象。一般在隧道内90m、隧道外75m设一个膨胀接头,确保接触轨的安全运行。

膨胀接头由两根长轨(左右滑轨)和一根短轨组成。为了保证集电靴顺利通过膨胀接头,长轨和短轨都要对角切掉15°(长、短轨的接缝为斜角),这样可以使表面连续,间隙可以调整并且可以重合,以便使集电靴可以平滑地从一端过渡到另一端。左右滑轨的作用是让集电靴在膨胀点过渡时减小运行中产生的电弧。为了帮助电能转换,在设计上考虑了一个中间块用来协助集电靴。

长轨和短轨的连接靠锚固夹板(特殊的长普通接头)通过三个螺栓安装在左右滑轨及中间轨的两侧,锚固夹板与短轨为固定连接,而两根长轨在连接锚固夹板的位置开有长孔,这种锚固夹板是一种特殊的夹板,与左右滑轨的接触面比中间低0.1~0.2mm,而且三个螺栓的紧固力矩也不相同,中间螺栓的紧固力矩为50N·m,两边为20N·m。锚固夹板两边在螺栓紧固力矩的作用下,发生弹性变形,使其与左右滑轨密切相接,加上锚固夹板与左右滑轨及中间轨的接触面涂有导电脂,因此,具有良好的导电性能。当锚固夹板两边紧固力矩为20N·m时,锚固夹板与左右滑轨的摩擦力为312N。小于接触轨的膨胀力,可以保证膨胀接头的左右移动,并通过试验验证。为了弥补滑轨磨损造成紧固力下降,在滑轨外采用双蝶簧和双螺母的防松措施,保证了磨损后和在振动的情况下,夹板与滑轨之间始终保持适当的压紧力。总之,膨胀接头这种结构可以满足膨胀接头两侧的接触轨因热胀冷缩而产生长度变化时,使其左右伸缩自如得到补偿,又具有良好的导电性能。这样既保证电流续接良好,又使左右滑轨随温度变化伸缩导向准确。

电流连接器主片、副片采用紫铜材质,导电性好;表面镀银,使得主、副片滑动时接点接触良好,导电性能提高。U形螺栓上配有弹簧,弹簧在螺栓紧固力作用下压缩6~11mm,弹力为480~500N,主、副片之间的摩擦力为124~130N,这个力使主、副片既紧密相切,又能左右滑动。铜垫板、U形螺栓垫板等导电零件也采用紫铜材质,表面镀银,既保证了电气连接的可靠性,又不会产生任何电化学腐蚀。

锚段长度。两组膨胀接头之间的温度伸缩补偿段称之为一个锚段。一般地面段锚段长度为75m,地下隧道内锚段长度为90m,距洞口500m范围内的隧道中设置的锚段按地面段考虑。

膨胀接头的外形,如图3-23所示;其结构如图3-24所示;其安装效果,如图3-25所示。

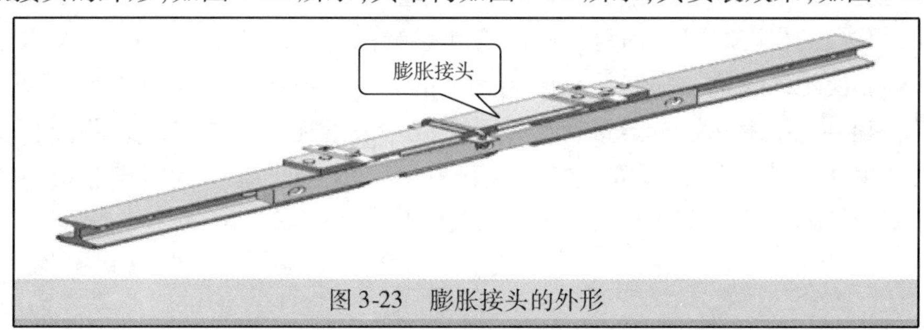

图3-23 膨胀接头的外形

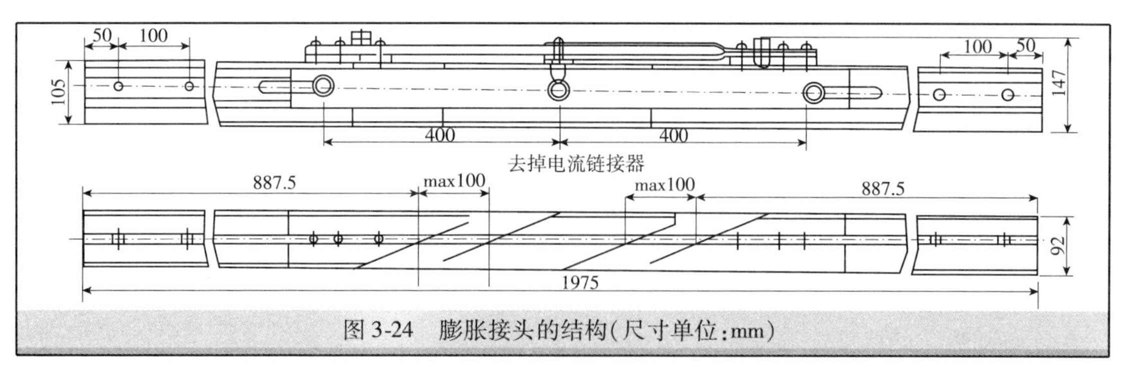

图 3-24 膨胀接头的结构(尺寸单位:mm)

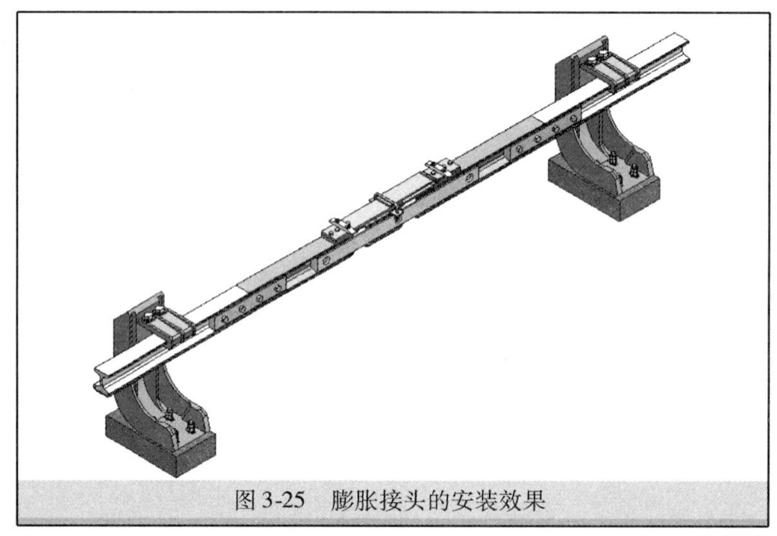

图 3-25 膨胀接头的安装效果

(2)膨胀接头的特点

①接触轨的载流量为 3000A,膨胀接头的载流量为 5623A 大于 3000A 的 1.2 倍即 3600A,经试验验证载流量也大于 3600A。

②膨胀接头与铝接触轨的电气连接是镀银的铜垫板,这不但保证了最高的电气连接可靠性,又不会产生任何电化学腐蚀。膨胀接头用的紧固件都是不锈钢件,也不会产生任何电化学腐蚀。

③抗振防松性能好,便于装卸。

④膨胀接头长 1975mm,补偿量为 200mm。在直线段,膨胀接头应尽量安装在两个支架装置的中心部位,最少膨胀接头的每一端距支架装置的距离不小于 400mm。弯道段中设置膨胀接头,则会使绝缘支架及膨胀接头受到很大的张力。膨胀接头的滑动块会因为这一额外张力而加速磨损,绝缘支架也会很快磨损。所以一般不在弯道处设置膨胀接头。在特殊情况下,也会出现半径小于 300m 的弯道必须设置膨胀接头的情况,此时膨胀接头依然能起到作用,可是会使膨胀接头张开及闭合的张力转移作用于绝缘支架上。

2 膨胀接头的检修与维护

(1)检修与维护的周期:3 ~ 6 个月(曲线半径≤500m 的膨胀接头 3 个月)。

(2)检修与维护的范围:对膨胀接头进行全面详细检查,对不合要求的内容进行维护处理。

(3)检修与维护的内容:

①检查膨胀接头有无过热变色、烧伤现象。

②检查膨胀接头的磨损是否均匀,补偿间隙过渡是否平滑。

③检查膨胀接头所有紧固件是否松动,所有螺栓紧固力矩是否满足要求。

④测量膨胀接头处受流面与轨面的高度及限界。

⑤测量膨胀接头补偿间隙的大小,可参考安装温度曲线,检查是否符合要求。

⑥检查膨胀接头与接触轨的连接是否平顺。

⑦检查膨胀接头的电气连接状况。

(4)检修与维护的质量标准:

①膨胀接头的补偿间隙参考安装温度曲线。参见膨胀接头安装曲线图3-26和图3-27。

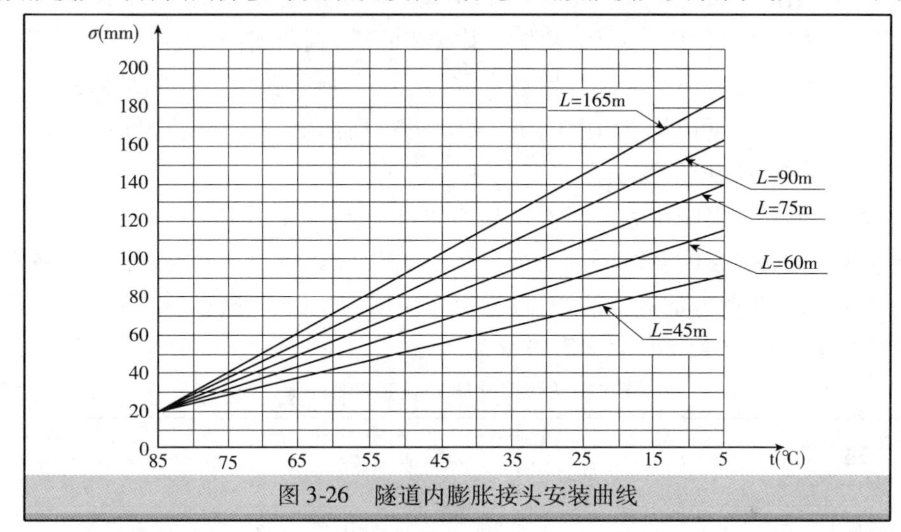

图3-26 隧道内膨胀接头安装曲线

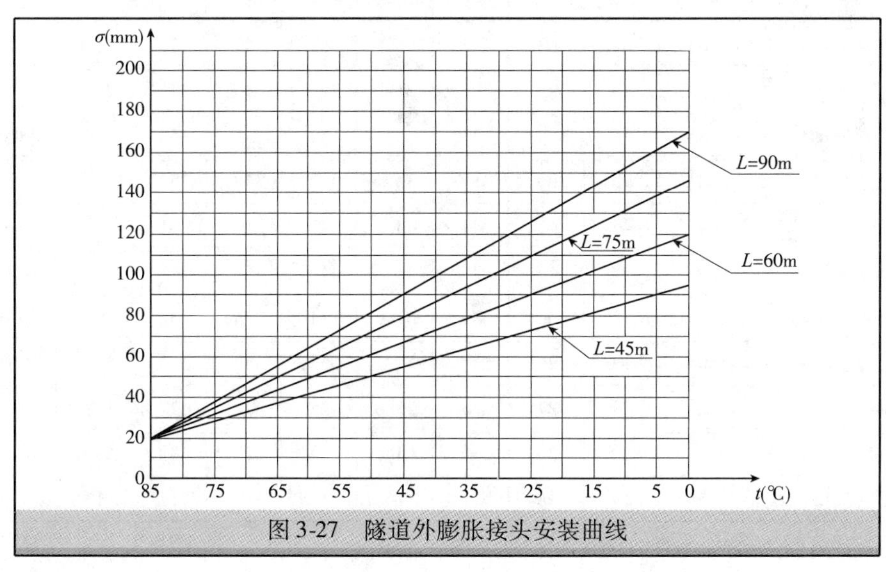

图3-27 隧道外膨胀接头安装曲线

②膨胀接头的各螺栓紧固力矩符合设计要求，其锚固夹板三个螺栓的紧固力矩不相同，紧固螺栓时，用扭矩扳手交替拧紧。中间螺栓的紧固力矩为59N·m，两边为20N·m。电流连接器与接触轨连接的M10螺栓紧固力矩为25～31N·m，U形螺栓弹簧长度为15～16mm，在M16、U形螺栓与螺母连接处有红油漆标记。要保证膨胀接头在温度变化的情况下能伸缩自如，无卡滞现象。

（5）膨胀接头的维修方法：

①紧固件检查调整。首先检查各防松标记是否有变化，无变化时可不作调整；有变化时需把防松标记擦除，重新用力矩扳手按规定的力矩紧固，然后再用油漆画上防松标记。

②补偿间隙测量。用专用工具或者直接测量膨胀接头的标记线，测量出补偿间隙值。用数字温度计测出已安装接触轨的温度，将温度感应点分别置于轨底、轨腹下部及钢带表面，记录读数并计算其平均值。对照膨胀接头安装曲线，判断实际曲线是否符合设计规定，一般膨胀接头一经施工完毕就无法直接进行调整。当膨胀接头的补偿间隙值不正确会危及接触轨系统安全运行时，可对该锚段中的一段轨进行局部更换或者在中间接头处进行特殊长度处理，以保证温度补偿的正确性及安全性。

③膨胀接头卡滞。膨胀接头卡滞时需检查卡滞是部件变形引起的，还是润滑不良引起的。如果是部件变形引起的则可局部更换部件；如果是润滑不良引起的则可把夹板拆卸下来，清洗干净后涂上一层薄的导电油脂，按规定力矩用力矩扳手紧固。

④施工温度安装间隙，参见表3-7和表3-8。

膨胀接头隧道外施工温度安装间隙 表3-7

施工轨温(℃)	-5℃	-4℃	-3℃	-2℃	-1℃	0℃	1℃	2℃	3℃	4℃	5℃
预留间隙δ(mm)	74	73	72.6	72	71	70	69	68	67.6	67	66
施工轨温(℃)	6℃	7℃	8℃	9℃	10℃	11℃	12℃	13℃	14℃	15℃	16℃
预留间隙δ(mm)	65	64	63	62.7	62	61	60	59	58.6	58	57
施工轨温(℃)	17℃	18℃	19℃	20℃	21℃	22℃	23℃	24℃	25℃	26℃	27℃
预留间隙δ(mm)	56	55	54	53.6	53	52	51	50	49	48.6	48
施工轨温(℃)	28℃	29℃	30℃	31℃	32℃	33℃	34℃	35℃	36℃	37℃	38℃
预留间隙δ(mm)	47	46	45	44	43.7	43	42	41	40	39.6	39
施工轨温(℃)	39℃	40℃	41℃	42℃	43℃	44℃	45℃	46℃	47℃	48℃	49℃
预留间隙δ(mm)	38	37	36	35	34.6	34	33	32	31	30.5	30
施工轨温(℃)	50℃	51℃	52℃	53℃	54℃	55℃	56℃	57℃	58℃	59℃	60℃
预留间隙δ(mm)	29	28	27	26	25.6	25	24	23	22	21	20.6
施工轨温(℃)	61℃	62℃	63℃	64℃	65℃	66℃	67℃	68℃	69℃	70℃	
预留间隙δ(mm)	20	19	18	17	16	15.6	15	14	13	12	

注：①膨胀接头隧道外安装距离75m，接触轨运行温度为-5～85℃；

②最终安装间隙按设计部门所给的间隙为准。

膨胀接头隧道内施工温度安装间隙　　表3-8

施工轨温(℃)	10℃	11℃	12℃	13℃	14℃	15℃	16℃	17℃	18℃	19℃	20℃
预留间隙δ(mm)	74	73	72	71	70	69	68	67	66	65	64
施工轨温(℃)	21℃	22℃	23℃	24℃	25℃	26℃	27℃	28℃	29℃	30℃	31℃
预留间隙δ(mm)	63	62	61	60	59	58	57	56	55	54	53
施工轨温(℃)	32℃	33℃	34℃	35℃	36℃	37℃	38℃	39℃	40℃	41℃	42℃
预留间隙δ(mm)	52	51	50	49	48	47	46	45	44	43	42
施工轨温(℃)	43℃	44℃	45℃	46℃	47℃	48℃	49℃	50℃	51℃	52℃	53℃
预留间隙δ(mm)	41	40	39	38	37	36	35	34	33	32	31
施工轨温(℃)	54℃	55℃	56℃	57℃	58℃	59℃	60℃	61℃	62℃	63℃	64℃
预留间隙δ(mm)	30	29	28	27	26	25	24	23	22	21	20
施工轨温(℃)	65℃	66℃	67℃	68℃	69℃	70℃					
预留间隙δ(mm)	19	18	17	16	15	14					

注:①膨胀接头隧道内安装距离90m,接触轨运行温度为10~85℃;

②最终安装间隙按设计部门所给的间隙为准。

3 膨胀接头的故障、原因及处理方法

膨胀接头的故障、原因及处理方法,见表3-9。

膨胀接头的故障、原因及处理方法　　表3-9

故　障	可能的原因	处　理　方　法
过热	轨间连接松动	重新调整普通接头
	电连接板接触不良	松开U形螺栓,调整电连接板主副板位置
过载		检查负载情况,根据设计要求调整
不锈钢带磨损不均匀	接触轨和受电靴对正不好	①参考走行轨检查膨胀接头的接触面。膨胀接头中心与最近的走行轨的内侧的水平距离,接触面间的垂直距离应符合设计要求。如果轨和受电靴的接触面不平,将会减小有效接触面,产生过热,进而可能产生严重的电磨损。 ②检查支架的紧固件是否松动
在轨间的连接处产生微小的弯曲	轨间的连接松动	①重新调整普通接头; ②使用金属刷清理配合面,并重涂导电油脂

四 绝缘支座的维护

1 绝缘支座的类型、结构、作用、材质

绝缘支座是接触轨系统中支撑接触轨并起绝缘作用的装置,一般有绝缘子式、整体绝缘支架式、分体式绝缘支座。其中上部受流与下部受流的整体绝缘支座又不相同。

(1)绝缘子式绝缘支座。早期北京地铁1号线接触轨系统的绝缘支座采用绝缘子式,由三部分组成:瓷件,材料为电瓷,工作电压为1000V,抗弯载荷为800kg;下座,材料为HT15－33灰铸铁;上帽,材料为HT15－33灰铸铁。另外瓷件与下座间还设有1～5层油毡纸垫片。

由于瓷制品易碎,不利于安装维护,随着科学技术的发展,出现了复合材料绝缘子和整体式绝缘支架型的绝缘支座。

复合材料绝缘子是用玻璃纤维增强不饱和聚酯膜塑料经高温模压制成型,颜色为灰色,安装技术与传统绝缘子基本相同。玻璃纤维增强不饱和聚酯膜塑料具有质轻、绝缘、强度高、吸水率低、变形小、耐候性良好等许多优点,且具有很强的可设计性,易于根据线路使用要求进行结构设计,使绝缘支撑具备良好的受力性能,满足各种负荷受力要求。绝缘子上部通过螺钉连接金属头和两个接触轨卡子将接触轨抱住定位;绝缘子下部通过带大垫圈的螺栓将下部绝缘子压盖固定在槽钢底座上,再将底座同道床或轨枕连接。绝缘子主体为圆柱形空心结构,带环状防污槽,下部为方形法兰盘。金属头嵌入绝缘体中,带防脱、防转动槽。接触轨卡子左右各一件,鸭嘴结构,外侧带2条竖肋,螺钉通过中间开孔同金属头连接。绝缘子压盖是带有孔边加强结构的固定孔的盖状结构,绝缘体柱状主体与压盖一体成型。

750V上接触式接触轨系统复合材料绝缘子的主要性能为:污耐受电压≥5kV,工频干耐受电压≥40kV,工频湿耐受电压≥20kV,爬电距离≥180mm,抗弯载荷≥20kN,抗压载荷≥30kN。外观如图3-28所示。

(2)整体绝缘支架式绝缘支座。接触轨整体绝缘支架由玻璃纤维增强材料(GFRP玻璃钢)采用SMC模压成型工艺制造。玻璃钢接触轨托架和绝缘支座设计通过各自接触面的齿槽啮合,经螺栓连接在一起的。齿槽啮合起垂直限位的作用,同时接触轨安装时可进行上下微调;接触轨托架与接触轨扣件也经螺栓连接成一整体,接触轨扣件设计成具有一定特殊结构,可防止接触轨扣件沿接触轨铺设方向左右摆动;绝缘支座的结构设计应使整体绝缘支架具有良好的受力性能,满足各种可能负荷出现的受力要求,绝缘支座的长孔,可使整体绝缘支架在水平方向上有30mm的调整余量,在垂直方向上有40mm的调整余量,从而保证接触轨的相关安装距离。整体绝缘支架高度可根据安装要求设计。外观如图3-29所示。

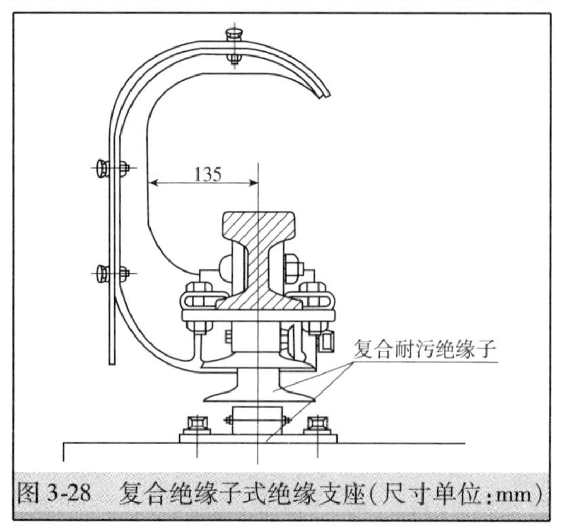

图3-28　复合绝缘子式绝缘支座(尺寸单位:mm)

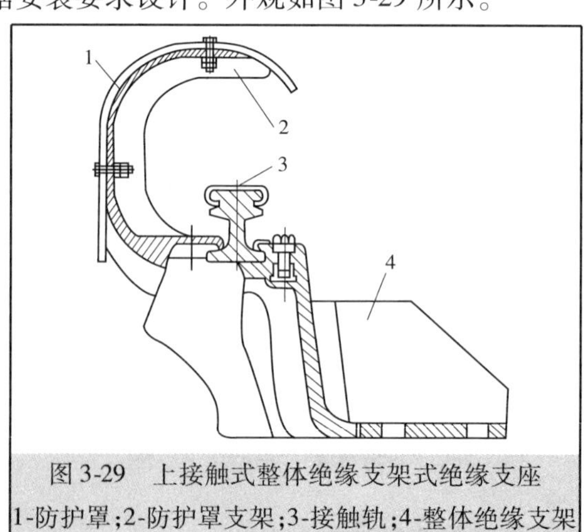

图3-29　上接触式整体绝缘支架式绝缘支座
1-防护罩;2-防护罩支架;3-接触轨;4-整体绝缘支架

1500V 下部接触受流接触轨系统的整体绝缘支架由玻璃纤维增强树脂采用模压工艺制造。它主要包括以下部件：支架本体、接触轨托架、接触轨扣件（即卡爪），如图 3-30 所示。

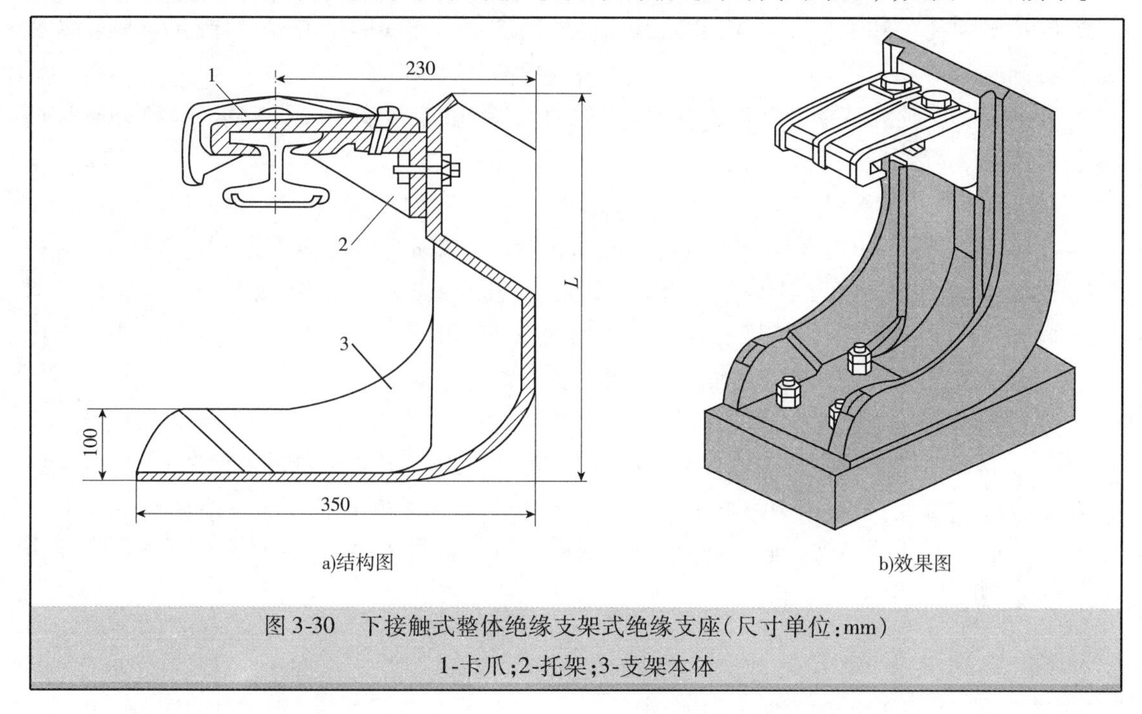

图 3-30 下接触式整体绝缘支架式绝缘支座（尺寸单位：mm）

1-卡爪；2-托架；3-支架本体

（3）接触轨分体式绝缘支座。2011 年北京鼎昌复合材料有限责任公司研制出一种新型分体式绝缘支座。其特征在于：包括下部托架、上部托架、压轨板和滑轨。下部托架、上部托架、压轨板和滑轨均用非金属材料制成，上部托架上设滑轨，压轨板设在水平面上，用于固定设置于滑轨上的接触轨。接触轨分体式绝缘支座高度可以在一定范围内调整，结构简单，调节方便。

2 绝缘支架的检修与维护

（1）检修与维护的周期：12 个月。

（2）检修与维护的范围：对绝缘支架、支架底座进行全面详细检查，包括紧固螺栓、支架底座、绝缘支架及连接螺栓等，对松动、不符合要求的进行维护处理。

（3）检修与维护的内容：

①检查绝缘支架紧固螺栓是否紧固，有无松动。

②检查绝缘支架有无变色、表层剥落、裂纹及其他异常现象。

③检查绝缘支架底座有无镀锌层脱落、锈蚀现象。

④检查绝缘支架与接触轨的对正情况。

（4）检修与维护的质量标准：

①整体绝缘支架无损伤变形等。紧固件齐全，安装牢固可靠，各连接螺栓的紧固力矩满足设计要求，卡爪及托架固定螺栓力矩均为 44N · m。

②整体绝缘支架纵向轴线垂直于线路中心线，横向轴线平行于线路中心线。

③整体绝缘支架以及接触轨托块的防滑齿完好，同时齿间正确啮合。

④接触轨托块和卡爪完好无损坏，其横向轴线应平行于线路中心线，以满足接触轨能顺线路方向顺畅滑动。

⑤各镀锌螺栓无变形，镀锌层和螺纹完好，预留调节余量满足设计要求，螺栓外露部分要涂防腐油。

（5）绝缘支座的维修方法：

①绝缘支架倾斜时，观察判断倾斜的原因，如属于中锚绝缘支架受力不均等引起，宜把该锚段调顺，使中锚绝缘支架恢复正常；如支架出现裂纹应进行更换；如属于接触轨伸缩时接触轨扣件卡滞引起，则调整接触轨扣件，把绝缘支架调正。

②绝缘支架有裂纹，影响使用时应更换。

③按规定清扫绝缘支架。

④紧固件检查调整。首先检查各防松标记是否有变化，无变化时可不作调整，有变化时需把防松标记擦除，重新用力矩扳手按规定的力矩紧固，然后再用油漆画上防松标记。

⑤锚固螺栓检查处理。底座螺栓基础出现异常，螺栓受力不能保证要求时，可按规定改移该支架。

3 绝缘支座的常见故障、原因和处理方法

绝缘支座的常见故障、原因和处理方法，见表3-10。

绝缘支座的常见故障、原因和处理方法 表3-10

故　障	原　因	处理方法
闪络击穿	雷电	恢复绝缘的，加强巡视，限速通过
	绝缘支架脏污	清除污物，加强巡视检查，更换零部件
扭曲变形	接触轨热胀冷缩产生伸缩运动	变形不严重，没有侵限，加强观察巡视，否则检修
破损裂纹	长期承受冲击力，或者支架本身材质问题	对破损、裂纹不影响承载的，且不是端部弯头处，不侵限的可不处理，必要时限速通过，否则应更换
	外力破坏	严重者更换

五 中心锚结的维护

1 中心锚结的结构、作用

中心锚结一般设置在两膨胀接头之间（即一个锚段）的中部。正常情况下中心锚结设置一组，但在线路纵向坡度超过20‰时选用特殊的中心锚结装置。中心锚结是接触轨锚段中部用于防止接触轨纵向移动的装置，可防止接触轨向两侧不均匀蹿动，保持膨胀区段的中点位置。中心锚结一般分为普通中心锚结和大坡度中心锚结。一般情况下中心锚结采用普通

中心锚结。在线路纵向坡度超过一定数值时(如20‰)采用大坡度中心锚结。

(1)普通中心锚结。一般设置在锚段的中部,安装在整体绝缘支架两侧,如图3-31所示。

普通中心锚结一般由两组普通防爬器组成。每套普通防爬器由一对梯形截面铝块组成,用两套紧固件连接,每套包括螺栓、碟形弹垫各一个,螺母、平垫各两个。普通防爬器的螺栓防松是通过采用碟形弹垫和双螺母保证的。普通防爬器每个铝块上都已钻好2个ϕ17mm的孔,用不锈钢螺栓紧固在轨腰上。与接触轨连接采用两套M16不锈钢螺栓。普通防爬器的组件,如图3-32所示。普通防爬器的结构,如图3-33所示。普通防爬器单独安装效果,如图3-34所示。普通防爬器的安装位置,如图3-35所示。

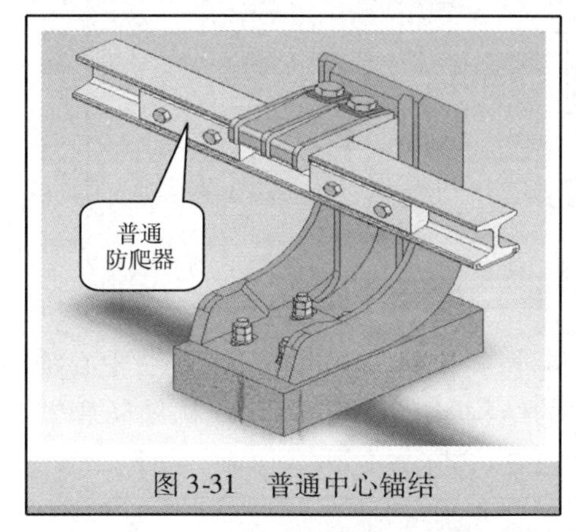

图3-31 普通中心锚结

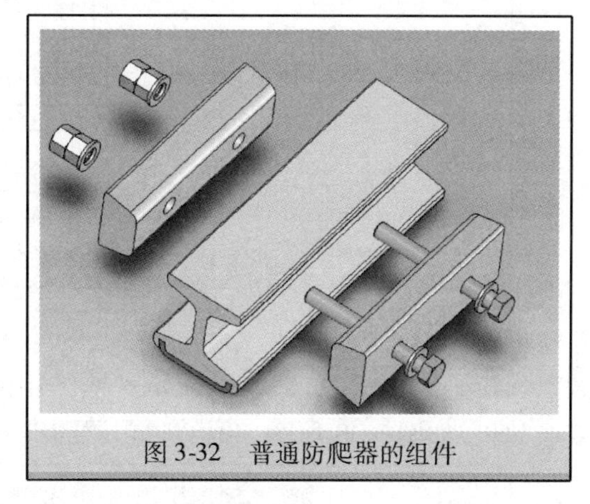
图3-32 普通防爬器的组件

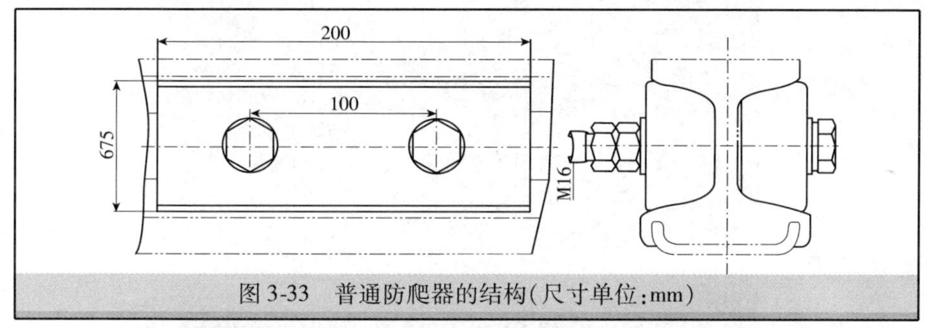

图3-33 普通防爬器的结构(尺寸单位:mm)

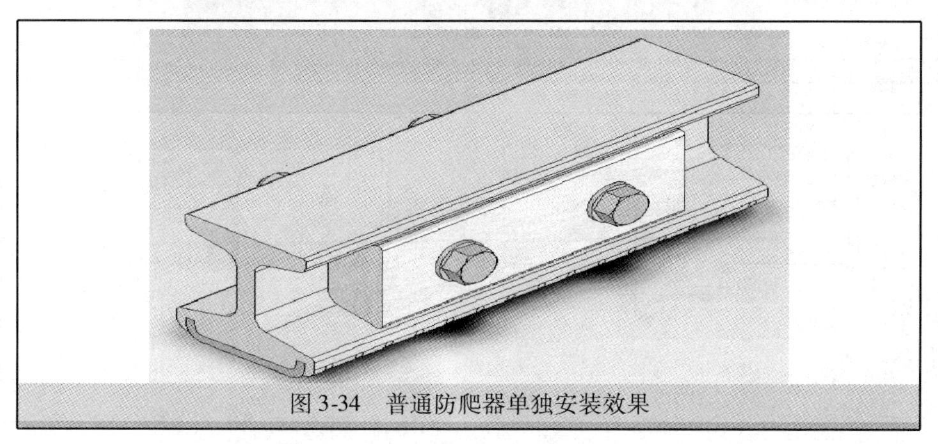
图3-34 普通防爬器单独安装效果

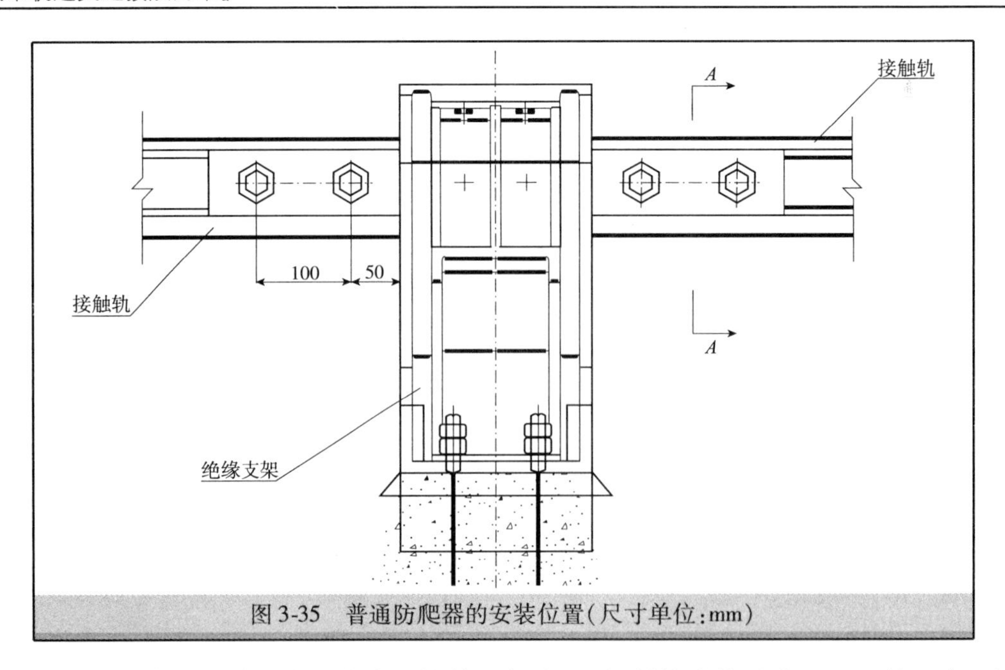

图 3-35　普通防爬器的安装位置(尺寸单位:mm)

(2)大坡度中心锚结。大坡度中心锚结一般有两种:斜拉绝缘子式和双组普通中心锚结式。斜拉绝缘子式,如图 3-36 所示。锚结用防爬器的结构,如图 3-37 所示。锚结防爬器的安装效果,如图 3-38 所示。锚结防爬器的组件,如图 3-39 所示。

图 3-36　斜拉绝缘子式大坡度中心锚结

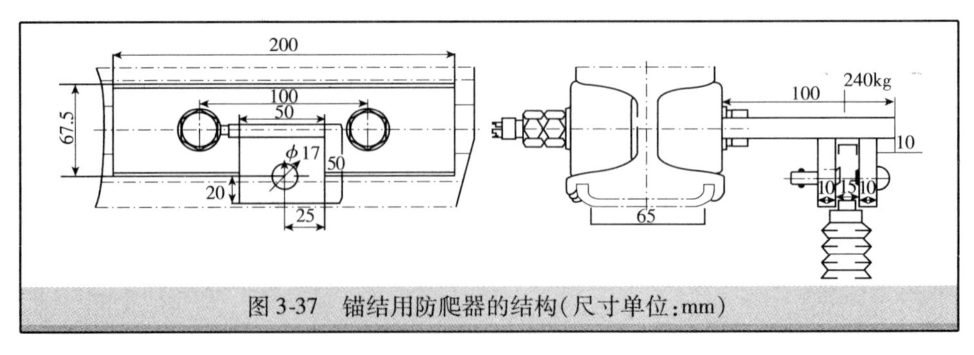

图 3-37　锚结用防爬器的结构(尺寸单位:mm)

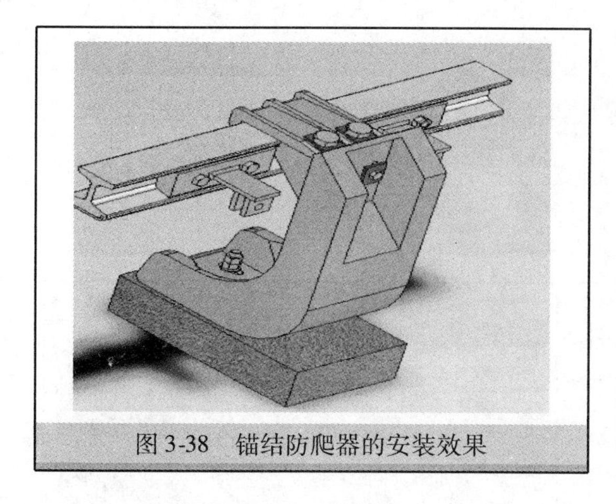
图3-38　锚结防爬器的安装效果

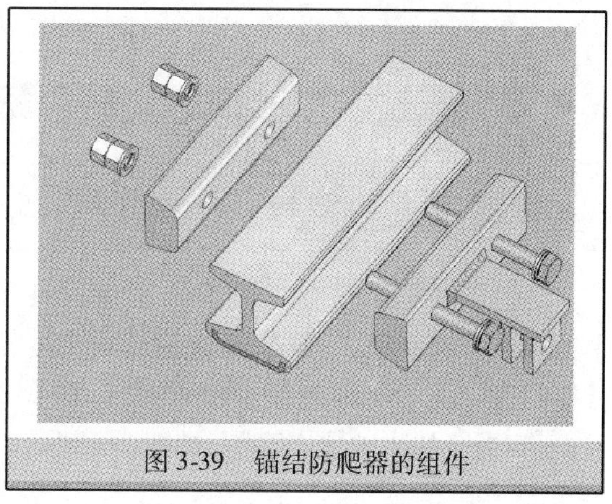
图3-39　锚结防爬器的组件

双组普通中心锚结式的大坡度中心锚结的结构形式与普通中心锚结的结构基本相同，由于两组普通中心锚结的间距较小，一般间距为600～700mm，因此中间两组防爬器一般为单孔形式的防爬器。

2 防爬器的检修与维护

（1）检修与维护的周期：12个月。

（2）检修与维护的范围：对防爬器进行全面详细检查，对不合要求的内容进行维护处理。

（3）检修与维护的内容：

①检查防爬器与接触轨的连接状态，有无导电油脂，紧固螺栓有无松动。

②检查防爬器及绝缘支架接触面有无损伤。

③检查防爬器与绝缘支架的状态。

④检查防爬器及防护罩的安装状态。

（4）检修与维护的质量标准：

①防爬器带电端至接地体的距离不允许小于150mm。

②防爬器和绝缘支架无变形或破坏。

③防爬器螺栓间距为100mm，内侧螺栓距离绝缘支架边缘为50mm。

（5）中心锚结的维修方法：

①中锚拉线受力不均时调整拉线和螺栓，使其受力均匀。

②普通中锚在两端受力不均时会导致中锚绝缘支架倾斜，这时应调整该锚段，使中锚绝缘支架端正，并核查该锚段有无绝缘支架卡滞现象，有则进行调整。

③紧固件检查调整。首先检查各防松标记是否变化，无变化时可不作调整，有变化时需把防松标记擦除，重新用力矩扳手按规定的力矩紧固，然后再用油漆画上防松标记。

④测量带电部分与接地体之间的最小净距及有无侵入限界，对不符合表3-4者进行调整。

六 防护罩的维护

1 防护罩的结构、材质、作用

防护罩的作用是在尽可能地避免人员无意中触碰到带电设备,一般采用玻璃纤维增强树脂材质制造。上部受流防护罩示意图,如图3-1所示;下部受流的防护罩实物图,如图3-40所示。

图3-40　下接触轨式防护罩

2 防护罩的检修与维护

(1)检修与维护的周期:12个月。

(2)检修与维护的范围:对防护罩支撑卡、防护罩(包括支架防护罩、电缆接线板防护罩、锚结防护罩)等进行全面详细检查。

(3)检修与维护的内容:

①检查防护罩有无变色、表层剥落、裂纹及其他异常现象。

②检查防护罩上警示标志是否清晰、有无脱落。

③检查防护罩、支撑卡与接触轨的结合状态,特别是膨胀接头、防爬器、电缆接线板处的防护罩,不影响接触轨的自由伸缩。

④对不合要求的防护罩进行更换。

(4)检修与维护的质量标准:

①防护罩规格型号、各种电气性能和机械性能符合产品技术条件,无损伤。

②防护罩选型正确,安装规范、牢固可靠。

③防护罩支撑卡布置合理,无损坏,防护罩支撑卡每隔500mm布置一处。

④防护罩上的警示标志齐全、明显。

(5)防护罩的维修方法:

①防护罩搭接或安装不良突起时,应重新搭接或安装,使防护罩紧扣在防护罩卡上,必要时局部更换尺寸差异较大的防护罩,同时应检查防护罩搭接或安装不良是否由于接触轨部件异常所引起。

②标志不明显时用红油漆、毛笔和标志模板重新描画。

③清扫防护罩的积尘。

④如有漏水直接滴在防护罩上,应报相关部门堵漏,并做好跟踪工作。

3 防护罩的故障、原因、处理方法

(1)故障现象与危害:

①现象——防护罩松脱、拱起。

②危害——可能侵限刮碰受电靴，严重时会出现靴轨故障。

(2)原因分析：

①没搭扣牢固。在正常情况下，防护罩是紧紧扣在防护罩安装卡上或者搭扣在其他防护罩上的。由于在检修时需拆开防护罩检查接触轨，一旦没有恢复到位，此时如有外力如风、车振动的作用，就会出现防护罩松脱或拱起。

②变形或防护罩破损。防护罩搭扣部位出现大的变形甚至破损时，无法固定在防护罩支撑卡上或者搭扣在其他防护罩上，此时如有外力如风、车振动的作用，就会造成松脱或拱起。

(3)处理方法：

①以“先通后复”为原则，在运营时段没有侵限或侵限不严重的故障防护罩可暂不处理，但需加强观察巡视，必要时可要求列车限速通过。影响行车的故障如有可能，故障处理人员应先搭乘列车到达故障点附近安全处，准备好后利用行车间隔停电抢修；在运营时段，把故障防护罩拆卸后即可恢复通车。同时应检查附近相关设备有无损坏并作相应的处理，力争把故障影响时间减少到最短。

②非运营时段的处理。如为没搭扣牢固引起，则把防护罩搭扣好即可；如为变形或破损造成，则需更换防护罩。

七 电连接的维护

1 电连接的设置

接触轨同一供电分区相邻断轨之间设置电连接，采用电缆将固定在断口两端接触轨上的电连接板进行电气连接。温度伸缩接头处的电连接采用铜板或铜杆连接，包含在中间过渡预留伸缩缝接头部件中。

2 电连接的检修与维护

(1)检修与维护的周期：不宜大于12个月。

(2)检修与维护的范围：对接触轨的电连接及相关部件进行全面检查，对不符合要求的内容进行处理。

3 电连接检修与维护的质量标准

(1)电连接的规格、数量、裕度、接线应符合设计要求。

(2)电缆应绝缘良好，无尖锐物体、重物挤压，无损伤、老化龟裂、过热变色、虫鼠害等异常现象，弯曲半径应符合设计要求。

(3)电缆接线端子应压接良好，电缆接线端子连接部位应采用绝缘热缩管套封。

(4)电连接、电连接线板及接触轨之间应安装密贴、连接牢固可靠、电气接触良好、导流良好,铜、铝过渡措施、安装位置、形式应符合设计要求,防腐、防松、紧固力矩应符合设计要求。

(5)电连接应接在接触轨的外侧,不得刮碰受电靴。

(6)电连接应固定可靠,布置规整,布线应符合设计要求。

(7)带电部分与接地体之间的最小净距应符合表3-4的规定,且不得侵入限界。

4 电连接的检修与维护的内容

(1)检查电连接的规格、数量、裕度、接线和外观情况。

(2)检查电连接的连接、接触情况,对需涂油防腐的螺栓、螺母涂油。

(3)检查电连接布置、固定情况。

(4)对不符合技术要求的内容进行处理。

5 电连接的维修方法

(1)检查电连接的规格、数量、裕度、接线。按设计要求,检查电连接的规格、数量和接线,对规格不正确、载流量不能满足要求者,予以更换;缺失时按设计要求的数量补齐电连接;对无法满足接触轨伸缩、土建结构伸缩要求,即裕度不够者进行调整或更换;对接线进行核查,保证接线正确。

(2)检查机械连接及电气接触。检查机械连接是否良好,检查防松标记是否有变化,如有变化则把旧标记清除,按规定力矩紧固连接螺栓,使其达到标准;检查各部件有无烧伤、严重氧化现象,检查示温片有无超温显示,对轻度烧伤者用砂布打磨,涂上导电油脂,重新安装,对烧伤严重者应予以更换。

八 接地线的维护

1 接地线的组成、原理、技术指标

(1)组成:接触轨接地线是由绝缘操作杆、接线夹、接线端子、接地软铜线几大部分组成。JCX－1接触轨专用接地线,如图3-41所示。

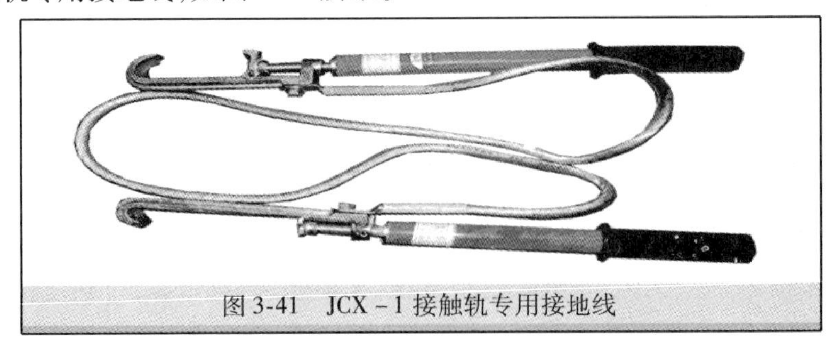

图3-41　JCX－1接触轨专用接地线

(2)原理:接地线就是指在已停电的系统与某个电位基准面之间建立低阻的导电通路。

(3)技术指标:

使用环境条件：环境温度为 -25 ~ +55℃；相对湿度为≤90%；使用场合为户内和户外无雨天气。

2 正确拆装方法及操作规范

(1)接地线的安装：在使用接地线前要正确安装，将导线一端接到走行轨接线夹上，一端接到接触轨接线夹上，螺钉要牢固，以确保接地线不脱落，可正常工作使用。挂接地线时应先接接地端验电证实无电后，立即接导体端并保证接触良好，连接可靠。拆接地线的顺序要与此相反。装、拆接地线均应使用绝缘棒和戴绝缘手套。人体不得碰触接地线或未接地的导线，以防止感应触电。

装设短路接地线时，它和带电设备的距离，考虑接地线摆动的影响，其安全距离应不小于安全工作规程所规定的数值。严禁不用线夹而用缠绕方法进行接地线短路。

(2)接地线使用的注意事项：

①工作之前必须检查整套接地线，软铜线是否有断股、绞线松股，护套是否有破损，夹具螺钉连接处有无断裂或松动，线钩的螺旋是否正常，不符合要求应及时更换或修好后再使用。

②挂接地线前线路必须经验明确无电压后，方可挂接地线。验电时必须使用合格的、与电压等级相符的验电器进行验电。未验电挂接地线是基层中较普遍的习惯性违章行为，而验电的目的是确认现场是否已停电，能消除停错电、未停电的人为失误，防止带电挂接地线。

③不得将接地线随意放置，挂在运行线路中的拉线或金属管上。其接地电阻不稳定，往往太大，不符合技术要求，还有可能使金属管带电，给他人造成危害。

④按不同电压等级选用对应规格的接地线。这也是容易发生习惯性违章之处，地线的线径要与电气设备的电压等级相匹配。

⑤不准把接地棒线夹接在表面油漆过的金属架或金属板上。这是在电气设备检修场，所挂接地线时常见的违章现象。虽然金属与接地系统相连，但油漆表面是绝缘体，油漆厚度的耐压达 10kV/mm，可使接地回路不通，失去保护作用。

⑥严禁使用其他金属线代替接地线。其他金属线接触也不牢固，故障电流会迅速熔化金属线，断开接地回路，危及工作人员生命。

⑦现场工作不得少挂接地线或者擅自变更挂接地线地点。接地线数量和挂接点都是经过工作前慎重考虑的，少挂或变换接地点，都会使现场保护作用降低，使工作人员处于危险的工作状态。

⑧在施工现场应悬挂标示牌或装设临时遮拦。

⑨接地线具有双刃性，它具有安全的作用，使用不当也会产生破坏效应，所以工作完毕要及时拆除接地线。带接地线去合开关，会损坏电气设备和破坏电网的稳定，会导致严重的恶性电气事故。

3 接地线的检修与维护

(1)检修与维护的周期：不宜大于 12 个月。

(2)检修与维护的范围:对接地线进行全面检查,对不符合要求的内容进行处理。

(3)检修与维护的主要内容:

①检查接地线的规格、数量、接线、外观情况。

②检查接地线的连接情况,对需涂油防腐的紧固部件进行涂油。

③检查接地线的固定情况。

④对不符合技术要求的内容进行处理。

(4)检修与维护的质量标准:

①接地线的规格、数量和接线,应符合设计要求,无缺失、损坏、异常腐蚀。

②接地线应连接可靠、接触良好,紧固部件的防腐、防松、紧固力矩应符合设计要求。

③接地线安装方式、布线应符合设计要求,布置规整,固定可靠。

④接地体与带电体间的最小净距符合表 3-4 的要求,且不得侵入限界。

(5)接地线检修与维护的方法:

①检查接地线的规格、数量、裕度、接线。按设计要求,检查接地线的规格、数量和接线,对规格不正确、载流量不能满足要求者,予以更换;缺失时按设计要求的数量补齐接地线;对无法满足土建结构伸缩要求,即裕度不够者进行调整或更换;对接线进行核查,保证接线正确。

②检查机械连接及电气接触。检查机械连接是否良好,检查防松标记是否有变化,如有变化则把旧标记清除,按规定力矩紧固螺栓,使其达到标准;检查各部件有无烧伤、严重氧化现象,对轻度烧伤者用砂布打磨,涂上导电油脂,重新安装,对烧伤严重者应予以更换。

九 接触轨系统设备的检修及要求

1 接触轨的检修

接触轨的检修分为小修、大修和巡视。

(1)接触轨的小修

①小修系维持性的修理,主要是对接触轨进行检测、清扫、涂油;对磨损、锈蚀的接触轨进行整修,以保持接触轨的正常工作状态。

②接触轨小修工作由供电室接触轨工班实施。

③接触轨小修项目、周期和范围,见表 3-11。

接触轨小修的项目、周期和范围 表 3-11

序号	项 目		周 期	范 围
1	电连接检修		12 个月	包括上轨电缆等
2	均流箱检修		12 个月	包括牵引轨之间连接电缆及相对的绝缘子
3	回流箱检修		12 个月	包括回流轨之间连接电缆及相对的绝缘子
4	隔离开关检修	常动	6 个月	括电连接器、RIC 装置、隔离开关的操作机构
		常闭	6~12 个月	

续上表

序号	项目	周期	范围
5	避雷箱检修	6个月及雷雨季节前	包括接避雷器、地线、引线、避雷箱
6	防护罩、绝缘支架、压板、垫块	12个月	包括与道床或轨枕的连接固定装置
7	中心锚结	12个月	包括普通型、强力型中心锚结
8	端部弯头、膨胀接头	6个月	

④接触轨小修应建立下列各项记录：

a. 隔离开关检修记录；

b. 避雷器检修试验记录；

c. 接触轨小修记录。

⑤接触轨小修完毕时，要由检修或测量人员认真填写上述各项记录。工班长对管内接触轨小修任务完成情况及其质量要每月检查一次，并在小修记录上签字。

(2)接触轨的大修

①接触轨大修系恢复性的彻底修理。凡是大修更新的设备及其零部件等，均应符合新建工程的质量标准。

②接触轨大修项目、周期和范围，见表3-12。

接触轨大修的项目、周期和范围 表3-12

顺号	项目	周期	范围
1	更换隔离开关	根据设备使用寿命	批量地更换隔离开关(即一年度内更换数量超过10台)
2	更换接触轨	30年以上	整锚段更换接触轨及其支撑绝缘装置、防护装置

(3)接触轨的巡视

①巡视系日常性的检查，其内容主要是：对接触轨及其附件进行检查；对发现的问题进行记录和处理，以及早发现不安全因素，保持接触轨的正常工作状态。

②接触轨巡视的项目、周期和范围，见表3-13。

接触轨巡视的项目、周期和范围 表3-13

序号	项目		周期	范围
1	电连接检修		半月	包括上轨电缆等
2	均流箱检修		半月	包括牵引轨之间连接电缆及相对的绝缘子
3	回流箱检修		半月	包括回流轨之间连接电缆及相对的绝缘子
4	隔离开关检修	常动	半月	包括电连接器、RIC装置、隔离开关的操作机构
		常闭		
5	避雷箱检修		半月	包括接避雷器、地线、引线、避雷箱

续上表

序号	项　目	周　期	范　围
6	防护罩、绝缘支架、压板、垫块	半月	包括与道床或轨枕的连接固定装置
7	中心锚结	半月	包括普通型、强力型中心锚结
8	端部弯头、膨胀接头	半月	

③步行巡视:每月不宜少于两次。巡视的主要内容包括:

a. 检查有无侵入限界、妨碍电动车组运行的障碍。

b. 检查接触轨状态、特别是受流面的状态。

c. 检查各种零部件有无变形、松脱、缺失、烧伤、损坏等异常。

d. 检查各电缆、连接线有无烧伤、松脱、缺失、外护套破损等异常。

e. 检查绝缘部件有无破损、过热变色和闪络放电痕迹等异常。

f. 检查有无其他危及行车和供电安全的现象。

城市轨道交通接触轨系统的步行巡视一般需在夜间停运后、并且停电后进行。巡视前必须先办理清点手续,得到批准后方可巡视;巡视时应穿戴好防护用品,如荧光服、绝缘鞋等,携带记录本、笔、照明工具及一些处理简单小缺陷的常用工具和材料,如钳子、活口扳手、电缆绑扎带、绝缘胶布等。在步行巡视中要注意人身安全和行车安全。

④乘车巡视(每月不少于2次)。主要是登乘机车对可以直接观察到的接触轨部件外观进行检查,如防护罩、支架、电缆、避雷器有无异常,有无被其他异物影响等。必要时可在车站观察受电靴有无破损异常,从而判断接触轨有无异常。

⑤遇有大风、大雨、大雪、大雾等恶劣天气时,应适当地增加巡视次数。在接触轨系统投入使用的初期,或者接触轨附近有较大施工的区段以及存在有较大缺陷的区段,应适当地增加巡视次数。

⑥每次巡视检查发现的缺陷及处理情况均应有专门的记录,巡视、检查发现的缺陷应纳入检修计划。对危及安全的缺陷应及时处理,其余的尽量纳入接触轨小修和大修中进行整修。

(4)取流检查

取流检查是对受电靴的取流状况进行检查,有条件时每季度开展一次,其主要内容为:检查受电靴与接触轨之间的实际接触轨取流工作状况,检查有无拉弧、碰撞等现象。

受空间、视角等条件限制,取流检查一般采用视频监控系统时,必须保证安装牢固可靠、具有良好的防松措施、不超限界,并与带电部分保持足够的安全距离。

(5)专项检查

专项检查是在接触轨发生故障或地铁发生影响接触轨的故障或在自然灾害(暴风、洪水、火灾、冰凌、极限温度等)出现后,对相应接触轨设备的状态变化、损伤、损坏情况进行检查。专项检查的范围和手段根据检查的目的确定。

(6)接触轨检测

①静态检测。

a. 检测接触轨工作高度、偏移值，检修周期1年。

b. 检测膨胀接头补偿间隙，周期半年或按产品说明书。

c. 接触轨测量，重点测量周期1～2年，全面测量5～8年。

每次检测后，应对接触轨质量作出评价，同时将发现的缺陷纳入检修计划，对危及安全的缺陷要及时处理。

②动态检测。

动态检测是连续测量，不同于静态的点测量。动态检测对于全面掌握接触轨的技术状态，特别是靴轨配合关系是必不可少的，可为接触轨的维护、调整提供科学依据，为开展接触轨的状态检修创造条件。动态检测自动化程度高、检测迅速，可用于故障查找，通过动态检测可及时、全面掌握接触轨的主要技术参数，这对于线路长、检修时间短、中断行车影响大的城市轨道交通接触轨系统无疑是十分必要的。

目前国内接触轨动态检测设备还很少，较为成熟的项目是接触轨几何参数测量，通常采用视频或激光测量技术进行，但对靴轨配合、硬点、膨胀接头间隙等技术参数的测量还在开发当中。因此，可根据实际情况确定动态检测的内容。

2 接触轨系统季度检修作业的项目、内容、标准和要求

接触轨系统季度检修作业的项目、内容、标准和要求，见表3-14。

接触轨系统季度检修作业的项目、内容、标准和要求　　表3-14

序号	作业项目、内容		标准、要求或记录	检测手段
1	膨胀接头维护	检查铝排、不锈钢带和铜板处是否变色	无电弧灼伤痕迹	目测
		检查轨末端是否有微小的弯曲	接头末端连接处不平顺度≤0.25mm	测量
		检查与受电靴相接触的所有部件是否有磨损	受流面光滑，无毛刺	目测
		根据图纸检查紧固件的紧固力矩是否正确	观察螺栓上标记的红油漆处是否错位	目测
2	端部弯头维护	检查接触面是否有电弧的痕迹	无电弧灼伤痕迹	目测
		检查紧固件是否松动，特别是距弯头最近的普通接头和防爬器	观察螺栓上标记的红油漆处是否错位	目测
		在计划停电的维护时间，通过手动的方法检查末端的摆动情况	端部弯头末端不应出现摆动情况	目测
		检查支架	连接螺栓紧固，无破损、变形、移位现象	目测
3	膨胀接头拆除	拆除膨胀接头保护罩	检查是否可以继续使用	目测
		松开膨胀接头末端的螺栓、螺母和其他紧固件	无须使用力矩扳手	目测

续上表

序号	作业项目、内容		标准、要求或记录	检测手段
4	膨胀接头安装	两个人抬起膨胀接头,另一个人移开支架上的卡子,抬开膨胀接头	在收入到车场或者车站的储存区域前,先把膨胀接头放到轨道木垫块上	目测
		将要安装的新膨胀接头组件搬运到安装地点附近	伸缩段组件长约1975mm,搬运时务必十分小心	目测
		在需要安装膨胀接头的接触轨端头处(已安装到位),放置安装平台,总高度符合施工图纸的要求	为抬起组件,应安排3个人,每边安排一个人抬起,第三个人则在中间处协助抬组件。把膨胀接头组件轻轻放稳在木板上,操作时要小心,要顾及到已经安装到位组件	目测
		在使用带有起重臂的铲车或液压起重机来安装膨胀接头的情况下,要用防护材料垫起,以防损坏膨胀接头	检查膨胀接头组件与相邻行车轨之间接触面的高度和对齐情况,操作按相关的施工图纸进行	目测
		配备一枝数字温度计,用温度计测出已安装接触轨的温度	将温度感应点分别置于轨底、轨腹下部及钢带表面,记录读数并计算其平均值	目测
		调整间隙	用专用工具将膨胀接头装置两侧的滑轨小心地拉开,使间隙与环境温度相适应(见施工温度间隙图)。若螺栓与螺母上的红油漆标记已经破坏,则不能安装,交由生产厂处理	目测
		安装另外一端的接触轨	使用C形夹具及50×100的木质楔以保证间隙所在处不挪动	目测
		将安装到位的接触轨末端及落位处的相近接触轨末端清理干净,然后在接触轨末端的轨腹两侧涂上接触油脂	接触油脂要涂抹均匀	目测
		安装普通中间接头	将普通接头安装到要加以连接的接触轨末端的伸缩段组件的轨腹处,并将四根螺栓拧紧至要求。拧紧螺栓时要确保接触轨的末端牢牢定位	目测
		检查接触面高度及对齐情况	将接头处多余的接触油脂擦干净,并在安装完成后将工作地点的废弃物清除	目测
		安装膨胀接头防护罩	膨胀接头处的防护罩要按实际需要切割	目测

续上表

<table>
<tr><th>序号</th><th colspan="2">作业项目、内容</th><th>标准、要求或记录</th><th>检测手段</th></tr>
<tr><td rowspan="4">5</td><td rowspan="4">端部弯头拆除</td><td>确认待换端部弯头的位置</td><td></td><td>目测</td></tr>
<tr><td>拆开要更换端部弯头末端的鱼尾板连接</td><td>将换下的鱼尾板放入干净的盒子中</td><td>目测</td></tr>
<tr><td>两个人抬着更换端部弯头末端以防止摆动，然后拆下支架上的螺栓，拿开固定夹</td><td>注意防止端部弯头掉落砸伤</td><td>目测</td></tr>
<tr><td>抬起弯头并拿开</td><td>注意防止端部弯头掉落砸伤</td><td>目测</td></tr>
<tr><td rowspan="7">6</td><td rowspan="7">端部弯头安装</td><td>端部弯头同接触轨之间采用普通接头连接</td><td>端部弯头按照正线和车场线分为两种，正线弯头长度为5.2m，端部弯头两端的高度差126mm；车场线弯头长度为3.4m，端部弯头两端的高度差129mm</td><td>目测</td></tr>
<tr><td>检查接触轨和端部弯头安装端面</td><td>清理接触轨和端部弯头安装端面的污物，休整端面上的毛刺，检查端面与轨面的垂直度，保证垂直度为±0.1°，并涂上一层极薄的接触油脂</td><td>测量</td></tr>
<tr><td>固定接触轨和端部弯头连接处</td><td>使用C形夹具和两块质地软硬适中的木板（板长500、宽90、厚15，并且表面光滑平整），上下夹持住接触轨和端部弯头，使其两部分的对接保持在同一平面上，接头处无高低落差</td><td>目测</td></tr>
<tr><td>使用打孔机和打孔工装</td><td>在需要安装端部弯头的接触轨一端进行打孔，孔的直径为ϕ17mm，连同端部弯头上的孔，共计4个，孔间距为100mm</td><td>测量</td></tr>
<tr><td>将所有配合表面清理干净，使用干净的垫子或中粒度磨料钢丝刷打磨，并在端部弯头的界面连接表面处涂上一层极薄的接触油脂</td><td>接触油脂应涂抹均匀</td><td>目测</td></tr>
<tr><td>将端部弯头安装到要加以连接的普通接头处，并将4根螺栓拧紧，螺栓紧固力矩为70N·m</td><td>端部弯头的断口与接触轨之间密贴，不得有高低差及由此产生的台阶伤及集电靴</td><td>测量</td></tr>
<tr><td>再次检查接触表面，将接头处多余的接触油脂擦干</td><td>安装完成后将工作地点的废弃物清除</td><td>目测</td></tr>
</table>

3 接触轨系统年度检修作业的项目、内容、标准和要求

接触轨系统年度检修作业的项目、内容、标准和要求,见表3-15。

接触轨系统年度检修作业的项目、内容、标准和要求　　表3-15

序号	作业项目、内容		标准、要求或记录	检测手段
1	接触轨维护	对接触轨及普通接头等进行全面详细检查	是否安装牢固、是否有明显缺陷	目测
		测量接触轨的安装位置	接触轨受流面至走行轨面垂直高度200±5mm;接触轨中心至相邻走行轨内侧水平距离726.5±5mm	测量
		检查钢铝复合轨、普通接头等有无烧伤、变色现象	无电弧灼伤痕迹	目测
		检查普通接头连接有无松动,导电油脂涂层是否均匀足够,接头处钢带接触面过渡是否平滑	接头处不平顺度≤0.25mm,连接间隙<0.2mm	测量
		检查不锈钢带受流面的磨损是否均匀	受流面应平整光滑、磨损均匀、无毛刺	目测
2	接触轨拆除	拆除防护罩	先拆除支架防护罩,然后需多人从防护罩的两侧用力向下挤压防护罩,同时将防护罩底部的挂钩向外侧掰,向上将防护罩与防护罩支撑分离	目测
		松开鱼尾板上紧固件(螺栓、螺母等)	将拆下的鱼尾板放在干净的地方	目测
		松开支架上卡着复合轨的固定夹	注意防止复合轨掉落砸伤	目测
		用接触轨专用起吊工具吊起复合轨	并且保持带力状态	目测
		人工移开复合轨	用接触轨专用起吊工具吊起复合轨放在平板车上	目测
3	接触轨安装	在标准正线安装接触轨,先将要安装的接触轨搬运到安装地点、接触轨座附近	该接触轨是按照标定距离3~5m置于绝缘支架装置之上的(托架定位的允许公差±10mm)	目测
		安排8个人抬起接触轨,每两人使用一套专用抬轨工具,另2人在旁边协助抬起轨道	抬轨人员应该保持抬轨工具、双手、衣物及防护用品的干净整洁,避免有油污或其他可能污染到接触轨的物品	目测
		把接触轨轻轻抬起,轻轻推送到位,接触轨腰腹部应放置到支座的固定颚上	操作时要很小心,让接触轨慢慢放下去,与已安装到位的相邻接触轨相对接	目测
		检查接触轨与相应走行轨的接触表面的高度是否正确、对齐,是否良好	接触轨受流面至走行轨面垂直高度200±5mm;接触轨中心至相邻走行轨内侧水平距离726.5±5mm	测量

续上表

序号	作业项目、内容		标准、要求或记录	检测手段
3	接触轨安装	调整到位后,对复合轨进行固定	将螺栓依次穿过止动垫片、方形垫片、卡爪、支座,拧入螺母,使用矩扳手拧紧到44N·m,待整个线路段调整完毕,将止动垫片向上撬起,使其与螺栓的一个六方平面紧贴	测量
4	接触轨清扫	检查接触轨和支架上因运行产生的白色粉状物。先用蒸馏水清洗,再用压缩空气吹干	白色粉状物将会形成对地的导电通路	目测
		检查膨胀接头铜板上灰尘情况	用布擦除灰尘	目测
		检查接触轨因摩擦产生的铁屑	用压缩空气吹去轨腰处的铁屑	目测
		检查支架处堆积的铁屑	先用蒸馏水清洗,再用压缩空气吹干,或者直接用压缩空气吹扫	目测
		检查膨胀接头处堆积的铁屑	铁屑会导致性能降低。用压缩空气清理铁屑。不用拆除保护罩	目测
5	普通接头的拆除	松开鱼尾板上的螺栓、螺母和其他紧固件	使用套筒扳手松开螺栓,无须用力矩扳手	目测
		从轨腰上拿开鱼尾板	注意不要碰到接触轨	目测
		清洁鱼尾板,并放到干净的盒子里面	不要将其放在地面或者轨道上,以免造成污染	目测
6	普通接头的安装	将两根需连接的复合轨抬起	两根复合轨的对接缝要平齐	目测
		检查接触轨接缝部位是否安装平齐	保证不锈钢带一侧安装平齐,不允许有高低不平,或扭转现象,安装要求为小于0.25mm	测量
		将装置到位的接触轨末端及对接处的相近接触轨末端清理干净,并涂上导电油脂	导电油脂要涂抹均匀	目测
		将所有配合表面清理干净,使用干净的垫子或中粒度磨料钢丝刷打磨	在普通接头的界面连接表面处涂上一层极薄的接触油脂	目测
		将普通接头安装到要加以连接的接触轨端点的轨腹处,并将4根螺栓拧紧到普通接头上,要确保在直线方向上接触轨的对接缝已牢牢定位	连接组件安装要仔细按照施工图纸的要求进行,务必不要让连接组件与轨道防护罩、防护罩支撑块相互干涉	目测
		拧紧螺栓	拧紧螺栓至70N·m	目测
		检查接触表面	将接头处多余的接触油脂擦干净,并在安装完成后将工作地点的废弃物清除	目测

续上表

序号	作业项目、内容		标准、要求或记录	检测手段
7	电缆连接中间接头的拆除	确认待换的电缆连接板的位置	拆下保护罩，清理周围区域	目测
		用扳手拆下电缆连接板上连接的接线端子	注意不要使被拆下的接线端子受到污染	目测
		拆下电缆连接板的螺母	拆卸时无须使用力矩扳手	目测
		取下电缆连接板	将其放到干净的盒子里面	目测
8	电缆连接中间接头安装	将两根需连接的复合轨抬起	两根复合轨的对接缝要平齐	目测
		检查接触轨接缝部位是否安装平齐	保证不锈钢带一侧安装平齐，不允许有高低不平，或扭转现象，安装要求为小于0.25mm	目测
		将装置到位的接触轨末端及对接处的相近接触轨末端清理干净，并涂上导电油脂	导电油脂要涂抹均匀	目测
		将所有配合表面清理干净，使用干净的垫子或中粒度磨料钢丝刷打磨	在电缆连接中间接头的界面连接表面处涂上一层极薄的接触油脂	目测
		将电缆连接中间接头安装到要加以连接的接触轨端点的轨腹处，并将4根螺栓拧紧到电缆连接中间接头上，要确保在直线方向上接触轨的对接缝已牢牢定位	连接组件安装要仔细按照施工图纸的要求进行，务必不要让连接组件与轨道防护罩、防护罩支撑块相互干涉	目测
		拧紧螺栓	拧紧螺栓至70N · m	目测
		将电缆接线端子接上电缆连接中间接头	注意不要使接线端子受到污染	目测
		检查接触表面	将接头处多余的接触油脂擦干净，并在安装完成后将工作地点的废弃物清除	目测
9	电缆连接板维护	检查电连接中间接头周围区域是否有变色现象	配合面的检查需要拆下线鼻子或者电连接中间接头	目测
		检查电缆的位置	因环境温度变化或者负载引起的接触轨的伸缩不应受到限制	目测
		检查是否有断裂和剥落现象	检查接线端子是否紧固	目测
10	防爬器的拆除	用活动扳手或者套筒扳手拆下连接处的螺栓、螺母和其他紧固件	无须使用力矩扳手	目测
		检查螺栓的螺扣和其他紧固件(不包括螺母)	选出可以重复使用的零件	目测
		轨腰处拿开锚固	注意不要损伤复合轨	目测
		清洁锚固，然后和紧固件放在一起	不要放在地面或者轨道上，预防造成污染	目测

续上表

序号	作业项目、内容		标准、要求或记录	检测手段
11	防爬器安装	防爬器安装在长轨的中部	接触轨普通防爬器是用于防止接触轨长轨向两侧不均匀蹿动的固定连接件	目测
		通常在一个安装位置安装两套普通防爬器，分别位于绝缘支撑的两侧	一套普通防爬器由一对铝制防爬器本体、两根螺栓、两个平垫、两个弹垫、两个螺母组成	目测
		使用打孔机在选定部位进行打孔	孔的直径为 ϕ17mm、间距为100mm，共计2个孔	测量
		将所有配合表面清理干净，使用干净的垫子或中粒度磨料钢丝刷打磨，并在防爬器本体的界面连接表面处涂上一层极薄的接触油脂	注意接触油脂要涂抹均匀	目测
		将防爬器本体安装到接触轨的已经钻好孔的轨腹处，并将2根螺栓拧紧	螺栓紧固力矩为70N·m	目测
		再次检查接触表面	将接头处多余的油脂擦干净，完成后将工作地点的废弃物清除	目测
12	绝缘支架维护	检查绝缘支架紧固螺栓是否紧固，有无松动	观察螺栓上标记的红油漆处是否错位	目测
		检查绝缘支架有无变色、表层剥落、裂纹及其他异常现象	有此现象需更换支架底座	目测
		检查绝缘支架底座有无镀锌层脱落、锈蚀现象	有此现象需更换支架底座	目测
		检查绝缘支架与接触轨的对正情况	可能影响接触轨对集电靴受流	目测
13	防护罩维护	检查防护罩有无变色、表层剥落、裂纹及其他异常现象	防护罩选型正确，安装规范、牢固可靠	目测
		检查防护罩上警示标志是否清晰、有无脱落	防护罩上的警示标志齐全、明显	目测
		检查防护罩、支撑卡与接触轨的结合状态，特别是膨胀接头、防爬器、电缆接线板处的防护罩，不影响接触轨的自由伸缩	防护罩规格型号、各种电气性能和机械性能符合产品技术条件，无损伤	目测
		对不合要求的防护罩进行更换	注意选择相对应的型号	目测
14	接地扁铝维护	检查接地扁铝与支架底座间、接地扁铜接头处接触是否良好，螺栓是否紧固	接地扁铝的规格应符合要求，扁铝间连接以及扁铝与底座间的连接应牢固可靠，无虚连	目测
		检查接地扁铝有无裂纹、过热变色、烧伤痕迹，沿线布置平顺、不应落于道床面上	两段接地扁铝连接安装的时候，其重合长度不得小于150mm	目测
		检查接地跳线与底座及接地扁铝的连接是否牢固可靠，接地跳线的固定是否稳固	注意选择型号正确的接地跳线	目测

复习与思考

1. 接触轨有哪几种类型？各有什么特点？
2. 接触轨系统是由哪些设备组成的？各设备有什么作用？
3. 试述接触轨清扫作业程序。
4. 接触轨的常见故障有哪些？如何处理？
5. 中间接头有哪两种类型？分别说明它们的结构。中间接头的检修质量标准有哪些？
6. 端部弯头的维修方法有哪些？
7. 膨胀接头有什么作用？膨胀接头的维护内容有哪些？
8. 说明绝缘支座检修与维护的作业标准。
9. 试述中心锚结的作用。分别说明普通防爬器和锚结防爬器的结构。中心锚结检修与维护的方法有哪些？
10. 防护罩有什么作用？有哪些常见故障？如何处理？
11. 说明电连接和接地线的维修方法。
12. 进行接触轨步行巡视时的主要内容是什么？
13. 接触轨的大修和小修各包括哪些内容？

单元4

接触网事故抢修

教学目标

1. 掌握事故抢修的原则、程序与注意事项；
2. 了解接触网典型事故的抢修步骤；
3. 学会接触网典型故障的分析与对策。

建议学时

6学时

4.1 事故抢修预案

一 事故抢修原则和指挥系统

1 事故抢修的原则

(1)尽可能采取妥当的或临时措施使得接触网脱离接地,送电通车;必要时列车可降弓通过。

(2)送电通车后,再安排停电时间处理,直至接触网恢复正常状态。

2 事故抢修的指挥系统

(1)电力调度员为事故抢修的总指挥,负责事故现场的总指挥工作。分公司调度员值班室与有关上级保持联系车辆、组织调配,并立即通知触网车间安排人员组织现场抢修。抢修现场应与电力调度员保持联系,通过电力调度员将现场抢修进展及完成情况随时通知分公司值班室及有关上级。

(2)一般事故抢修由触网检修主管项目师担任现场指挥,其他支援人员必须服从上述人员统一指挥。

事故抢修中,如与调度员的直接通信联系中断时,可设法通过列车调度、区间电话等进行联系。当一切电话中断时,在作业前必须采取如下措施:

①做好事故地点的安全防护准备工作;

②与牵引变电所保持联系,断开有关的断路器和隔离开关;

③断开接触网有关隔离开关并加锁,必要时派人看守;

④按规定装设接地线;

⑤工作负责人要设法将事故有关情况,通过其他各种方式尽快报告总调度所调度。

二 事故抢修程序和安全注意事项

1 事故抢修程序

(1)接收抢修命令。
(2)进行抢修准备。
(3)调查事故现场。
(4)确定抢修方案。
(5)进行抢修分工。
(6)申请作业命令。
(7)采用防护措施(验电接地防护等)。
(8)投入抢修作业。
(9)检查抢修质量。
(10)清理抢修现场。
(11)拆除接地线。
(12)消除作业命令。
(13)送电观察运行。
(14)汇报抢修情况。

2 安全注意事项

(1)与电力调度员联系不得中断。
(2)高空作业扎好安全带。
(3)地面作业人员系好安全带。
(4)做好行车防护。
(5)各种信号联系及时准确。
(6)在事故抢修中,正确使用操作工具和安全工具。

(7)对检修设备和抢修设备时所发生的人身伤害,应及时进行抢救,并将伤者送往医院。

(8)重视事故点的安全防护:在接地接好前,任何人不得接近事故点10m内。以防止突然送电而造成触电伤人的事故。

(9)在事故抢修中,对受力较大的部位应加强保护。

(10)当事故抢修人员到达事故现场后,在未得到抢修工作负责人同意前,严禁对事故供电臂进行强行送电。

(11)当事故涉及其他单位而又原因不明时,抢修工作负责人应对与接触网其他关联设备(如受电弓)等进行认真检查,做好记录,将现场情况如实向上级汇报,严禁弄虚作假。

4.2 典型事故的抢修

一 定位管严重损坏

1 工具及材料准备

所需工具、材料包括：弹性底座、隧道（800mm 和 1000mm）定位管、户外定位管、支持器及各种接触线线夹（已装配）、软定位尾线、4mm 的钢丝、绝缘绳、0.75t 葫芦、钩头扳手、扭力扳手、绝缘子、旗杆绳、锉刀、砂纸 、扭面器 、紧线器（50 ~ 150） 、铜锤（2 把）、定位器材 、个人常用工具 、“之”字值测量器。

2 人员及车辆配备

作业人员至少为 4 人 ，需配备梯车和抢修车。

3 抢修步骤

（1）申请要令，挂设地线。

（2）清理现场损坏的配件（包括接触线、腕臂、绝缘子及刮坏的吊弦）。

（3）紧急抢修：

如果故障点发生在隧道及户外直线段，即可直接将损坏的定位管移走；同时扭正接触导线后应能保证机车受电弓通过时能平滑过渡，无打弓现象。如果故障点发生在曲线段时，由于接触线横向张力较大，作业时可通过葫芦及绳子、滑轮把接触线拉到位，再用辅助线索（铁丝、16mm^2 青铜线）来作临时固定。

（4）清理现场，通知电力调度员送电。

（5）现场留人观察地铁通过故障点的情况。

（6）等运营结束后，进行彻底修复。

4 填写抢修报告

二 隔离开关闸刀严重烧损

1 材料及工具准备

各种类型的动、静触头的刀片和开关绝缘子、绳子、隔离开关引线及连接部件,保险带,安全帽,个人工具等。

2 人员及车辆配备

作业组由4人组成,配备机动车1辆。

3 抢修步骤

一般隔离开关故障,可将其退出运营。如果隔离开关动静触头烧住,此开关又有闭锁装置就应该把连杆与开关分开,然后再操作电动机构箱起到解除闭锁装置,这样一来就可以启用联络开关。等运营结束后进行系统性恢复。

4 填写抢修报告

三 补偿绳断裂

1 工(器)具及人员车辆配备

梯车1~2辆、轨道车、3t和1.5t手扳葫芦(各2把)、紧线器、断线钳、液压钳、钢丝套、钢丝绳、扭面器、旗杆绳、光学测量仪、个人工具。

2 主要材料

补偿钢丝绳 、吊索、定位线夹、吊索线夹、定位器、绝缘子。

3 抢修步骤

(1)电力调度员下达准许作业命令,验电接地后做好行车防护工作。

(2)巡视一下损坏的线路,把需要更换的零部件全部更换掉。

先把准备好的补偿绳,与下锚线连接起来,如果时间不允许的情况下,可先采用硬锚的形式固定。如果时间允许的情况下,断线与下锚柱距离又较远,可先用绳子将导线拉到一定位置后再用手扳葫芦拉紧。

(3)按照安装曲线图来决定补偿绳长短。

(4)安装完毕后,必须检查补偿绳绕制是否正确。

(5)测量拉出值、导高,并调整有关部件达到技术要求。

(6)清理现场,通知电力调度员送电。

(7)检查送电后的触网情况。

4 填写抢修报告

四 吊弦断裂

1 工具、材料及车辆配备

梯车(1～2辆)、铜锤、尼龙绳、断线钳、液压钳、冷压钳、16mm^{2}软铜线、各种吊弦辅助件。

2 抢修步骤

(1)电力调度员下达准许作业的命令,验电接地后做好行车防护工作。

(2)拆卸破坏吊弦并保存,检查吊弦线夹的损坏程度,检查承力索是否有断股、接触线是否有拉坏的情况。如果损坏的吊弦不影响“之”字值的话,可以让电动客车限速通过此区段。如果时间不允许的情况下,可先用8号铅丝与吊弦线夹先作临时处理。如果时间允许的情况下,按吊弦制作工艺制作,并固定在承力索与吊弦之间。

(3)作业完毕后,测量拉出值、导高,调整有关零部件。

(4)通知电力调度员送电,并观察送电后的触网情况。

3 填写抢修报告

五 接触线断裂

1 工(器)具及人员、车辆、材料的配备

梯车(1～2辆)、轨道车、抢修机动车、1.5t和3t手扳葫芦、紧线器、断线钳、钢丝套、钢丝绳、扭面器、旗杆绳、光学测量仪、接触线(车辆厂准备2盘)、吊弦(车辆厂准备100m)、腕臂装置(2套完整的)、支持装置(4套完整的)、人员(10～12人)。

2 抢修步骤

(1)清理事故现场的阻塞物如受电弓等。

(2)检查损坏线路的受损情况,把必须要换的部件换上。

(3)到张力补偿处将坠陀用手扳葫芦拉到支柱上。

(4)把准备好的新线与旧线用连接线夹连接起来,在下锚处,打上紧线器;然后将葫芦收紧,与补偿装置的补偿绳连接起来。同时在腕臂处安装定位器,在所有定位处按技术要求调整,在旧接触线与新接触线处用锉刀挫平,使受电弓能平滑过渡。

(5)所有吊弦按偏移值调整。

(6)所有损坏线路的导高、"之"字值按技术要求调整,中锚按照技术指标调整。

(7)作业完毕后,必须进行冷滑,符合送电条件后,通知电力调度员送电。

(8)对作业的线路进行再一次检查,然后观察若干辆电动列车通过时的情况。

3 填写抢修报告

4.3 接触网故障分析与对策

一 接触网碰打弓故障

1 原因分析

(1)定位部位的任一部件技术参数变化、超标严重都有可能引起弓网故障。如定位坡度超过规定范围,形成硬点或坡度太小;定位偏移太大或偏移方向错误,在气温急剧变化时,接触网参数发生大的变化。

(2)始触区内存在各种线夹。

(3)吊弦线夹偏斜。

(4)接触线接头线夹不平滑。

(5)分段绝缘器接头线处未打平,过渡不平滑。

(6)锚段关节中零部件夹持大面或安装不正。

(7)隧道定位立柱安装偏移侵占受电弓工作范围;固定腕臂的U形螺栓安装不平,受振动力影响下滑进一步侵占受电弓工作范围,出现棒式绝缘子铸铁帽碰打受电弓。

(8)分段绝缘器安装不符合技术标准。

2 采用对策

从受电弓的运行痕迹诊断，弓网碰撞主要发生在以下四个部位，所以在日常维护中，对其进行重点检查、测量。

(1)通过分段绝缘器是否平滑，有无冒火、拉弧、撞击等现象。

(2)通过线岔时是否平滑，在始触区位置受电弓相对两支接触线位置是否合理。

(3)电分段关节曲内中心柱特型定位器尾部。

(4)隧道立柱腕臂偏移是否过量。对重点查出的问题和测量数据异常的情况进行维修和调整。

二 风偏移故障

1 原因分析

因大风造成的接触网跨中及定位点处弓网故障如下：

(1)跨中最大风偏。

(2)电动列车车体倾斜造成的偏位。

(3)电动列车受电弓横向位移。

(4)车体与转向架之间的横动量。

(5)接触线拉出值的误差。

(6)由接触线的张力差引起的风偏超限。

(7)由温差引起的风偏超限。

2 采用对策

(1)在反定位处增设防风支撑，以进一步提高抗风能力。

(2)在中心锚结附近，尤其是在风口地带，适当增加中间支柱定位装置，以防止接触网跨中受风偏移超限问题。

(3)接触线拉出值尽可能不顺风向出现偏差：要保证补偿装置升降自如、不卡滞，坠砣丢失或损坏后要及时补充更换；在调整吊弦和定位器的偏斜时，要根据当时气温求出其偏移值进行调整，这样就保证在极限温度下，吊弦偏移不会过大，从而也就保证了悬挂的质量。

三 接触网断线事故

1 原因分析

(1)制作工艺不过关的接触线、承力索是事故发生的隐患。

（2）主导电回路连接不正确，承力索分流造成接触线、承力索烧伤断线。

（3）路外施工、危树、跨越线、桥等未加强控制。

（4）接触线磨耗超限。

2 采用对策

（1）改进接触网不合理电气连接接线方式，确保主导电回路畅通。

接触网电气连接中不合理的接线方式，将造成主导电回路电流的不合理分流，使得原来不适于大电流通过的零部件通过较大的电流。当这些零部件及其连接处不能满足大电流通过时就造成烧损，引起零部件脱落，直至引发接触网断线事故。

运行中的接触网还出现过另外一种事故。两路接触悬挂交叉接触，尽管附近两悬挂间安装有电连接器，但当有较大电流通过时，交叉接触处发生了断线事故。究其原因，两圆形线索交叉接触在一起，接触面极小（理论上为点接触），即使在接触面处流过较小的电流，也会造成线索烧损，直至发生断线事故。为避免这类事故，可以通过调整避免两路交叉的接触悬挂接触。如果采取越区供电方式，原来的供电臂末端存在的这种交叉方式也应引起足够重视。

（2）采用耐温材料，加强对电气连接状态的控制。

接触网因电气连接不良造成的断线事故，均是线夹处发热引起线索机械强度下降造成的。以往我们曾经尝试用红外线测温仪对线夹温度进行测量。但由于线夹温度取决于流过电流的大小，即线路负荷大小，而线路负荷大小是随时变化的，使用仪器很难捕捉到最大负荷时的最高运行温度。另外，该仪器操作复杂，测量受外界条件影响因素多。我们在生产实践中引用了不可逆示温材料，用于对线夹运行温度的监测，取得了良好的效果。各种材质的电连接线夹其最高允许使用温度分别为：铜质95℃；铝合金90℃；铝质80℃；钢质及可锻铸铁125℃。考虑到接触网的运行环境及检修条件，80℃不可逆示温材料可满足需要。示温材料在牵引供电主导电回路的电气连接线夹上使用，张贴或涂在线夹表面即可。当温度超过一定的数值时，示温材料颜色发生变化，在地面上观察就可以判断连接质量的好坏。

耐温材料可安装到以下地点：供电线上网点线夹、锚段关节电连接线夹、正线线岔电连接线夹、正线股道电连接线夹、隔离开关引线电连接线夹及其他可能有电气发热的线夹。

（3）加强巡检。

通过车梯巡检，可以对接触网不易通过间接手段掌握设备运行状态的所有项目进行检查，如接触悬挂、附加悬挂及支撑装置的内在质量检查。在巡检过程中对设备进行必要的防腐处理和零部件的紧固更换等，可以有效避免因锈蚀、设备脱落引发接触网断线事故。

螺栓紧固应使用扭矩扳手按标准力矩紧固，避免过紧或未上紧现象。车梯巡检过程中要对线索磨耗、电连接线器状态、接触网跳闸烧伤情况进行检查，根据检查情况采取相应措施。通过车梯巡检，还可以掌握接触线磨耗情况，对磨耗大或磨耗快的处所加强控制，避免因磨耗超限造成断线事故。

（4）加强用料监管。

对接触网工程大修用料、维修用料加强管理，杜绝不合格产品上网。接触线、承力索要选用抗拉强度高、抗短路电流能力强的线材，如用合金接触线取代铜接触线，就能减少因机车故障造成的断线事故。厂家应提高接触线生产质量，克服配盘运输过程中产生的影响质量的问题。

(5)避免外界施工造成接触网断线。

在日常巡视和检修作业时要注意外界施工的影响，加强控制和宣传教育；同时要对沿线危树、高建筑物及跨线桥进行调查，不但要注意其与接触网间的绝缘距离，还要看稳固状态，发现问题应及时处理。

(6)隔离开关供各条电化股道电能的电缆，应分别单独与各股道连接。

(7)列车受电弓不能长时间停留在锚段关节处取流，如果两条接触线电压较大，很容易烧断接触线。

四 电气烧伤故障

1 原因分析

(1)采用的线索允许持续载流量偏小。

一些线索因持续载流量偏小而承受不了大电流的长期运行，导致线索“不堪重负”而发生了烧伤。

(2)主导电回路缺陷。

接触网主导电回路由馈电线、隔离开关、隔开引线、承力索、接触线、电连接器等组成。各部分间由各种线夹进行连接，满足向地铁列车供电的需要。主导电回路必须良好，才能保证电流的畅通；若存有缺陷，将引起局部载流过大、零部件分流严重，从而烧伤接触网设备。导电回路缺陷主要有以下几种。

①主导电回路导流不畅。

电气连接部分因连接不良或长时间运行松动等原因引起的电、化学腐蚀，造成主导电回路的截面(或当量截面积)不足，电气连接阻抗加大，从而导流不畅，烧伤接触网设备。如：将承力索纳入了电连接器电气导流的一部分；电连接线夹大小槽装反；线夹内有杂物；设备线夹间非面面接触等。

②主导电回路不闭合、主导电通道迂回。

站场中的接触网结构比较复杂，在进行电气连接时，由于种种原因造成主导电回路不闭合、主导电通道迂回，引起分流严重而烧伤接触网零部件。

③馈电线同时给多股道触网送电。

④股道间电连接的设置远离软横跨。

定位环线夹与定位器间为非永久固定性连接。当列车通过时，受电弓的抬升力使定位器瞬时减载，导致定位器与定位环线夹间松动，两者接触电阻加大，分流电流流过时温升过高，时间一长便造成了定位环线夹与定位钩间的烧伤。

（3）非正常的电流转换。

设计的接触网结构中某些不应有电流通过的地方，而由于某些条件的巧合通过了全部或部分牵引电流。由于这些地方没有保证牵引电流（或其分流）通过的必要的电气连接，所以烧伤了接触网设备。

（4）零部件分流。

在接触网中，电气连接数量越多、性能越好，零部件的分流就越小，但是，电气连接数量再多、性能再好，也不可能把其他零部件的分流减为零。零部件分流有其固然性，不能将分流问题统统归结为电气连接不良。有分流就会产生电气烧伤，尤其是对活动部位的危害性较大。因为活动部位处多为点线接触而非面面接触且活动铰接的活动量大，这样活动部位处的电气接触电阻也就比较大，所以分流烧伤程度比较重。

（5）施工检修方面的原因：

①在施工时未严格执行有关标准，导致电连接器的接线不正确、线夹安装不标准。

②现行的检修规程中对电气连接的电气标准没有量化指标，使得供电部门在具体检修时"无章可循"。

③对电气连接缺乏行之有效的检测方法和手段，在具体检修中多是做些外观上的检查。

④工区存在"涂油"的认识误区。为防止设备检修质量验收时扣分，检修人员在平时检修时对接触网设备抹涂大量的黄油，致使设备的内部电气烧伤缺陷不能及时地被发现。如：为防止电连接散股扣分，在电连接表面抹涂上一层厚厚的黄油。

2 采用对策

（1）在新建、大修接触网时，应按远期发展目标来选定各类线材。对既有的一些载流量偏小的线索进行技术改造。

（2）在大电流区段：

①隔离开关向多条线路供电应采用多条电缆连接；

②隔离开关、引线安装为双引线；

③站场两端咽喉区增设股道电连接；

④采用整体吊弦、载流吊弦或对吊弦采取简单的绝缘措施（如在接触线吊弦线夹上增设一个绝缘环，使吊弦通过绝缘环与吊弦线夹相连接）。

（3）设计施工时采用面面接触的设备线夹；在安装设备线夹、电连接线夹时，要先对线夹内除杂物并涂导电膏。

（4）安装电连接器时，电连接线夹的大小槽要安装正确；不要将绑扎线（防止电连接线散股）夹到线夹内；电连接线应全部夹入线夹槽内。

（5）馈线上网多支悬挂改单支上网为多支同时上网；在四跨锚段关节的主电连接器处、馈线上网处、跳线连接处等地方装设双线夹，以加强电流转换。

（6）引线与所跨越的承力索间要保持300mm及以上的距离，对于已存在立体交叉而间距不够的线索要加装绝缘套管；施工时，若绝缘锚段关节为同向下锚，隔离开关应安装在两接触悬挂不交叉的转换柱上，以避免隔离开关引线与承力索立体交叉。

（7）将测温贴片贴在锚段关节、电连接器等有关部位，利用其色彩随温升而变化的特性来监测电气连接的性能和状态；加强夜巡工作，以便及时发现电气烧伤问题。

（8）缩短电连接器的检修周期；同时优化检修计划，对电连接线夹进行打开检查（如每隔3年），打磨氧化层、涂导电膏。

五 线岔区弓网故障

1 原因分析

（1）始触区位置有线夹（吊弦线夹、电连接线夹、接头线夹等）。

当受电弓运行至该区域时，受电弓诱导角刮碰线夹，被打变形，三脚架断裂。

（2）温度变化时，由于线索的伸缩，各类线夹侵入始触区范围，发生弓网故障。

（3）定位装置中反定位管V形拉线分别安装于不同的承力索，温度变化时，线索蹿动，V形拉线分开时定位管抬头。反之，定位管则低头，打碰受电弓。

（4）线岔定位装置中，定位器开口不够，不适应受电弓对导线抬升量的要求，定位器碰撞受电弓。其原因在于腕臂支持装置误用压管，使其处于受拉状态抽脱所致。

（5）线岔处两支悬挂使用一支腕臂悬吊，两支承力索相磨有分流烧损现象，天长日久发生断线事故，从而发生弓网故障。

（6）线岔处无电连接，导流不畅，烧断线岔限制管，造成弓网事故。

（7）线岔处反定位管与腕臂定位环连接处卡滞（压型道岔定位柱），当温度变化时，定位环阻碍定位管的转动，从而扭折定位环，引发弓网事故。

（8）线岔处因各种零部件松脱引发弓网故障。

2 采用对策

（1）线岔始触区严禁安装任何线夹。

（2）测量线岔始触区两线高差，侧线或渡线导线高于正线导线10～30mm为宜。采用交叉吊弦，正线吊弦吊侧线，侧线吊弦吊正线。

（3）通过对线索偏移量的计算，确保在极限温度范围内始触区无线夹。

（4）提速前对接触网进行包络线检查，用模拟受电弓检测受电弓水平摆动量为±300mm，竖直抬升量为200mm。在此范围内不允许定位器及其他接触网零部件侵入受电弓包络线范围内。

（5）对于安装错误的V形拉线及定位器开口小、缺少电连接等问题，在接触网巡视时及时发现，及时停电处理。

（6）采用双腕臂分别定位两支接触悬挂，侧线腕臂抬高或使用长度不同的零件悬挂两支承力索，从而消除两线相磨及分流烧伤。

(7)在巡视过程中及时发现反定位管因卡滞发生的纵向弯曲,在第一时间予以处理。

(8)按周期对线岔进行测量、对零部件的检查可采用半年周期。

(9)加强职工培训。

复习与思考

1. 说明事故抢修程序。
2. 事故抢修有哪些安全注意事项?
3. 说明定位管严重损坏的抢修步骤。
4. 说明隔离开关闸刀严重烧损的抢修步骤。
5. 说明接触线断裂的抢修步骤。
6. 说明吊弦断裂的抢修步骤。
7. 分析接触网碰打弓故障的原因与对策。
8. 分析风偏移故障的原因与对策。
9. 分析接触网断线故障的原因与对策。
10. 分析电气烧伤故障的原因与对策。
11. 分析线岔区弓网故障的原因与对策。

单 元 5

接触网的运行与检测

教学目标

1. 熟悉接触网的运行管理的规章制度；
2. 了解接触网运行维护管理常备资料及器具；
3. 掌握接触网的主要检测项目。

建议学时

6 学时

5.1 接触网的运行管理

接触网工程竣工以后,运营和施工单位应进行竣工资料的交接,按规定对工程质量进行认真检查试验,经验收合格后方准投入运行。

一 运行管理的工作职责

从事接触网运营检修管理工作的供电单位,必须设立负责接触网运营检修及事故抢修工作的接触网工区(或供电车间)与接触网工区。

1 供电公司的职责

贯彻执行上级的有关规章、制度和标准;补充制定相关的管理标准、工作标准和技术标准;对车间接触网检修(大修)工作进行指导,制定下达各种工作计划并组织好日常维修和大修改造工程,定期检查分析设备的运行状态,提高设备的运行质量,保证安全可靠地供电。制定改进措施,组织检查、评比和考核,组织技术讨论和职工培训。

2 接触网领工区(或供电车间)的职责

贯彻执行上级的有关规章、制度和标准,并制定相关的细化办法、措施;对所管辖班组的接触网检修(大修)工作进行指导,落实计划实施的情况,对班组设备检修质量进行检查、验收、评定,制定班组日常管理考核办法,提高设备的检修质量和检修效率。

培养和提高工人的技术能力和水平,保证设备正常运行和检修人员的人身安全。

3 接触网工区的职责

具体负责上级各项规定、标准、计划、工作的贯彻落实工作;负责接触网设备的检查、检修与事故抢修工作。

二 运行管理的具体组织

接触网的维护工作由集团主管部门统一领导、分级管理,充分发挥各级组织的作用。接触网维护单位负责维修管理,并组织事故抢修,恢复正常运行。

接触网工程竣工后，应按规定对工程进行认真检查，经验收合格后，方可投入运行。设备一旦投入运营应明确专责维护人员，直接负责对接触网设备的日常维护检修和事故抢修工作。接触网设备的维护人员以车间形式，由接触网维护单位管辖。车间应该熟识本管辖范围内设备状态并保存必要的技术资料、竣工文件和图纸。接触网设备的日常运行、维修需要做好管辖区内设备维修、巡视、检查、检测记录、设备台账。车间必须建立接触网技术履历。设备的维护和检修要达到技术标准要求，保证设备和检修人员的安全，检修应该遵守《接触网检修规程》。

车间和检修人员应备有各种必要的设备检修规程和运行规程，要加强学习、熟练掌握。接触网投入运行前，接管部门要做好运行前的组织准备工作，配齐并训练运行、检修人员，组织学习有关规章制度、安全规则，检修人员需安全考核合格后上岗；备齐维修和抢修用的工具、材料、零部件、交通工具及安全用品。接触网的正常检查、维修在停运后的夜间进行，其时间必须予以充分保证，并列入月、日计划。设接触网维修班组，实行 24h 值班制度。在运行时间内，需有一定数量的抢修值班人员，有专用的值班室、通信设施，专用的接触网备品备件仓库，专用的停放接触网维修车辆的停车线路，及修理必需的钳工工作间。接触网维修技术人员和班组的班长，要对管辖区内的接触网状态进行认真、全面的检查，掌握其动态的变化，并备齐有关技术资料、图纸、各种检修表及供电分段示意图。按规定编制下月的维修计划，并在每月规定时间内向调度申报维修要点和停电计划。

三 运行管理的规章制度

1 一般规定

凡从事接触网运行和检修工作的所有人员，都必须取得《中华人民共和国特种作业操作证》和《中华人民共和国电工进网作业许可证》合格证之后，方准参加相应的接触网运行和检修工作。对从事接触网运行和检修工作的有关现职人员，每年定期进行一次安全考试。此外，对属于下列情况的人员（刚开始从事接触网工作的人员；当职务或工作岗位变更，但仍从事接触网运行和检修工作的人员；中断工作连续 6 个月以上而仍继续担任接触网运行和检修工作的人员）要事先进行安全考试。

接触网工每年进行一次身体检查，对不适合接触网作业的人员应及时调整。雷电时禁止在接触网上进行作业。在接触网上进行停电作业时，除具备规定的工作票外，还必须有总调所调度员批准的作业命令。除遇有危及人身或设备安全的紧急情况，接触网所有的作业命令，均必须有命令编号和批准时间。在进行接触网作业时，作业组全体成员均须穿戴工作服和安全鞋、帽。所有的工具和安全用具，应定期校验，在使用前还须进行检查，符合要求后方准使用。接触网的巡视工作，要由岗位等级不低于五级（包括五级）的人员承担。在巡视中不得攀登支柱，隧道巡视必须在接到总调度所调度已封闭区间允许作业命令后方可进行。所有按命令进行的作业，应按命令规定的内容和时间执行，当作业结束后，应立即向调度所消除命令。为保证人身安全，除专业人员按规定作业外，任何人员所携带的物件(包括长杆、导线等)与接触网设备的带电部分需保持1m以上的距离。在距接触网带电部分不到1m的建筑物上作业时，接触网必须停电，并要遵照下列规定办理：

(1)施工领导人要向运管中心总调度所提出接触网停电申请，申请中应明确指出施工地点、施工所需时间、施工开始时间及作业特点。

(2)只有在接到总调所调度员许可停电施工的命令，在验电确认无电并在可能来电端挂设接地线后，方可开始施工。

(3)施工结束，在确认工完料清、所有工作人员都已在安全地点之后，方可拆除临时接地线，并通知总调所调度员施工已完毕。在拆除临时接地线之后严禁再进行施工。

(4)发现接触网断线及其部件损坏或在接触网上挂有线头、绳索等物，均不准与之接触，要立即报告总调所或通知接触网维护单位。在接触网检修人员到达以前，将该处加以防护，任何人员均应距已断导线接地处所10m以外。

2 作业制度

(1)作业分类

接触网的检修作业分为以下两种：一是停电作业，即在接触网停电设备上进行的作业；二是远离作业，即在靠近接触网带电部分的设备上进行的作业或下部作业。

(2)工作票

工作票是在接触网上进行作业的书面依据，要字迹清楚、正确，不得用铅笔书写和涂改。工作票填写1式2份：1份由工作票签发人保管；1份交给工作负责人。接触网工作票及填写说明，见表5-1。

______号线接触网工作票　　表5-1

<table>
<tr><td>作业范围</td><td colspan="3"></td></tr>
<tr><td>是否停电作业</td><td colspan="3"></td></tr>
<tr><td>轨道车使用情况</td><td colspan="3"></td></tr>
<tr><td>停电范围及设备</td><td colspan="3"></td></tr>
<tr><td>隔离开关冷/热备用情况</td><td colspan="3"></td></tr>
<tr><td>验电和装设接地线的位置</td><td colspan="3"></td></tr>
<tr><td colspan="4">作业内容

</td></tr>
<tr><td>工作负责人</td><td></td><td>工作负责人签名</td><td></td></tr>
<tr><td>作业组人员名单</td><td colspan="3"></td></tr>
</table>

续上表

工作票有效期限	自____年____月____日____时____分起		
	至____年____月____日____时____分止		
作业区防护及安全措施			
工作许可时间		工作终结时间	
工作票签发人签名		工作票签发日期	
备　　注			

表5-1填写说明：

①“作业范围”，填写当次作业区域情况。

②“是否停电作业”，即当次作业是否需要停电。停电则填写“停电”；不需要停电可以画“/”或“无”。

③“轨道车使用情况”，即使用轨道车填写编组情况（含动车和平板组合情况，如：动车+平板+动车）。不使用轨道车填写“/”或“无”。

④“停电范围及设备”，不需要停电则填写“/”或“无”。停电则需要填写好上下行区段以及不可跨越的相邻区域带电设备编号情况。

⑤“隔离开关冷/热备用情况”，需要冷备用或热备用隔离开关编号填写清楚。保养隔离开关时，必须填写“到牵引站确认小车状态”可以电话确认。

⑥“验电和装设接地线的位置”，在作业区域内两端挂设接地线。

⑦“作业内容”，填写当次作业需要完成的工作情况和工作量，并填写此次保养设备的注意事项等。如：下锚检调需要填写每处下锚位置编号和数量，需注意A/B值、钢丝绳偏磨等要求。定位检调填写范围和总数量，需注意定位线夹裂纹以及螺栓力矩等。导高拉出值测量填写好范围和测量定位点数量等，需注意导高波动大等。

⑧“工作负责人”，填写当次作业工作负责人姓名。

⑨“工作负责人签名”，当次工作负责人需要亲笔签名。

⑩“作业组人员名单”，填写当次作业的其他人员姓名。

⑪“工作票有效期限”，填写作业时间和结束时间。

⑫“作业区防护及安全措施”栏：

a.对相应带电设备要写清不在此次保养范围内（定位点号码或分段设备编号以及下锚等具体位置）。

b. 作业前当次工作负责人必须进行班前会(进行作业分工和安全交底)。

c. 有登高要求的填写登高等级,并按不同等级要求进行作业。

d. 需要站台上下则写明“站台上下严禁跳跃”等。

e. 其他必须严格遵守的各项安全制度。

⑬“工作许可时间”和“工作终结时间”,同⑪。

⑭“工作票签发人签名”,即“工作票签发人本人签名”。包括“工作票签发日期”均须如实填写。

⑮“备注”,填写其他没有提到但需要注意的事项以及另外安排的工作。

事故抢修和遇有危及人身或设备安全的紧急情况,作业时,可以不开工作票,但必须有总调所调度的命令。接触网作业工作票,用于停电作业和远离作业。工作票签发人一般应在工作前1天将工作票交给工作负责人,使之有足够的时间熟悉工作票中内容并做好准备工作。工作负责人对工作票内容有不同意见时,要向工作票签发人及时提出,经签发人签发认可后,方准作业。

每次开工前,工作负责人要向作业组全体成员宣读工作票内容布置安全措施。作业结束后,工作负责人要及时收回工作票交给检修班组,由专人统一保管不少于贯标规定存档月份。工作票的有效期不得超过6个工作日。工作票中规定的作业组成员,一般不应更换;若必须更换时,应经工作票签发人同意,并在工作票上签字。若工作票签发人不在,可经工作负责人同意,但工作负责人必须经工作票签发人同意,事后补签字。一个工作负责人或一个作业组,只能执行一张工作票。一张工作票只能发给1个作业组。对较简单的地面作业可以不开工作票,由有关负责人向工作负责人布置任务,说明作业的时间、内容、安全措施,并记入值班日志中。

(3)作业人员的职责

停电作业的工作票签发人和工作负责人,须由岗位等级不低于四级(包括四级)的人员担当。同一张工作票的签发人和工作负责人必须由两人分别担当,不得相互兼任。

工作票签发人在签发工作票时,要确认下列事项:

①所安排的作业项目是可行的。

②所采取的安全措施是充分、必要和正确的。

③所配备的工作负责人和作业组成员的人数和条件是符合规定的。

(4)工作负责人应注意的事项

工作负责人要注意下列事项:

①作业地点、时间、作业组成员等,均应符合工作票提出的要求。

②作业地点所采取的安全设施正确且完备。

③时刻在场监督作业组成员的作业安全,如果必须短时离开作业地点时,要指定临时负责人,否则停止作业,并将人员和机具撤至安全地带。

④作业组成员要服从工作负责人的指挥、调动,遵章守纪,对不安全和有疑问的命令要果断及时地提出,坚持安全作业。

3 高空作业

(1)一般规定

凡在距地面2m(坠落高度)以上的处所进行的所有作业,均称为接触网高空作业。凡在距地面5m(坠落高度)以上的处所进行的所有作业,均须办理登高申请,待审批同意后方可进行。高空作业必须设有专人监护,其监护要求如下:

①停电作业时,每一监护人的监护范围,不超过二个跨距,在同一组软横跨上作业时不超过4条股道,在相邻线路时进行作业时,要分别派监护人各自监护。

②当停电成批清扫绝缘子时,可视具体情况设置监护人员。

③高空作业要使用专门的用具传递工具、零部件和材料等,不得抛掷传递,高空作业人员要系好安全带。

④攀登支柱前要检查支柱状态,选好攀登方向和条件。攀登时,手把牢靠,脚踏稳妥。用脚扣和踏板攀登时,要卡牢和系紧,严防滑落。

⑤攀登支柱时要尽量避开设备,且与带电设备要保持规定的安全距离。

(2)登梯作业

接触网作业用的车梯和梯子必须符合下列要求:

①结实、轻便、稳固。

②车梯的车轮其中1个应良好接地,其他3个绝缘车轮必须有良好的绝缘性能。

③用车梯进行作业时,工作台上的作业人员不得超过3名,所用的零件、工具等放置在工具袋内,不得放置在工作台台面上。

④作业中推动车梯人员应服从工作台上人员的指挥。当巡检过程中车上有人时,推动车梯的速度不得超过5km/h,并不得发生冲击和急剧起、停梯。台上人员和推梯人员要呼唤应答,配合默契。当非巡检移动车梯时,工作台上不能有人。

⑤工作负责人和推梯人员,要时刻注意和保持车梯的稳定状态。当车梯在曲线上或遇到刮大风时,对车梯要采取防止倾倒的措施;当车梯在大坡道上时,要采取防止滑移的措施;当车梯放在道床、路肩上或作业人员超出工作范围作业时,作业人员不准将安全带系在车梯工作框架上。车梯在地面上推动时,工作台上不得有人。

⑥为避让列车需将车梯暂时移至建筑限界以外的,要采取防止车梯倾倒措施。当作业结束、车梯需要就地存放时,须固定在建筑限界以外;隧道内,可固定在端头井等限界以外的地方。

⑦当用梯子作业时,作业人员要先检查梯子是否牢靠,是否有防滑脚套,竹梯必须有防裂装置,人字梯必须有限位装置。要有专人扶梯,梯脚要放稳固,严防滑移,梯子上部要绑扎牢固后再开始作业,梯子上只准有一人作业(硬梯比照上述有关规定执行)。

(3)工程车作业

①作业前负责人要检查接触网检修车的工作台与驾驶室之间的联系装置,该装置必须处于良好状态。

②作业时,工作台周围的防护栅要搭好,在防护栅外作业时,必须系好安全带。作业中

检修车的移动应听从工作台上人员的指挥。检修车移动的速度不得超过10km/h，且不得急剧起、停车。

4 停电作业

(1)安全距离

在进行停电作业时，作业人员(包括所持的机具、材料零部件等)与周围带电设备的距离不得小于700mm。

(2)命令程序

①每个作业在停电作业前由工作负责人或指定1名岗位等级不低于初级(包括初级)的作业组成员作为要令人员，向电力调度员申请停电。在申请的同时，要说明停电作业的范围、作业内容、时间和安全措施等。

②在调度所调度发布停电作业命令前，作业组要做好下列工作：将所有的停电作业申请进行综合安排、审查作业内容和安全措施，确认停电区段。通过调度，办理停电作业封闭线路的手续，对可能通过受电弓导通电流的分段部位采取封闭措施，防止从各方面来电的可能。

③总调所调度发布停电作业命令应给命令编号和批准时间，在接受停电命令时，受令人要将命令内容等记入作业检修单、检查记录表中。

(3)验电接地

①作业组在接到停电作业命令后，须先验电接地，然后方可作业。注意首先要保证验电器性能良好。

②用验电器验电的顺序是：先将验电器表计端头可靠地与钢轨连接，然后将验电器上端挂在接触线(汇流排)上。指示灯不亮，读数表接近零，为已停电。

③当验明接触网已停电后，须在作业点的两端当作业地点有多个来电方向，则各方面均应挂设接地线，所有停电设备上装设接地线。在装设接地线前，先将接地线的一端接在接地线上，再将接地夹紧固在已停电的接触线(汇流排)上。拆接地线顺序则相反，先拆上端，然后再拆接地轨端。接地线要连接牢固，接触良好。

装设接地线时，人体不得触及接地线。接地线要用截面不小于70mm^{2}的裸铜软绞线做成，并不得有断股、散股和接头。验电器在使用前尽可能在有电设备上先试验，证明验电器良好。

④在停电作业的接触网附近有平行带电的电线路或接触网时，为防止感应危险电压，除按上述规定装设接地线外，还要根据需要增设接地线。

⑤验电和装设、拆除接地线，必须由两人进行，一人操作，一人监护，其岗位等级分别不低于五级(包括五级)。

(4)作业结束

①工作票中规定的作业任务完成后，由工作负责人宣布作业结束，作业人员、机具、材料撤至安全地带，拆除接地线，确认具备送电、行车条件后，通知要令人向电力调度员请求消除停电作业命令。几个作业组同时作业时，要分别向电力调度员请求消除停电作业命令。

②电力调度员经了解确认完全达到送电、行车条件后，给予消除停电作业命令的时间，双方均按规定做好记录，整个停电作业方告结束。

③当调度所恢复送电后，现场工作人员再次验电确认，并通知电力调度员。

5 作业区行车防护

（1）在停电的线路上进行接触网检修作业时，除对有关的区间、车站办理封锁手续外，还要对作业区采取防护措施。

（2）现场作业组亦应在可能来车方向设置防护人员，一旦发现来车应显示红色信号，令其停车或采取其他避让措施，其防护距离一般设在距作业组 50m 之外。

（3）防护人员在执行任务时，必须思想集中，坚守岗位，履行职责，要认真、及时、准确地进行联系和显示各种信号。一旦中断联系，应立即通知工作负责人，必要时停止作业。防护人员的岗位等级不低于五级（包括五级）。

四 运行维护管理常备资料及器具

1 接触网运行管理所需常备资料

接触网运行管理所需常备资料，见表 5-2。

接触网运行管理所需常备资料　　表 5-2

序　号	名　称
1	正线接触网平面图
2	停车场接触网平面图
3	正线接触网供电示意图
4	停车场触网供电示意图
5	正线接触网安装图
6	停车场接触网安装图
7	接触网支柱基础及拉线基础构造图
8	接触网设备零件图
9	架空地线安装图
10	接触网下锚安装图
11	锚段关节安装图
12	接触网特殊零件图
13	接口段接触网平面及安装图
14	钢筋布置图

续上表

序　号	名　称
15	架空接触系统维护手册
16	混凝土配合比报告
17	基础隐蔽工程验收报告
18	绝缘测试报告
19	冷滑试验报告
20	热滑试验报告
21	接触网工程送电开通方案
22	上网隔离开关施工图
23	上网隔离开关控制柜二次图和机构图
24	接触网干线电缆、防迷流及区间动力照明工程监理报告
25	杂散电流防护系统监理报告

2 接触网运行维护常备设备

接触网运行维护常备设备，见表 5-3。

接触网运行维护常备设备　　表 5-3

序　号	名　称	数　量	备　注
1	弹性元件	50 套	
2	带管帽定位管(800)	100 根	
3	带管帽定位管(1000)	100 根	
4	1500V 棒式绝缘子	50 个	
5	棘轮装置	3 套	
6	接线端子(铜 185)	50 个	
7	双孔接线端子(铜 185)	20 个	
8	馈线绝缘子	200 个	
9	棒式绝缘子	200 个	
10	下锚绝缘子	200 个	
11	避雷器	20 套	
12	单线分段绝缘器	2 套	
13	双线分段绝缘器	2 套	
14	手动隔离开关	2 套	

续上表

序号	名称	数量	备注
15	电动隔离开关	2套	
16	钢丝绳(补偿绳)	2000m	
17	球头挂环	100套	
18	绝缘滑轮	200个	
19	电连接线夹(直立式)	100个	
20	环氧树脂绝缘子	100个	
21	下锚杵头	100套	
22	150mm^2 绝缘电缆	2000m	
23	接触线	2000m	
24	刚性悬挂分段绝缘器	4台	
25	汇流排 PAC110mm^2	50根	
26	汇流排终端	50件	
27	汇流排中间接头	50件	
28	汇流排接地线夹	50套	
29	刚性悬挂支持绝缘子(瓷)	50个	
30	中心锚结绝缘子(硅橡胶)	50套	

3 接触网运行维护常备零件

接触网运行维护常备零件(备品件),见表5-4。

接触网运行维护常备零件(备品件) 表5-4

序号	名称	数量	备注
1	120型地线线夹	50套	
2	B型汇流排定位线夹	50套	
3	B型汇流排中心锚结线夹	50套	
4	切槽镶嵌式刚柔过渡本体	2套	
5	A型汇流排中心锚结下锚底座	50套	
6	瑞士 F+F 防腐导电油脂	100kg	
7	放线小车	2台	
8	电动涂油装置	2套	
9	切割工具	5套	
10	钻具	1套	

续上表

序号	名称	数量	备注
11	承力索	1500m	
12	地线	1500m	
13	受电弓	1台	

4 接触网运行维护常备仪器工具

接触网运行维护常备仪器工具，见表5-5。

接触网运行维护常备仪器工具　　表5-5

序号	名称	数量	备注
1	HILTI、PD32激光测距仪	2台	含附件
2	免换模压接钳	1把	
3	西门子扭面器	5把	
4	充电式接触线修整机	1台	
5	LFE－U－24绝缘梯	2个	
6	LFE－U－28绝缘梯	2个	
7	力矩扳手	2把	
8	接地棒	10根	
9	验电器	10根	
10	车梯	10台	站台按1台、车辆段按2台计

5.2 接触网的设备检测

接触网检测是一种应用微机及其先进检测、试验设备，对接触网进行监控的最新技术。其任务是保证接触网更安全可靠供电；向维修人员提供接触网状态信息；试验、研究接触网受流情况，为改善接线悬挂提供必要的技术参数。

接触网检测、试验设备安装在专用的检测车中，通过车顶受电弓上的特殊传感器及其他监视装置，将所测得的信号输入车内的微机系统进行数据处理，最后在输出设备上将接触网状态参数打印出来。通过对打印结果的分析，便可知道接触网工作状态性能。当技术参数超过允许值时，则应立即通知维修部门对接触网进行检修，同时车内监视装置还能对接触网受流状态进行综合评价，如离线率、接触网弹性、弓线间接触压力等。因此，接触网检测车是目前电气化铁道运行线路上必不可少的检查设备。

接触网的检测，就整个系统的信号而论，可分为检测信号、补偿信号和定位信号三种。检测信号是从被检测对象那里摄取的信号信息，这些信息的获取方法是由被检测对象的性质和特点所决定的。下面就其主要项目的检测原理进行介绍。

一 拉出值的检测

为了减少受电弓滑板的磨损，接触导线沿线路方向布置成“之”字形状。导线位置相对于受电弓中心的距离在直线上合曲线段上称为“拉出值”。在受电弓上以中心为坐标，向两边安装一定数量的传感器，当导线压住不同的感应点时就发出不同的信号，将此信号加工处理就能反应出导线相对于受电弓中心的位置。

图 5-1 是相互位置传感器布置图。

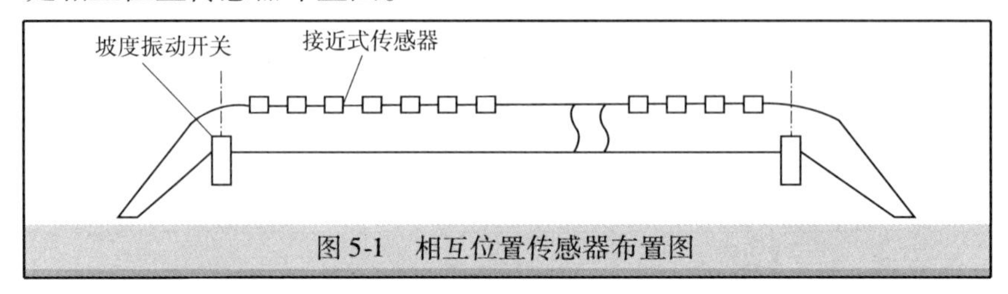

图 5-1　相互位置传感器布置图

二 导线高度的检测

由于受电弓的运动轨迹始终如一地与导线协调一致，所以一般采用测量受电弓主轴转角的方法测量导线高度，主轴转角和高度并非线性关系，因此采用机械模拟法测量。按受电弓框架尺寸 1/10 制造一个小的模拟弓，将其对应下框架的一端通过连杆和受电弓主轴连接，对应上框架的一端和电位器滑动头连接。如图 5-2 所示。

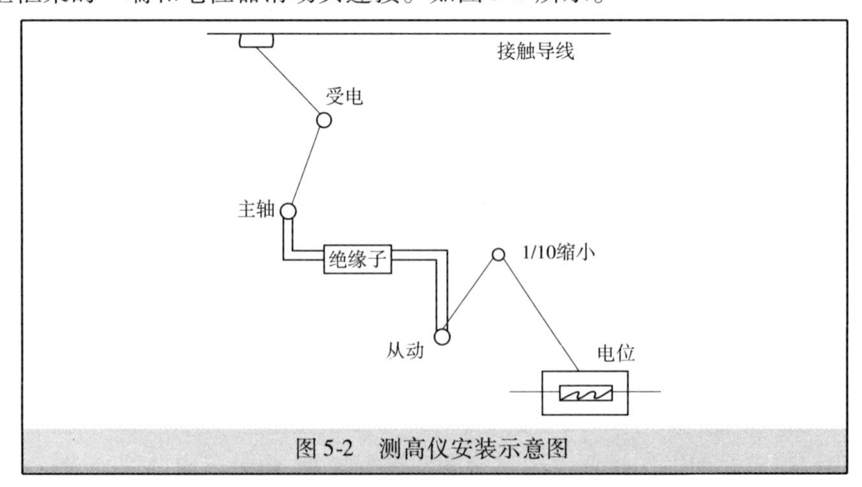

图 5-2　测高仪安装示意图

由于模拟弓和受电弓按10∶1的关系对应，所以电位器的电位变化与受电弓高度变化完全呈线性关系。在电位器两端加上绝对稳定的电压，就可获得十分满意的电信号。

①跨距高差的检测。通过测量的高度，根据两定位点的高度之差，从而计算出跨距高差。

②导线坡度的检测。通过测量的高度，找到一跨中的最低高度，分别与两定位点的高度相减，计算出两个坡度，取最大者输出。从而计算出导线坡度。

③导线水平间距的检测。通过测量的双线拉出值，根据两拉出值之差，从而计算出导线的水平间距。

④导线垂直间距的检测。通过测量双线高度，根据两高度之差，从而计算出导线的垂直间距。

三 接触压力的检测

接触导线呈"之"字形布置，接触力的作用点在滑板的工作范围内左右移动，加之车体的晃动，不仅力的作用位置随机变化，而且接触力的方向也是变化的，这无疑就增加了测量的难度，但任何方向的接触力都可以分解为两个互相垂直的力，其中一个力与滑板垂直。接触力检测装置的任务是在带电运行的情况下，正确测定导线在滑板任意位置时垂直方向的接触力。图5-3是力传感器的安装示意图。

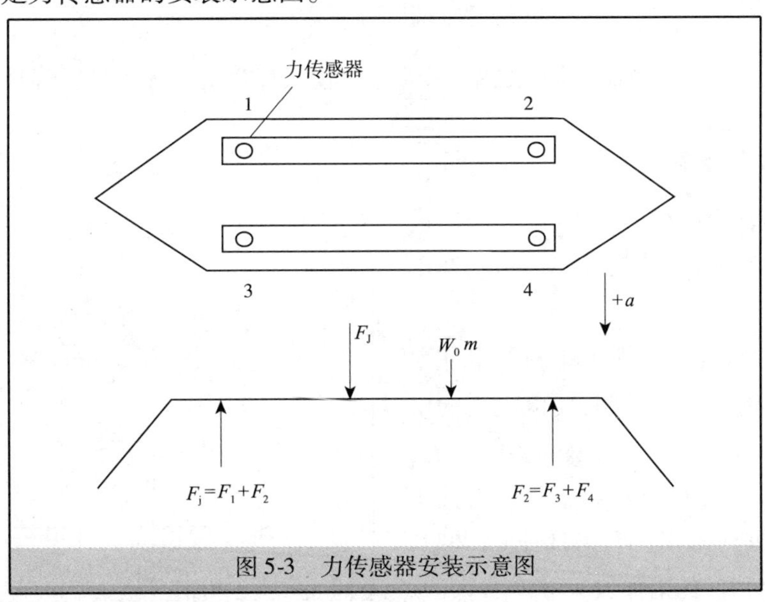

图5-3　力传感器安装示意图

四个力传感器分别安装在弓头滑板的两端，测出的力分别用F_1、F_2、F_3、F_4表示。F_j是欲测的弓网间的接触力，它包含了静接触力、受电弓惯性力及空气动力等。W是滑板重量，m是滑板的当量质量，a是受电弓的加速度。$F_j = F_1 + F_2 + F_3 + F_4 \pm ma - W$，$W$和$m$是固定数值，不需测量，只要测出四个传感器的$F_1$、$F_2$、$F_3$、$F_4$，用加速度计测出$a$，则接触力$F_j$就可计算出来。

四 硬点的检测

硬点测量装置由加速度传感器、高压部放大器变换回路、光通信装置和低压部放大变换回路组成。其原理方框图,如图 5-4 所示。

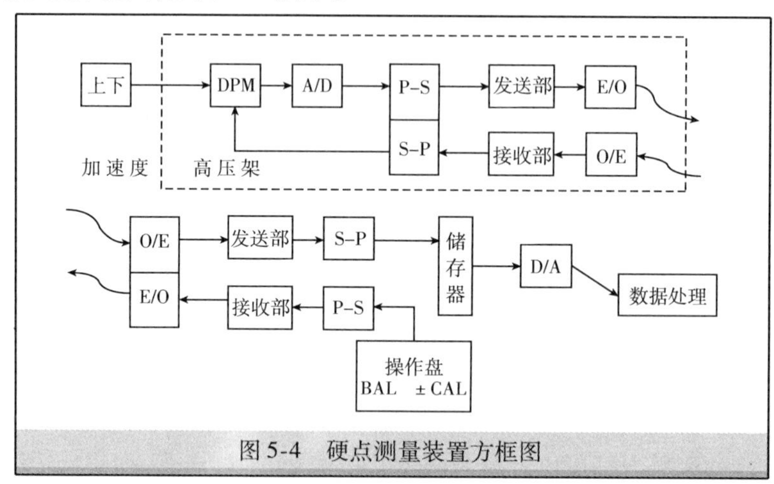

图 5-4 硬点测量装置方框图

五 网压的检测

网压检测由隔离变压器变低电压(0 ~5V)后,输入计算机采集卡,进行换算。

六 离线的检测

离线检测是根据“离线”时弓网间的电阻变大的原理制成的。图 5-5 是构成检测电路的原理图。

弓网接触时,电流 I 通过 C_1→受电弓→接触网→C_2→钢轨构成回路,使流入 J 的电流变小,一旦产生“离线”,弓网间电阻变大,电流流入 J 内,从而检出离线信号。为减小 C_1 和 C_2 的阻抗,I 采用了 120kHz 进行调制,J 采用了多级 5kHz 的谐振放大器。

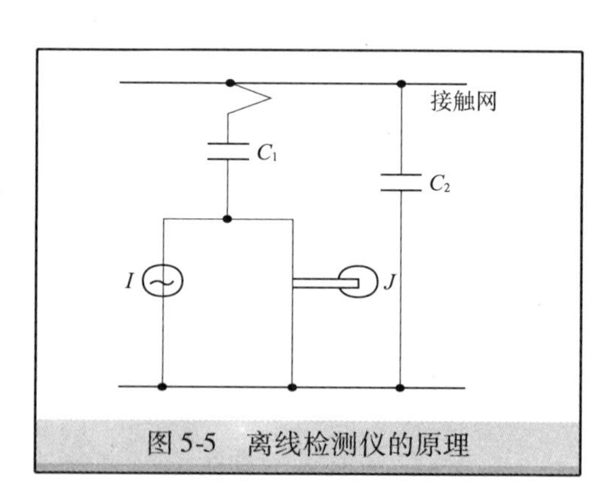

图 5-5 离线检测仪的原理

七 速度、里程的检测

速度传感器是一种光电旋转编码器,将它配置于检测车上,与车轴同步转动,每转一周输出 1000 个脉冲,用一个计数器专门用来计数,其计数值除以 1000,再乘以车轮直径,再乘

3.14,即可得到车行走的距离。

八 定位管坡度定量检测

检测车车顶配置有一台检测受电弓,在受电弓两端距中心500mm处,安装高速激光测距传感器(响应时间小于0.54ms),运行区段,定位管经过时,快速检测其离弓面的距离,并将距离值与实时检测的拉出值相结合,定量地得到定位管坡度的正切值。

复习与思考

1. 说明高空作业的一般规定,并分析为什么?
2. 说明登梯作业有哪些规定?
3. 说明停电作业的命令程序。
4. 试问验电接地有哪些注意事项?
5. 停电作业结束的工作有哪些?
6. 怎样填写接触网工作票?

单元 6

接触网设计基础知识

教学目标

1. 熟悉接触网平面图图形符号；
2. 能读懂接触网平面图；
3. 掌握气象条件对接触网的影响及其取值规则；
4. 能初步确定接触网负载；
5. 了解支柱容量的选择；
6. 了解接触网初步设计的内容。

建议学时

11 学时

6.1 接触网平面图

一 接触网平面图图例

接触网平面布置图是由表示接触网设备与结构的各种图例组成的，要读懂接触网平面图首先必须熟悉接触网平面图图例内容。根据铁道部颁布电气化铁道接触网图形符号，见表 6-1。

接触网平面图图例　表 6-1

序号	名称（说明）	图例及符号	序号	名称（说明）	图例及符号
1	拉出值及方向	300↑ （或 ←⊣）	14	保护线（PW 线）	—·—·—·—·— （细）
2	站场股道间电连接	═╪═	15	架空线（GW）	--------------- （细）
3	分段绝缘子串	—┤├—	16	接触线、供电线硬锚	————→
4	分段绝缘器	—‖—	17	承力索硬锚	————→
5	分相绝缘器	⊣‖⊢⊣‖⊢⊣‖⊢ （或 ⊣‖⊢⊣‖⊢⊣‖⊢⊣‖⊢ ）	18	接触线补偿下锚	←—→————
6	站场正线电气化线路	———— （粗）	19	承力索补偿下锚	←—→————
7	站场侧线电气化线路	———— （中）	20	链形悬挂下锚	←————
8	既有非电气化线路	----------- （中）	21	半补偿下锚	←—→————
9	预留线路	—·—·—·— （细）	22	半补偿下锚	←—→————
10	接触网非工作支	———— （细）	23	加强线下锚	←·—·—·—·—·—
11	加强线	—·—·—·—·— （细）	24	回流线下锚	←—+—+—+—+—+—
12	回流线	—+—+—+—+—+— （细）	25	正馈线下锚	←·—·—·—·—·—
13	正馈线（AF 线）	—·—·—·— （细）	26	保护线下锚	←·—·—·—·—·—

续上表

序号	名称(说明)	图例及符号	序号	名称(说明)	图例及符号
27	架空线下锚		48	区间全补偿中心锚结	
28	站场单线腕臂钢筋混凝土柱		49	站场全补偿中心锚结	
29	站场单线腕臂钢柱	2.5	50	站场全补偿防串中心锚结	
30	站场单线定位钢筋混凝土柱		51	立交桥(接触网在桥下面)	3 6
31	站场双线腕臂钢筋混凝土柱		52	有限界门的平交道口	3 6
32	钢筋混凝土柱软横跨		53	涵洞或小桥	3 6
33	钢柱软横跨		54	区间隧道	6 3
34	钢柱硬横跨		55	站场隧道	6 3
35	区间单线腕臂钢筋混凝土柱	3	56	隧道内绝缘锚段关节	5 5
36	区间单线腕臂钢柱		57	隧道内非绝缘锚段关节	
37	区间曲线: R——曲线半径; L——曲线长度; l——缓和曲线长度	R–L–l– 2	58	上承式桥梁(电气化线路在上)	3 6
38	站场曲线始末端: R——曲线半径; L——曲线长度; l——缓和曲线长度	R–L–l	59	下承式桥梁(电气化线路在下)	3 6
39	常闭隔离开关		60	仓库	
40	常开隔离开关		61	雨棚	
41	带接地刀闸常开隔离开关		62	地道	
42	带接地刀闸常闭隔离开关		63	天桥	
43	管形避雷器		64	架空水槽及水管	3 6
44	火花间隙		65	站房	
45	放电器		66	渗沟	
46	接地极		67	吸流线跨越接触悬挂	
47	半补偿中心锚结		68	吸上线位置	▽

续上表

序号	名称(说明)	图例及符号	序号	名称(说明)	图例及符号
69	吸流变压器		83	AT区段站场AG、PW线在钢筋混凝土柱上	
70	水鹤		84	架空线在站场钢筋混凝土柱上	
71	进站高柱色灯信号机		85	AT区段区间AF、PW线在钢筋混凝土柱上	
72	通过高柱色灯信号机		86	区间长(短)链标记	114.5
73	检查坑		87	路肩挡墙	
74	公里标	K180(或 K722+215.00)	88	托盘式路基墙	
75	接触网测量起测点		89	AT区段AF、PW线在钢筋混凝土柱上下锚 AF_1—2380.00: AF_1 表示第一锚段正馈线; 2380.00表示正馈丝长度。 PW_1—2380.00: PW_1 表示第一锚段保护线; 2380.00表示保护线长度	AF_1-2380.00 AF_3-1855.00 PW_1-2380.00 PW_3-1855.00
76	接触网工区		90	第三锚段下锚,锚段长度为1570.02m	3-1570.02
77	非绝缘锚段关节		91	道岔及编号N39	N39
78	绝缘锚段关节		92	支柱处路基为填方	+
79	区间横向电连接		93	支柱处路基为挖方	-
80	吸流变压器		94	跨距长度为65m	65
81	AT区段双极隔离开关		95	土壤安息角	30°
82	AT区间段区间AF、PW线在钢柱上		96	土壤承压力(kg/cm^2)	2.0

二 接触网平面图识读

图 6-1 为一接触网平面图示例。

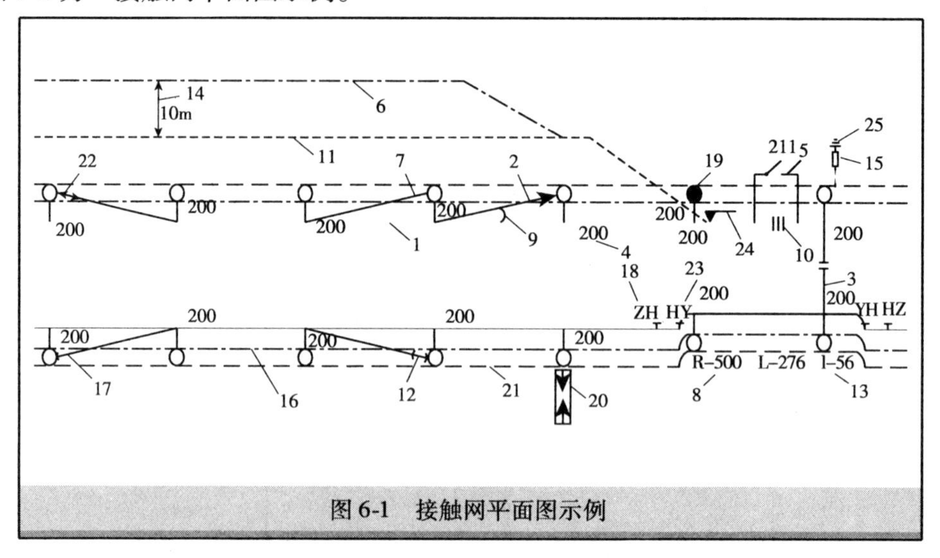

图 6-1 接触网平面图示例

1-电化的正线；2-承力索硬锚；3-软横跨；4-拉出值；5-隔离开关；6-预留线路；7-接触线补偿下锚；8-曲线半经；9-关节电连接；10-分段绝缘器；11-非电化既有线路；12-承力索补偿下锚；13-缓和曲线长；14-线路间距；15-避雷器；16-馈线；17-半补偿链形悬挂下锚；18-直缓点；19-钢柱；20-火花间隙；21-地线；22-全补偿链形悬挂下锚；23-缓圆点；24-接触网起测点；25-接地极

6.2 接触网负载计算

一 气象条件及计算负载的确定

接触网的特点是露天装置，要经受外界各种自然条件变化的影响。气象条件对接触网工作质量及技术状态有较大的影响，故气象条件是接触网设计计算最原始、最重要的基础资料，同时也是设计计算时的基本依据。所选择气象条件的数值恰当与否，对于接触网设计质量至关重要。如果把百年不遇的不利情况作为依据，在设计时，必然会缩小跨距，加强设备结构，提高安全系数，结果造成物资浪费，造价过高；但如果把频繁出现的较严重情况也不予考虑，选择数值较低，则会降低运营的可靠性，事故率高，后果也很严重。所以，气象条件必须结合具体情况慎重、细致地进行确定。

1 气象条件的确定

确定接触网计算气象条件是一项复杂、困难的工作。我国疆域辽阔，地形错综复杂，气象差异很大，这给确定接触网气象条件带来了不少困难。具体确定时应力求准确，满足设计要求，取值尽量规格化、系列化，对同一线路的气象条件尽可能地统一起来。目前，我国电气化铁道勘测设计部门对于接触网计算气象条件的选择和确定方法如下几个方面：

(1)最高温度和最低温度

最高温度 t_{max}、最低温度 t_{min} 应根据线路通过地区的实际极限温度，采用各地气象台的年最高、年最低温度，在数字上取5的整数倍。考虑到全国大多数地区情况，一般最高温度取为40℃；最低气温各地有异：广东、广西、福建和浙江沿海地区取为－5℃，长江流域及云、贵、川的大部分地区取为－10℃，黄河流域、华北平原的大部分地区取为－20℃，河北、山东西北部、东北地区的南部等地取为－30℃，东北地区北部及其他高寒地区则取为－40℃。温度的变化会使线索的张力和弛度发生变化。温度过低线索被拉紧，甚至出现负弛度不利于受电弓正常取流。温度过高，线索伸长，弛度增大，也会造成接触线磨耗严重，缩短使用寿命。

(2)最大风速 v_{max}

最大风速的计算方法有三种：数理统计法、变通法和平均法。目前接触网设计中均采用变通法。其计算方法为：设有年资料，按年份排列，自第一年开始，每五年为一组，每组按顺序相隔一年，取出每组中的最大值并求出各组最大值的平均值。最大风速与距地面的高度有关，所以，接触网设计用最大风速应采用距地面10m高度，每五年一遇的10min自动记录10年发生一次的平均最大值。

风对接触网的影响主要体现在风不仅增加了支柱和悬挂的机械负荷，而且在不同方向和风速的作用下，会使线索产生多种形式的振动、摆动。故设计时必须考虑风的影响。

(3)最大风速出现时的温度 t_v

最大风速出现时的温度各地不一样，一般选取风速大、出现次数多的月平均温度值。

(4)线索覆冰时的温度 t_b

接触网线索覆冰与否，应视该地区实际情况而定，我国在覆冰地区一般选取－5℃为线索覆冰时的温度。

(5)覆冰厚度 b 和覆冰密度 γ_b

线索覆冰厚度不得小于该地区实际观测到每五年一遇的最大冰厚。覆冰考虑为圆筒形，沿导线表面等厚度分布，不考虑导线截面的不规则形状，设计资料中只给出承力索覆冰厚度。接触网计算时一般不考虑吊弦及其线夹的覆冰载荷，考虑到受电弓滑板运行中的刮冰作用，计算接触线冰厚时应折算为承力索覆冰厚度的一半。线索覆冰密度因地区和结冰情况不同而异，为统一起见，计算中一般取为0.09g/cm^3。冰对接触网的影响有两方面：一是覆冰会增加线索所承受的机械负荷；二是由于隧道内拱顶不严密，严寒季节渗水结成冰柱，易使导体短路而影响正常供电。

（6）线索覆冰时的风速 v_b

覆冰时相应的风速很难测定，根据经验和有关资料，为统一起见，一般取覆冰时的风速为10m/s。沿海、草原等地区取为15m/s。沿海地区指距海岸线不超过100km的地区，且不能越过山脉。

（7）接触线无弛度时的温度 t_0

接触线无弛度时受流条件最好。当正弛度时，考虑到受电弓上举力的作用对正弛度有一定的补偿，而在负弛度时，反而会加大负弛度。所以，正弛度比负弛度的受流条件要好，负弛度时受流条件最差。确定无弛度温度的原则是，接触线在最高温度下产生的正弛度其绝对值略大于在最低温度下产生的负弛度的绝对值，一般接触线的无弛度温度要比平均温度低一些。为了改善受流条件，减少负弛度。我国 t_0 取值方法如下：对于简单链形悬挂，无弛度温度比平均温度低10℃；对于弹性链形悬挂，无弛度温度比平均温度低5℃。

（8）吊弦及定位器正常位置时的温度 t_p

确定这一温度的原则是，吊弦及定位器在最高或最低温度下产生的纵向偏移值尽量相等，并要求吊弦及定位器无纵向偏移的时间尽可能地长些。在设计中，一般取该地区最高温度与最低温度的平均值。

（9）隧道内气象条件

我国是一个地形复杂的国家，山区线路隧道较多，某些线路中长大隧道内的气象条件难以确定。根据以往的经验，设计部门提出了以下几点参考数据：当整个接触网锚段都在隧道时，最高温度应比隧道外约低10℃，最低温度比隧道外约高5℃。隧道内可不计算风速，接触悬挂不考虑覆冰。当锚段的一部分在隧道内而另一部分在隧道外时，一般应按隧道外的情况进行计算。

2 计算负载的确定

（1）计算负载的分类

接触悬挂单位长度负载，系指每米悬挂本身及外部条件（冰、风）对其所形成的负载。计算负载分为垂直负载和水平负载。在计算中，无论垂直负载还是水平负载，均认为是沿跨距均匀分布的。

垂直负载包括悬挂的自重和覆冰载荷，在计算时，不考虑吊弦及线夹的冰重。水平负载包括风负载和由吊弦横偏造成的水平负载。由于吊弦横偏引起的水平负载很小，在设计中一般不予考虑。水平负载还包括线索改变方向所产生的水平分力，如之字力、曲线力等。

(2)各种负载的计算

①自重负载。

一般标准型号的线索，其单位长度自重可通过查材料表确认。链形悬挂负载计算中，还应考虑吊弦及其线夹的自重，通常按平均0.5N/m计算，并以符号g_d表示。

②冰负载。

计算冰负载时，其冰壳的计算厚度应不小于实际观测到的每五年至少出现一次的最大覆冰厚度。当计算接触线覆冰时的垂直负载时，可忽略其截面沟槽形状，即认为是圆形，并且沿导线覆冰呈圆筒状。由于运行中电力机车受电弓滑板的刮冰作用，在计算时，将接触线覆冰厚度折算为承力索覆冰厚度的一半。对于承力索，则认为覆冰呈圆筒状，且全线覆冰厚度相等。其覆冰负载，由下式计算得出：

$$g_{bc} = \frac{\pi\gamma_b(b+d)}{1000}$$

式中：g_{bc}——承力索的冰负载，N/m；

b——覆冰厚度，mm；

d——承力索直径，mm；

γ_b——覆冰的密度，g/cm^3。

如果是计算接触线冰负载时，上式中的d则为接触线的平均直径$d=(A+B)/2$，且接触线的覆冰厚度折算为承力索覆冰厚度的一半，即

$$b_j = b/2$$

③风负载。

风负载时指风作用到线索和支柱上的压力，又称风压。线索上的风负载可由下式决定：

$$p_\nu = a_\nu \cdot K \cdot d \cdot L \cdot \frac{V^2}{1600} \cdot \sin\theta$$

式中：p_ν——线索所受的风载；

a_ν——风速不均匀系数(表6-2)；

K——风负载体型系数(表6-3)；

d——线索直径，接触线取平均直径，mm；

L——跨进中线索的长度，m；

θ——风向与线索的夹角；

V——最大风速，m/s。

风速不均匀系数 表6-2

计算风速(m/s)	20以下	20~30	31~35	25以上
α	1.00	0.85	0.75	0.70

风负载体型系数 表 6-3

系数 / 受风件特征			k
支 柱	圆形钢筋混凝土支柱		0.60
	矩形钢筋混凝土支柱		1.40
	四边形角钢支柱		$1.4(1+\eta)$
线 索	链形悬挂		1.25
	一般悬挂	$d<17\text{mm}$	1.20
		$d\geqslant 17\text{mm}$	1.10

上式表示在一个跨距内线索所承受的风负载。在计算时,总是取线索受风影响最大的情况,即风向与线索垂直,则 $\sin\theta=1$。为了计算方便,取 $L=1\text{m}$,则线索单位长度的风负载由下式求出:

$$p_{\nu} = a_{\nu} \cdot K \cdot d \cdot L \cdot \frac{V^2}{1600}$$

式中:p_{ν}——线索单位长度的风负载,N/m。

其余符号同前。

对于支柱所承受的风负载可由下式求得:

$$p_0 = F \cdot V^2/16 \times 10$$

式中:p_0——支柱承受的风载,N;

F——支柱迎风面的面积,m^2。

④合成负载。

由于线索同时承受垂直负载和水平负载,因此还应确定两者的合成负载,合成负载系上述两负载的几何相加。应注意,在链形悬挂中,接触线所承受的水平负载被认为是由定位器传给了支柱,故计算悬挂的合成负载时不计算接触线的合成负载,只计算承力索的合成负载。当最大风速时,承力索的合成负载由下式求得:

$$q_{\nu c} = \sqrt{(g_j + g_c + g_d)^2 + p_{c\nu}^2}$$

覆冰时,承力索的合成负载由下式求得:

$$\varphi = \arctan\theta \frac{p_{cb}}{g + g_{b0}}$$

链形悬挂无冰无风时,其合成负载为链形悬挂的自重负载,以 q_0 表示。

$$q_0 = g_j + g_c + g_d = g$$

合成负载对铅垂线间的夹角由下式计算:

$$\varphi = \arctan\theta \frac{p_{cb}}{g + g_{b0}}$$

二 锚段长度的确定

接触网每个锚段包括若干个跨距。在确定锚段长度时,要考虑发生事故的影响范围;当温度变化时,因线索伸缩引起吊弦、定位器及腕臂的偏斜不超过允许值;下锚处补偿坠砣应有足够的上下移动空间;要保证在极限温度下,中心锚结处和补偿器端线索张力差不超过规定值。由于线索顺线路的热胀冷缩移动,使每一根吊弦、定位器和腕臂固定点处,因偏斜而对线索产生分力作用出现张力差。对于半补偿链形悬挂设计规定其张力差不超过接触线额定张力的 ±15%;全补偿链形悬挂,除满足接触线张力差外,要求承力索张力差不超过承力索额定张力的 ±10%。

锚段长度一般采用两种方法确定,即经验取值法和计算法。经验取值可根据铁道部颁发的"铁路工程技术规范"中经验值表确定;计算法则通过对线索张力差的计算,确定锚段长度。

城市轨道交通一般在全补偿和半补偿悬挂时锚段长度为 1500m 左右。

三 支柱负载的确定、计算及容量选择

1 支柱负载的确定

支柱的负载是支柱在工作状态下所承受的垂直负载和水平负载的统称。支柱负载越大,支柱基底面处所受的弯矩也越大。支柱的负载计算,就是计算基底面处可能出现的最大弯矩值,其目的是根据计算结果来选择适当容量的支柱。我们通常所说的支柱容量,是指支柱本身所能承受的最大许可弯矩值。一个支柱容量的大小,是指承载能力的大小,它取决于支柱自身结构。

接触网支柱广泛采用金属支柱和钢筋混凝土支柱两种。对于容量较大的软横跨用的钢筋混凝土支柱,为了增大支柱地面以下部分与土体的接触面积,常加设横卧板。

金属支柱与钢筋混凝土支柱的基底面位置不同。目前定型的钢筋混凝土支柱,设计时已经将支柱基底面处的力矩折算到了地面,故在接触网设计中,只计算支柱地面处所承受的弯矩,并根据此值来选择支柱类型,而不必再计算支柱基底面处的弯矩值。

支柱的最大弯矩,除了与支柱所在的位置、支柱类型、接触悬挂类型、线索悬挂高度、支柱跨距及支柱侧面限界有关外,还与计算气象条件有直接关系。最大弯矩可能出现在最大风速、最大附加负载(覆冰)或最低温度的时候。在计算最大弯矩时,一般应对这三种气象条件进行计算,取其中最大值作为选择支柱容量的依据。一般来说,支柱的最大计算弯矩多发生在最大风速及最大冰负载时。

2 支柱负载的计算

进行支柱负载计算时,应根据支柱悬挂类型,按垂直负载和水平负载分别计算。

(1)垂直负载

①悬挂结构自重负载 Q_0。

悬挂结构包括支持装置、定位装置、绝缘部件及其他相应悬挂零件的重量。在覆冰时，还应包括冰重 Q_{bo}。

②链形悬挂的自重 nq_0l。

链形悬挂包括承力索及接触线的重量;在覆冰时,还应包括覆冰负载,即:

$$Q_g = nq_0l + ng_{bo}l$$

式中:n——悬挂数目;

q_0——链形悬挂单位长度自重负载,kN · m;

g_{bo}——链形悬挂单位长度覆冰负载,kN · m;

l——跨距长度,m。

(2)水平负载,

①支柱本身的风负载。

支柱的风负载由下式决定,即:

$$P = 0.615 \times 10^{-3} K \cdot V^2 \cdot F$$

式中:F——支柱受风面积;

K——体形系数,它与支柱的形状有关。

②线索传给支柱的风负载。

线索传给支柱的风负载包括:

a. 接触线的风负载 p_j;

b. 承力索的风负载 p_c;

c. 附加导线(地线、馈线等)的风负载 p_f。

线索传给支柱的风负载由下式决定:

$$P = 0.615 \times 10^{-6} K \cdot \alpha \cdot V^2 \cdot d \cdot l$$

式中,l 为跨距长度,其实际长度为支柱所在两侧跨距长度之半,即$\frac{(l+l')}{2}$。为简化计算,在直线区段取跨距最大值,在曲线区段取最大跨距允许值,而系数 α 和 K 分别见表 6-3 和表 6-4。

③曲线形成的水平分力。

线索在曲线区段布置时呈折线形状。在支柱点处因线索改变方向而产生指向曲线内侧的水平分力 P_R,通常简称为曲线水平力(或曲线力)。根据图 6-2 可得:

ΔAOB 与 ΔACD 相似,即 $\frac{P_R}{T} = \frac{l}{R+a} \approx \frac{1}{R}$

所以因曲线形成的水平分力为

$$P_R = T\frac{l}{R}$$

当支柱两侧跨距值不相等时,则

$$P_R = T\left(\frac{l'}{2R} + \frac{l}{2r}\right)$$

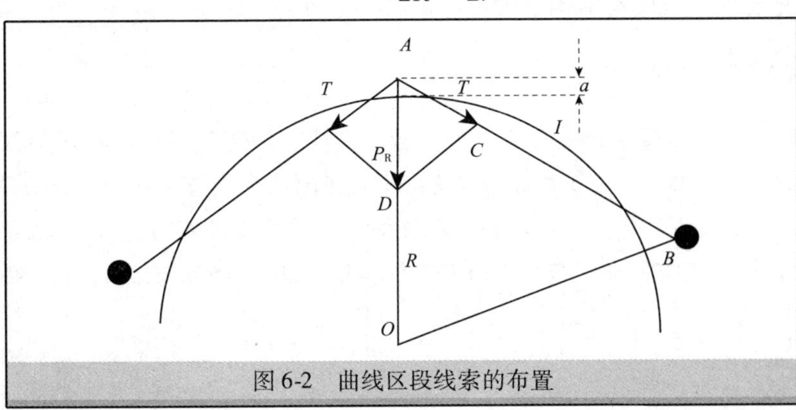

图 6-2　曲线区段线索的布置

④之字值形成的水平分力。

接触线在直线区段时是之字形布置,因而产生水平分力,简称之字力,从图 6-3 可知,接触线和线路轴心线的夹角 α 很小,所以:

$$\sin\alpha \approx \tan\alpha$$

而

$$\tan\alpha = \frac{a}{1/2} = \frac{2a}{l}$$

在支柱两侧的跨距,均以最大跨距考虑,对支柱形成的之字力为:

$$p_{之} = 4T_j \frac{a}{l}$$

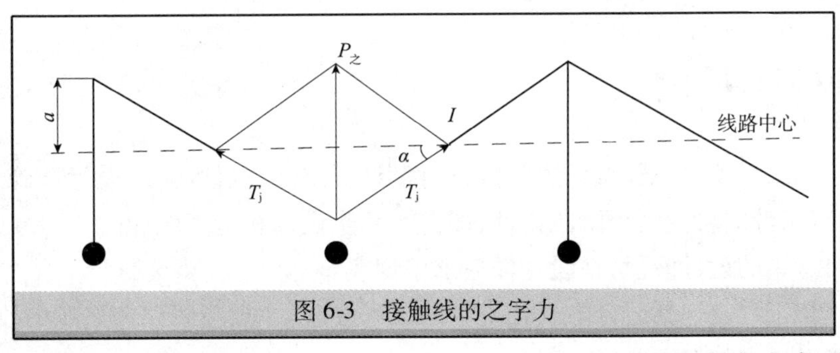

图 6-3　接触线的之字力

另外,接触线或承力索下锚时,下锚支线索改变方向,对转换柱会产生水平分力。这里不再赘述。

中间支柱、转换支柱及锚柱等由于悬挂的数目不一样、受力条件也不尽相同,因此,支柱的计算负载也是不相同的。为了经济合理地使用支柱,应该是承受负载大时使用大容量的支柱;负载小时使用小容量的支柱。各种支柱的负载除了与悬挂条件有关外,还受气象条件的影响。在选择支柱之前,对不同类型的支柱应经计算确定其负载。进行支柱负载计算时,找出各力的力臂关系,求出各力对支柱地面处的力矩之和,则此总力矩即为选择支柱容量的依据。

各类支柱负载计算的方法是基本相同的,只有力的数目和作用点有所差异。

另外，还必须考虑到来自隔离开关引线和其他设备，诸如变压器和照明设备之类的载荷，在各种情况下自重和风对结构部件的影响都在起作用。

3 支柱容量的选择

计算接触网支柱负载，目的是确定支柱容量。支柱容量通常采用校验计算法。即首先从标准支柱类型中选用一种，计算该柱上各力的大小，找出诸力对支柱地面中点处的力臂，求出力矩、合力矩之和即为所计算的支柱负载。用该值与预选的支柱容量比较，当大于原选支柱容量时，原计算结果无效，应重选。当小于原选支柱容量时，则原计算有效，计算结果满足条件。

6.3 接触网初步设计

设计工作是铁路基本建设的一个重要环节。在接触网设计过程中，要严格遵守铁道部颁布的《铁路电力牵引供电设计规范》（TB 10009—2005），及有关技术、管理方面的规程、规范。

一 接触网设计阶段

铁路电气化工程项目一般按三个阶段进行设计，即初步设计、技术设计和施工设计。其中工程简单、有条件的可按两个阶段设计，即扩大初步设计和施工设计。

建设项目采用的设计阶段，在设计任务书中规定。

铁路电气化工程应包括配合电气化工程的技术改造（主要指线路和站场的改造）和电气化两部分。接触网设计属于电气化部分。

初步设计应根据批准的设计任务书编制，文件一次提交有关部门审查。技术设计应根据批准的初步设计，首先进行技术改造部分。接触网技术设计要与线路技术改造部分拉开距离，即线路设计和站场技术改造基本完成后再进行接触网设计。但设计站场总图所需的电气化资料（如机务段、供电段、牵引变电所、接触网工区、车辆段等），应及时提供上述两部分文件分别报审。施工设计应根据批准的初步设计或扩大初步设计文件进行。要严格按基建程序办事，没有批准的设计任务书不得进行初步设计（或扩大初步设计），前一阶段的设计未经批准不得开展下一阶段的设计。两阶段的扩大初步设计和三阶段的技术设计工作，按规定经过批准后才能列入国际基本建设计划，进行施工设计。

二 接触网初步设计

初步设计的编制内容，其深度要配合解决铁路电气化工程技术改造方案、牵引供电方案、机车交路、主要技术标准、设计原则，提出主要工程数量、主要设备类型和材料数量、用地及拆移数量、施工组织方案意见及总概算等。

1 线路车站概况

（1）实行电气化线路的各车站平面图资料，并注明各站的电气化股道、股道间距、道岔型号及岔心坐标、曲线半径及长度、站内有关设备及靠近线路5m以内的各种建筑物情况，车站中心横断面图；

（2）详细的纵断面图、线路平面图、超高表、标准横断面图、线路信号机位置等情况；

（3）电化线路中的大、中桥梁总表和改建桥梁丈量图、线路全桥总布置图、桥台和墩帽图、跨线图、天桥图表等；

（4）线路中包括的隧道明细表、隧道纵断面图、衬砌断面图、隧道内预留锚段关节位置图等；

（5）电化线路的土质情况，如土壤允许承压力、安息角、是填方还是挖方、地下水位的高度、地下水冻结深度是否有侵蚀性等，并注明滑坡地段及一些地下设施的情况；

（6）调查跨越电化线路的电力线和通信线等情况，属于路外的电力线应与电力部门签订拆迁协议。

2 气象条件

通过各有关单位和环保部门，了解收集该电化区段的气象资料和环境污染情况，进行实地了解、调查，初步拟定计算气象条件后征求气象部门、科研机关的意见，经研究分析制定出接触网计算用气象条件。

3 接触网的架设范围、悬挂类型及其线材规格和张力

（1）接触网架设范围；

（2）接触网悬挂类型；

（3）线材规格和张力。

4 技术数据

（1）导线高度及允许车辆装载高度；

（2）结构高度；

（3）跨距长度；

（4）锚段长度；

(5)侧面限界;
(6)绝缘距离。

5 支持装置及支柱、绝缘子的采用以及供电分段的原则

(1)支持装置及支柱、绝缘子的采用;
(2)供电分段的原则。

6 防护措施

(1)接地方式;
(2)防雷保护;
(3)支柱防护。

7 行政区划分及定员

(1)工区位置、定员及管辖范围;
(2)交通工具。

8 存在问题及概算资料

(1)存在的问题;
(2)概算资料:

概算资料包括材料价格、工资标准、机械台班费、拆迁费、购地费、青苗赔偿费等经济概算资料。

最后,在初步设计文件附件中,应有主要工程概算表和工区位置及管辖范围示意图。

三 接触网技术设计

接触网技术设计主要解决各项设计方案和技术问题,提出工程数量、劳动力数量、用地范围及数量、拆迁数量、主要设备及材料数量、施工组织设计及修正总概算等。

1 技术设计

技术设计内容包括:
(1)初步设计审批意见执行情况;
(2)主要设备选型;
(3)特殊设计的技术原则;
(4)存在的问题。

2 报表

报表包括：
(1)主要设备表；
(2)主要材料表；
(3)主要工程数量表；
(4)图纸目录。

3 附图

附图包括：
(1)供电分段示意图；
(2)站场接触网支柱布置图；
(3)复杂或较长独立的供电线、回流线、接线支柱布置图；
(4)隧道内悬挂示意图；
(5)典型支柱安装示意图。

四 接触网施工设计

在接触网设计中，设计单位应提供各项施工需要的图表和必要的设计说明。

1 应提供的图表、说明的具体内容

具体内容包括：
(1)技术设计审批意见执行情况；
(2)必要的设计说明；
(3)施工注意事项。

2 应提供的附件

附件包括：
(1)工程数量表；
(2)设备表；
(3)主要材料表；
(4)采用的标准图，通用图目录；
(5)图纸目录。

3 应提供的图纸

图纸包括：

(1)站场接触网平面布置图;

(2)区间接触网平面布置图;

(3)隧道内悬挂平面布置图;

(4)供电线、回流线、接线、正馈线、保护线平面布置图;

(5)导线安装图;

(6)设备安装图;

(7)各类支柱安装图;

(8)隧道内悬挂安装图;

(9)桥梁等大型建筑物上支柱安装图;

(10)大型建筑防护网栅图;

(11)其他个别设计图;

(12)供电分段示意图;

(13)非标准零件及基础图。

在施工图中,应对主要设计原则和依据作必要的说明,各项设计文件、图纸应有统一的编号。

施工图除铁道部指定要审查外,一般不再审批。设计单位要对设计质量负责,并向施工单位进行技术交底,听取意见。在施工过程中,设计单位应派经验丰富的工程技术人员参加施工处理工作,协助施工单位解决设计与施工不符的地方,并作出相应的设计变更。最后还应参加接触网工程竣工后的验收、交接工作。

施工图是竣工后运营管理单位进行验收和维修处理的重要依据。

复习与思考

1. 接触网设计计算要确定哪些气象条件?
2. 接触网要哪些计算负载?
3. 锚段长度的确定要考虑哪些因素?
4. 怎样进行接触网支柱容量选择?
5. 接触网有哪些设计阶段?
6. 接触网初步设计包含哪些内容?

参 考 文 献

[1] 广州市地下铁道总公司. 接触网检修工[M]. 北京:中国劳动社会保障出版社,2010.
[2]上海地铁公司.《接触网工》培训资料及接触网设备维护、检修资料.
[3]李伟. 接触网基础知识[M]. 北京:中国铁道出版社,2008.
[4]李伟. 接触网[M]. 北京:中国铁道出版社,2000.
[5]李宗文. 接触网施工与检修[M]. 北京:中国铁道出版社,2001.
[6]张莹,陶艳. 城市轨道交通供电技术[M]. 北京:人民交通出版社,2010.
[7]铁路职工岗位培训教材编审委员会. 接触网工[M]. 北京:中国铁道出版社,2011.